Als Opfer zu Tätern wurden

AF721015

Hof Kapelle nach 1945

Helmut Dachale
Carsten Momsen

ALS OPFER ZU TÄTERN WURDEN

Eine Tragödie aus deutscher Nachkriegszeit

Edition Falkenberg

Bildnachweis

Antje Diewerge: S. 19, S. 144; Archiv Familie Hamelmann: S. 2, 35, 39, 115, Umschlag oben; Staatsarchiv Bremen: 46, 52, 59 67, 71, 72, 81, 87, 88, 89, 90, 94, 95, 127, Umschlag unten; Carsten Momsen: S. 144

Wir bedanken uns beim Staatsarchiv Bremen für die tatkräftige Unterstützung bei der Bebilderung dieser Publikation.

1. Auflage 2019

Copyright © Edition Falkenberg, Bremen
ISBN 978-3-95494-192-6

www.edition-falkenberg.de

Alle Rechte vorbehalten. Kein Teil des Werkes darf in irgendeiner Form (durch Fotografie, Mikrofilm oder irgendein anderes Verfahren) ohne schriftliche Erlaubnis des Verlages reproduziert oder unter Verwendung elektronischer Systeme verarbeitet, vervielfältigt oder verbreitet werden.

Inhaltsverzeichnis

Teil 3 | Plädoyer für die Vergessenen von Carsten Momsen

Nachwort von Carsten Momsen

Vorwort

Dies ist eine Geschichte von Grauen, Gewalt und Vergebung, von geradezu biblischer Wucht. Der Alb des Krieges warf jahrzehntelange Schatten bis in die jüngere Vergangenheit. Polnische Jugendliche wurden ihren Familien entrissen und unter verheerenden Bedingungen zur Zwangsarbeit in Deutschland verschleppt. War man nicht willig oder körperlich zu schwach, drohte die Vernichtung im KZ, eine verlorene Jugend in Zeiten allgegenwärtiger Gewalt. Diese Schicksale bilden den Hintergrund eines für die Nachkriegszeit beispiellosen Verbrechens im Bremer Blockland, der Tötung einer Großfamilie mit zwölf Opfern. Das 13. Opfer überlebte schwerverletzt.

Den Autoren gelingt es, eine wohlrecherchierte, spannende wie erschütternde Reportage über die Vorgeschichte, das Verbrechen selbst, die Ermittlungen, den Prozess sowie die Vollstreckung der Urteile zu liefern, eine Zeitreise ins Dunkle. Und sie bearbeiten wichtige Fragen: Wer waren die Täter, was waren Motive und Hintergründe, wurden die tatsächlichen Täter oder die üblichen Verdächtigen angeklagt und verurteilt, welche Defizite gab es in der Ermittlungsarbeit, welche rechtsstaatlichen Mängel im Verfahren vor dem amerikanischen Militärgericht, welche Rolle spielten die das Kriegsende überdauernden Ressentiments gegen die »Fremdarbeiter«, welche Rolle spielte die Bemühung der Besatzungsmacht um Autorität, Ruhe und Ordnung, würden die damals Angeklagten vor einem heutigen rechtsstaatlich aufgestellten Gericht mit den damals zur Verfügung stehenden Beweismitteln verurteilt werden?

Und noch eine Frage drängt sich auf: Warum fanden die verurteilten Angeklagten nach dem Prozess ausgerechnet in dem überlebenden 13. Opfer ihren größten Fürsprecher? War dies allein sein Glauben oder spielte hier auch ein schlechtes Gewissen eine Rolle, als einziger Tatzeuge mit einer vorschnellen Aussage und einer möglicherweise fehlerhaften Identifizierung Unschuldige ins Unglück gestürzt zu haben?

Diese Geschichte ist ein Lehrstück: Wie ein Fluch erzeugt Gewalt neue Gewalt, und politisch motivierte justizielle Schnellschüsse dürfen nicht die Antwort sein. Den Autoren gebührt Dank für diese zeitlos gültige Mahnung. Zugleich retten sie ein düsteres Kapitel Bremer Geschichte vor dem Vergessen. Ein wichtiges Buch nicht nur für den Geschichtsunterricht an Bremer Schulen.

Bernhard Docke

Einleitung

Was in einer Novembernacht 1945 in einer Bremer Landgemeinde, dem Blockland, geschah, gilt als eines der schlimmsten Verbrechen der deutschen Nachkriegszeit. Ein Raubüberfall auf einen einsamen Bauernhof endete als Massenmord. Zwölf Menschen, darunter fünf Kinder, wurden erschossen. Der einzige, der das Massaker schwerverletzt überlebte, war ein 43-jähriger Familienvater.

Es schien, als sei der Schrecken des Krieges zurückgekehrt.

Die hier vorliegende Aufarbeitung dieser realen Tragödie beginnt mit der Mordnacht. Wir glauben, alle dazu verfügbaren Informationen zusammengetragen zu haben – auch und gerade die widersprüchlichen. Und so beschäftigte uns schon bald die Frage, wieso trotz aller Ungereimtheiten und äußerst unzulänglichen Ermittlungen der Fall in kürzester Zeit als aufgeklärt galt. Wir meinen: Für die Ermittler – vorneweg die sich gerade neu formierende deutsche Kriminalpolizei – und auch das US-amerikanische Gericht hatte die Aufdeckung der vollen Wahrheit nicht oberste Priorität. Unklarheiten blieben unklar, bestimmte Aspekte ausgeblendet. Vor allem die Vorgeschichte des Verbrechens.

Die meisten Verbrechen haben eine Vorgeschichte – und diese hier ist besonders komplex. Sie beginnt spätestens mit dem 1. September 1939, mit dem Überfall deutscher Truppen auf den polnischen Staat. Denn die neun Männer, die sich für die Blocklandmorde zu verantworten hatten und verurteilt wurden – vier zum Tode –, waren polnische Staatsbürger. Im Krieg entführt aus ihrer Heimat, hatten sie wie Millionen anderer Männer und Frauen Zwangsarbeit im Deutschen Reich zu leisten. Sklavenarbeit unter häufig unmenschlichen Bedingungen. Dies darf keine Entschuldigung sein für unbarmherzige Racheakte oder Verbrechen wie der geschilderte Überfall. Welche persönliche Schuld jedem der Angeklagten damals nachgewiesen wurde – und ob dies überhaupt für notwendig erachtet wurde –, wird hauptsächlich in Teil 3 dieses Buches erörtert.

Gleichzeitig versuchen wir, durch das Aufblättern der Vorgeschichte zu verdeutlichen, wie die ehemaligen Zwangsarbeiter, insbesondere die Polen, auch nach ihrer Befreiung mit Ablehnung und Ausgrenzung zu kämpfen hatten. Wie sie, Opfer des Nationalsozialismus, in der direkten Nachkriegszeit unter Generalverdacht standen, kriminell zu sein. Was formulierte die Bremer Mordkommission, als sie die polnischen Verdächtigen festgenommen und verhört hatte? »Der weitaus größte Teil der Beschuldigten macht den Eindruck, dass sie zu jeder Tat fähig sein können.«

Ein Zitat, das im Zusammenhang steht mit dem Titel des Buches. Ja, es hat Übergriffe, Überfälle und auch organisierte Raubzüge von Displaced Persons, den ehemaligen Zwangsarbeitern gegeben. Opfer wurden zu Tätern – allerdings in geringerer Zahl als von den alliierten Besatzungstruppen befürchtet. Aber Opfer wurden auch zu Tätern, weil sie dazu gemacht wurden. Indem sie von vornherein als solche gesehen und behandelt wurden. Und wenn es der Abschreckung diente, kamen sie ins Zuchthaus oder vors Erschießungskommando.

Schon allein das sind Bestandteile eines unheilvollen Dramas. Dass diese Geschichte dennoch schnell dem Vergessen und Verdrängen anheim fiel – nicht jedoch im Blockland –, liegt nicht zuletzt an ihrer Einordnung. Die Vorgänge wurden unter die Schrecken des Krieges und die unheilvollen zwölf Jahre subsumiert – und relativierten sich so.

Doch Ende der 1960er Jahre kehrte das Thema plötzlich zurück, überregionale Zeitungen und große Zeitschriften berichteten. Das lag an Wilhelm Hamelmann, dem Überlebenden des Massakers. Der Mann, der in dieser Novembernacht des Jahres 1945 seine gesamte Familie verloren hatte. 1967 erfuhr Hamelmann, drei der damals Verurteilten saßen immer noch im Zuchthaus. Obwohl sie längst begnadigt waren. Er setzte sich für sie ein, forderte ihre Freiheit. In Teil 2 versuchen wir zu erklären, was ihn zu seiner außergewöhnlichen Haltung befähigte. Nur durch Liebe, so verkündete er damals in Interviews, ließe sich die endlose Kette aus Leid und Rache zerbrechen. Aber motivierte ihn wirklich nur sein christlicher Glaube?

Wir schildern auch, auf welche Widerstände er stieß, wie er Mitstreiter fand und dass letztendlich auch gewichtige Institutionen wie das Flüchtlingskommissariat der Vereinten Nationen involviert waren. Wie aber kamen die drei schließlich Freigelassenen nach Jahrzehnten in Lagern und Zuchthäusern mit der neuen Freiheit zurecht? Im einem sich fröhlich gebenden Land, wo aber Polen, insbesondere die mit tatsächlicher oder angeblicher krimineller Vergangenheit, nach wie vor als »Polacken« und »Verbrecher« tituliert wurden.

Was dieses Buch also will: Die Geschichte eines abscheulichen Verbrechens so vollständig wie möglich ausbreiten. Mit seiner Vorgeschichte, zu der das Unrecht der Zwangsarbeit ebenso gehört wie die Desperation der unmittelbaren Nachkriegszeit. Hier erscheint eine Gesellschaft, die noch keine war, und in der eindeutig definierte Rechtsstaatlichkeit allenfalls als Ziel angesehen wurde. Und wir haben auch die Fortsetzung der eigentlichen Tat- und Verurteilungsgeschichte recherchiert. Sie reicht weit in die junge Bundesrepublik hinein, wo sich immer noch viele schwer taten mit der Begnadigung von Nichtdeutschen. Und wo jemand, der solchen Tätern die Hand reichte, womöglich den Mördern seiner eigenen Familie, keinesfalls von allen Seiten Beifall erwarten konnte.

Aber wäre das heute anders?

Helmut Dachale
Carsten Momsen

Teil 1 | Das Verbrechen

von Helmut Dachale

»Gestalten aus dem Schattenreich«

November 1945. In den Ruinenlandschaften Bremens wird gehungert und gefroren, und in der Nacht zum Buß- und Bettag kommt der Krieg zurück.

Die Männer, die am späten Abend des 20. Novembers 1945 zu einem Raubzug aufbrachen, hatten Glück mit dem Wetter. In der Nacht zuvor hatte sich ab und zu der Vollmond gezeigt und die Trümmerfelder Bremens mit mildem Licht belegt. Doch jetzt war es regnerisch und nasskalt, der Himmel schon seit dem Nachmittag wolkenverhangen. Nebelschwaden waberten über die der Stadt vorgelagerten Niederungen. Die Männer hatten kein Interesse, den Mond zu sehen. Vor allem wollten sie selbst nicht gesehen werden.

Für die Wetterverhältnisse gibt es verlässliche Quellen, nicht zuletzt den damaligen Wetterbericht. Auch für das Grauenhafte, das sich in dieser Nacht vor Buß- und Bettag im Bremer Blockland zutragen sollte (wie auch für die Geschehnisse vor- und nachher), finden sich eine Menge an schriftlich festgehaltenen Erkenntnissen, Einschätzungen und Meinungen. Zum Beispiel die Ermittlungsergebnisse der Kriminalpolizei, die Aussagen und Erinnerungen eines Zeugen und auch Teilgeständnisse. Trotz aller Leerstellen, die dabei auch deutlich werden, trotz aller Ungereimtheiten und regelrechten Widersprüchlichkeiten kann eines jedoch nicht infrage gestellt werden: In der Nacht vom 20. auf den 21. November 1945 kam der erst vor wenigen Monaten zu Ende gegangene Krieg noch einmal nach Bremen zurück.

Zwölf Menschen wurden im Verlauf eines Raubüberfalls niedergeschossen, man könnte auch sagen hingerichtet. Unter den Toten fünf Kinder. Hätte es damals schon die heutigen Massenmedien gegeben, so hätte das grässliche Verbrechen nicht nur die Bremer Bevölkerung in Angst und Schrecken versetzt, sondern ganz Deutschland bewegt.

Wer aber war zu einem derartigen Massenmord fähig? Wenn wir das übernehmen, was sich damals recht schnell herauskristallisierte und heute kaum noch zu widerlegen ist, war es eine Gruppe von zehn Männern (wobei über die genaue Zahl anfangs noch mehr oder weniger spekuliert wurde). Männer, die sich eher zufällig zusammengefunden hatten und offensichtlich unterschiedlich an der Tat beteiligt waren. Sie waren relativ jung, die meisten noch keine dreißig Jahre alt. Ihre Heimat war Polen oder das, was es mal gewesen war. Dort aufgewachsen, hatten sie als Arbeiter, Landarbeiter, Friseur oder Koch gearbeitet. Menschen aus einfachen Verhältnissen, die durch die Besetzung ihres Landes von einer riesigen Zwangsarbeitermaschinerie eingesogen und ins Deutsche Reich deportiert worden waren. Was Zwangsarbeit im nationalsozialistischen Deutschland von 1939 bis 1945 zu bedeuten hatte, wie Zwangsarbeiter lebten, litten und starben, wie sich die Überlebenden nach ihrer Befreiung verhielten und behandelt wurden, davon später mehr (siehe Seite 27).

Hier nur ein paar Sätze von Wolfgang Jacobmeyer, die zum Verständnis eines Verbrechens, das an sich nicht zu verstehen ist, vielleicht doch ein wenig beitragen könnten. Jacobmeyer hat sich in der alten Bundesrepublik als einer der ersten Historiker damit beschäftigt, wie aus Millionen von Deportierten befreite Displaced Persons wurden. Das Verhalten der sogenannten DPs sei abhängig gewesen von dem, was sie vorher durchgemacht hatten. Er spricht von »psychisch schwer geschädigten DPs« und »tiefgreifenden Sozialisationsschäden«, die sie »während ihres Lebens als Zwangsarbeiter erlitten hatten«[1]. Auch die Bedingungen, unter denen einige anschließend – für Monate oder jahrelang – auf dem Territorium der drei westlichen Besatzungsmächte zu verbleiben hatten, dürfe man nicht außer Acht lassen. War es doch häufig ein abgeschottetes Leben in lagerähnlichen Camps, aber auch inmitten eines besonderen Spannungsverhältnisses von Besatzern und Besiegten, in einem Umfeld voller Konflikte.

Auch die Männer, die sich an dem Raubüberfall beteiligten, sollen in solch einem Lager gelebt haben, dem Camp Tirpitz am Schwarzen Weg in Bremen-Gröpelingen an der Peripherie der Stadt. Davon waren seinerzeit die polizeilichen Ermittler schnell überzeugt. Camp Tirpitz im November 1945: ein Gebäudekomplex aus mehreren Blöcken mit einschlägiger NS-Vergangenheit. Erst Ende der 1930er, Anfang der 1940er Jahre erbaut, waren hier zunächst wechselnde Kriegsschiffsbesatzungen stationiert, dazu kam eine Marineunteroffiziersschule. 1942 mietete sich die Deutsche Schiff- und Maschinenbau Aktiengesellschaft ein. Der Deschimag-Konzern war in dieser Zeit die Nummer eins des deutschen Schiffbaus und brauchte Unterkünfte für die wachsende Zahl seiner Zwangsarbeiter. Aus der Tirpitz-Kaserne wurde das Lager Tirpitz.

Nach der Kapitulation machte die US-amerikanische Militärregierung den Standort zu einer der zentralen Unterkünfte für die noch verbliebenen ehemaligen Zwangsarbeiter, Kriegsgefangenen und KZ-Häftlinge, den DPs. Spätestens ab September 1945 wurde das Camp fast ausschließlich nur noch von Polen bewohnt. »Polenlager Schwarzer Weg« nannte es jetzt die deutsche Polizei. Ein US-Offizier hielt im November 1945 in einem Bericht fest, was er dort vorgefunden hatte. Nämlich, »dass Balken zu Feuerholz zersägt wurden, dass die innere Holzverschalung in Stücke geschlagen war, dass faulendes Stroh und Abfälle in den zweiten Stockwerken … nicht beseitigt waren und dass die Gänge und Treppenhäuser durch beträchtliche Mengen von Fäkalien verschmutzt waren«.[2] Auf verblassten Fotos, die höchstwahrscheinlich erst ein paar Jahre später entstanden sind, sehen Hof und Gebäude halbwegs saniert aus. Doch noch Ende 1945 konnte von wohnlichen Zuständen keine Rede sein. Wer zu der Zeit dort lebte, war eben nur formal ein befreiter, ein freier Mensch. Versorgt mit dem Nötigsten, Lebensmitteln, Bett und Decken, lebte er in einer isolierten und unsicheren Lageratmosphäre. Waren die Wohnblöcke im Krieg von Bomben getroffen worden, so wurde die Einrichtung danach von einigen der Camp-Bewohner demoliert. Ein Umfeld, in dem rüdes Verhalten und Trinkgelage an der Tagesordnung waren.[3]

---

1 W. Jacobmeyer, Vom Zwangsarbeiter zum Heimatlosen Ausländer, Die Displaced Persons in Westdeutschland 1945 – 1951, Göttingen 1985, S. 52 und S. 47.

2 Headquarters, Office of Military Government Bremen, Lt.Col. Golon B. Harris, Report of Inspection, 24.11.1945, zit. nach W. Jacobmeyer, Die ›Displaced Persons‹ in Deutschland 1945 – 1952, Bremisches Jahrbuch, Band 59, Selbstverlag des Staatsarchivs Bremen 1981, S. 92.

3 Der heutige Standort des ehemaligen Camp Tirpitz in Bremen-Gröpelingen, Schwarzer Weg: Nach wechselnder Nutzung in der Nachkriegszeit (unter anderem durch die Bundeswehr) befindet sich seit 1998 dort das Christliche Bildungs- und Sozialzentrum Bremen-West. Einige die alten Gebäude sind entkernt und saniert worden und werden weiterhin genutzt. Träger ist das Sozialwerk der Freien Christengemeinde Bremen e. V.

Auch am Abend des 20. Novembers, womöglich schon seit den Nachmittagsstunden, hatten sich etliche Männer in einer der Stuben versammelt und dem Alkohol zugesprochen. Wurde anderswo gehungert, hier floss der Schnaps in Strömen, zur Not auch selbstgebrannter. Erst gegen 22.30 Uhr, so einer der Beteiligten, war man aufgebrochen. Auch wenn einige schon getorkelt haben sollen, dürfte der Gruppe immerhin klar gewesen sein, welche Richtung sie einzuschlagen und welche Straßen man zu meiden hatte. Nur nicht der MP, der Military Police über den Weg laufen!

Seit dem 27. April 1945, 18 Uhr, war Bremen offiziell eine besetzte Stadt, erobert von britischen und kanadischen Truppen. Knapp vier Wochen später war die militärische Zuständigkeit auf die US-Army übergegangen. Wie vorher verabredet, hatte sie aus dem Unterweserraum von Bremen bis Bremerhaven eine Enklave gebildet und sich so die Hoheit über wichtige Seehäfen gesichert. Viele Einwohner Bremens dürfte es in der unmittelbaren Nachkriegszeit noch wenig gekümmert haben, wer in ihrer Stadt nun das Sagen hatte und ob die Besetzung auch wirklich Befreiung verhieß. Was die Menschen umtrieb? Zum Beispiel die Wohnungsnot und der Hunger. Wie sollte man inmitten von Trümmern, angesichts von grenzenlosem Elend die nächsten Tage, den drohenden Winter überstehen? »Das war nun das Ende von sechs Jahren Not und Entbehrung, und wie dunkel und ungewiss lag die Zukunft vor uns«[4], notierte die Lehrerin Magdalene Krippner in ihrem Brieftagebuch.

Die Stadt Bremen »glich mehr und mehr einer »Gespensterstadt, bevölkert von Gestalten aus dem Schattenreich. Straßen und Plätze hatten ihre vertrauten Gesichter verloren, in den finsteren Ruinen hockte das Grauen ...«[5], so erinnerte sich Wilhelm Kaisen später. Die amerikanische Besatzungsmacht hatte den Sozialdemokraten bereits im Sommer 1945 zum Präsidenten des Senats und Bürgermeister dieser gefallenen und, wortwörtlich, am Boden zerstörten Stadt gemacht. Und wenn Kaisens Satz auf einige Stadtteile in besonderem Maße zutraf, dann gehörte dazu unbedingt der Bremer Westen mit den ausgedehnten Arbeiterquartieren in Walle und Gröpelingen. Waren in der Stadt Bremen insgesamt rund 60 Prozent aller Wohnungen durch die Bombardierungen zerstört worden, so lag im Westen die Quote noch erheblich höher. Was keinesfalls nur an der Nähe zu den Hafen- und wichtigen Produktionsanlagen und den dadurch bedingten Kollateralschäden lag. Auch daran, dass die alliierten Flächenbombardements der letzten Kriegsjahre gerade auch auf Wohngegenden abgezielt hatten, um die Moral der Bevölkerung und die Einsatzfähigkeit der Industriearbeiterschaft zu schwächen.

Obwohl das Camp Tirpitz am Rande des Bremer Westens lag, waren die ausgedehnten Ruinenlandschaften nicht weit entfernt. Die Männer hätten auf dem Schwarzen Weg nur die südöstliche Richtung einschlagen müssen, dann wären sie schon nach ein paar hundert Metern auf eine städtische Hauptverkehrsachse gestoßen. Die war zwar schon vom Schutt befreit, aber doch nur eine Schneise. Rechts und links von ihr sah es immer noch aus wie direkt nach den Luftangriffen. Trümmerberge und Bombentrichter, aus denen geborstene Versorgungsleitungen herausragten. Doch in Kellerlöchern und hinter geschwärzten Fassaden hausten wieder oder immer noch Menschen. Für Plünderer gab es hier nichts zu holen. Im Übrigen war auf so einer Hauptverkehrsstraße am ehesten mit einem Jeep der MP zu rechnen, selbst bei widrigem Wetter wie in dieser Novembernacht. Eine Kontrolle, die Entdeckung der unter den Mänteln versteckten Pistolen und Maschinenpistolen, hätte die sofortige Festnahme bedeutet. Oder zu einem Schusswechsel geführt.

---

4 D. Tilgner (Hg.), Jede Stunde dem Schicksal abgestohlen, Das Brieftagebuch der Magdalene Krippner vom Kriegsende in Bremen 1945, Bremen 2005, S. 48.

5 W. Kaisen, Meine Arbeit, mein Leben, München 1967, S. 181.

Wer in dieser Nacht Beute machen wollte, musste in die andere Richtung marschieren, gen Norden. Dort – aber überhaupt nicht weit entfernt – lag das ländliche Blockland mit seinen vereinzelten Bauernhöfen. Das war das Zielgebiet der Männer, die sich aus dem Camp Tirpitz weggeschlichen hatten.

Natürlich hatte der Krieg auch ums Blockland keinen Bogen gemacht. Flakstellungen hatten hier gestanden, etliche Bomben waren gefallen, Häuser getroffen worden. Manche Weiden waren immer noch von Kratern gezeichnet. Wer aber in den kalten Löchern des Bremer Westens hauste, wer dort die Zerstörungsgewalt der Brand- und Sprengbomben überlebt hatte, konnte schon auf den Gedanken kommen, im benachbarten Blockland sei die Welt noch immer weitgehend in Ordnung. Und diese Mischung aus Realität und Vorstellung trieb die Ausgebombten und Ausgehungerten – und nicht nur die – ins Blockland wie in viele andere ländliche Regionen. Wobei die Landgemeinde Blockland, die sich quasi an die urbane Bebauung Bremens anschmiegte, besonders schnell zu erreichen war. Seine Bewohner hielten das in jener Zeit nicht für einen Vorteil. Zwar wurde ihnen schon mal ein Ölgemälde oder eine Briefmarkensammlung ins Haus getragen, zum Tausch gegen Milch und Eier. Andere Besucher aber versuchten, ganze Milchkannen mitgehen zu lassen. Und wer nachts kam, schreckte womöglich nicht davor zurück, in Häuser und Ställe einzudringen und Gewalt anzuwenden. In der »Heimatgeschichte des Blocklandes« ist von Plünderungen zu lesen, die gleich in den ersten Nachkriegswochen einsetzten, von auf den Weiden abgeschlachtetem Vieh. Anfang Mai wurde im Verlaufe eines Überfalls eine Bäuerin erstochen. Bei anderen Plünderungen fielen Schüsse. Ein Polizist kam dabei ums Leben, an anderer Stelle ein ehemaliger polnischer Zwangsarbeiter.[6]

Die jungen Männer, die in der Nacht zum 21. November 1945 zu Desperados werden sollten, haben sich vermutlich gut gefüllte Speisekammern, warme Kleidungsstücke, aber auch wertvolle Dinge in Truhen und Schränken vorgestellt. Die Kühe im Stall, die Menschen längst schlafend, in richtigen Betten. Und weit und breit keine Patrouille der Amerikaner. Das war ihr Bild vom Blockland. Zumindest diejenigen, die in der Gang das Wort führten, dürften dies beredt in Aussicht gestellt haben.

Aber trieb diese Männer nicht auch noch etwas anderes an? Der Hass? Wenn sie wirklich psychisch schwer geschädigt waren, gezeichnet von mehreren Jahren Sklavenarbeit, waren sie dann nicht auch auf Vergeltung aus? Das Gefühl, Rache nehmen zu müssen, endlich mit blinder Wut zurückzuschlagen, war seinerzeit sicherlich in vielen Köpfen. Aber die allermeisten – ob ehemalige Zwangsarbeiter und KZ-Häftlinge oder auch Vertriebene – hatten noch Hemmungen genug, ihrem Vergeltungsdrang nachzugeben. Bei den Männern, die in der Novembernacht durchs Blockland zogen, traf das nicht zu.

---

6 Siehe G. Garbade, Heimatgeschichte des Blocklandes, Hg. Heimatverein Blockland e. V., Bremen 1995, S. 65 und 74.

»Ich habe nichts mehr!«

Aus der zerstörten Stadt hinaus aufs Land – zum Plündern und zum Morden. Ein Bauernhof mit 13 Bewohnern wird heimgesucht.

Das Camp Tirpitz und der Ort, der in dieser Nacht zum Tatort werden sollte, lagen nicht mehr als fünf Kilometer Luftlinie voneinander entfernt. Ob die zehn Männer für ihren Weg anderthalb oder aber an die drei Stunden benötigten – beides wurde seinerzeit für möglich gehalten. Und beides ist ja auch erklärbar: Sie waren jung und körperliche Anstrengungen gewohnt, andererseits machte einigen das vorherige Trinkgelage noch zu schaffen. Sie wussten, in welche Richtung sie sich zu bewegen hatten, doch die Besonderheiten des Blocklandes waren ihnen fremd. Und so dürften sie mal ein zügiges Tempo eingeschlagen haben, dann wieder im Dunkeln umhergeirrt sein. Bis sie zu dem Gehöft kamen, das als erstes vor ihnen auftauchte.

Das Blockland war bis 1945 eine Landgemeinde des Bremer Staatsgebietes, ein paar Monate nach Kriegsende wurde es von der Stadt eingemeindet. Seitdem gehört es als Ortsteil zum Stadtbezirk West wie auch Findorff, Walle und Gröpelingen. Allein Walle und Gröpelingen – heute multikulturelle Stadtteile mit hoher Armutsquote – bringen es aktuell auf rund 65.000 Einwohner und umfassen 22 Quadratkilometer. Im angrenzenden Blockland leben zurzeit nicht viel mehr als 400 Menschen – auf 30 Quadratkilometern (2014/15). Auch wenn 1945 die Zahlen der bäuerlichen Betriebe und der Bewohner noch etwas höher lagen und mittlerweile die Nutzung als Naherholungsgebiet zugenommen hat, so ist doch das Blockland in vielerlei Hinsicht unverändert geblieben. Vor allem geografisch: Nordwestdeutschland wie gemalt. Nach wie vor zeigt es sich als ausgedehnte Wiesen- und Weidelandschaft, die prädestiniert ist für die Rinderhaltung. Flaches, eingedeichtes Marschland, durchzogen von Entwässerungsgräben und auch größeren Wasserläufen. Und eben diese Gräben und Fleete dürften die Männer aufgehalten haben.

Dagegen war das erste Hindernis, auf das sie bereits nach ein paar Minuten stießen, problemlos zu überwinden: die Blockland-Autobahn, der 1937 fertiggestellte Reichsautobahn-Zubringer von Lesum nach Oyten, heute die A 27. Eine Autobahn, die seinerzeit nahezu autofrei war. Die US-Army nutzte sie teilweise als Lagerplatz und hielt anscheinend eine Bewachung nicht für nötig. Da musste der Trupp nicht erst lange nach einer Unter- oder Überführung suchen, konnte im Nu rüberhuschen. Danach der erste breitere Wasserlauf, das parallel zur Autobahn fließende Maschinenfleet. Über das führten zwei Brücken, die am schnellsten zu erreichende lag nur einen guten Kilometer von Camp Tirpitz entfernt und dürfte einigen der Männer bekannt gewesen sein.

Dann aber breiteten sich die nachtschwarzen Wiesen und Weiden aus, schon bei Tageslicht für Ortsunkundige ein überaus schwieriges Terrain. Wer hier unbedingt querfeldein herumziehen möchte, sollte in der Lage sein, den einen oder anderen Graben zu überspringen oder wissen, wo sich die sogenannten Überfahrten befinden. Das sind kleine Stege, der eine hier, der andere dort. Auch heute noch werden sie von den Landwirten in unterschiedlicher Selbstbauweise angelegt. Die Bauern wissen, wo sie trockenen Fußes langgehen können. Auch die Jäger kennen die Überfahrten und angeblich auch die Hasen, die hier im Grünland zu Hause sind. Diejenigen der Bande, die sich später dazu bekannten, in der Mordnacht dabei gewesen zu sein, erwähnten hingegen, dass sie selbst oder andere aus der Gruppe ab und zu ins Wasser gestürzt seien.

Doch irgendwie und irgendwann erreichte der Trupp die Waller Straße, heute ein asphaltierter Wirtschaftsweg, damals weniger gut befestigt, aber einer der wenigen Hauptwege des Blocklands. Hier ging es schneller voran. Die Männer merkten, dass rechter Hand ein größerer Wasserlauf auf sie zukam. Die Kleine Wümme, ein Nebenfluss der Wümme. Plötzlich aber war auch ein Gehöft auszumachen. Vielleicht schimmerte aus einem der Fenster noch Licht, war aus dem Stall das Rasseln der Kuhketten zu hören. Man wird gemeint haben, endlich am Ziel zu sein. Endlich ein Bauernhof, der die erhoffte Beute versprach.

Dieser Bauernhof, der Hof Kapelle, lag zum Plündern nahe – doch auf der anderen Seite des Flusses, am gegenüberliegenden Uferweg (damalige Adresse: Niederblockland 35). Wie sind die Männer aus dem Camp Tirpitz über die Kleine Wümme gekommen? Ein Fluss, wohlgemerkt, kein Graben, der sich mit einem weiten Sprung bewältigen ließe. Erst seit 2005 können ihn Fußgänger und Radfahrer an dieser Stelle über eine kleine Brücke überqueren. So gelangt man auf der anderen Seite nach ein paar Metern zu dem Areal, auf dem sich das Gehöft befand (heute heißt der Uferweg davor Blocklander Hemmstraße). Nun gab es auch 1945 in diesem Bereich einen Übergang, doch das war eine Brücke ganz anderer Art. Eine Zugbrücke. Ein hölzernes Provisorium, das sich die Leute des Kapellenhofs aus alten Bohlen gezimmert hatten. Als Gegengewichte fungierten zwei mit Zement gefüllte Milchkannen, und zu bedienen war diese Konstruktion nur von der Hofseite aus. Nachts stets hochgezogen, war die Brücke von der Waller Straße aus unerreichbar. Der Trupp hätte also auf seiner Uferseite weiterziehen müssen. Wäre das so gekommen, hätte er später auch eine begehbare Brücke gefunden – nach weiteren drei Kilometern Fußmarsch. Und möglicherweise hätten die Männer vorher auch noch einen anderen Bauernhof entdeckt, der ihnen geeigneter erschienen wäre.

Aber nein, so soll es nicht gewesen sein. Die deutsche Polizei war bald der Ansicht, die Plünderer hätten etwas anderes entdeckt – einen Kahn zum Übersetzen. »Zu vermuten ist, dass die Täter den Wasserweg benutzt haben.«[7] Schon nach ihrer allerersten – und wohl flüchtigen – Inspektion des Tatumfeldes hielt die Schutzpolizei dies für erwiesen. Und es klang ja durchaus plausibel, an den Wasserläufen des Blocklandes lag so manches Boot vertäut. Dennoch war es nichts anderes als eine der vielen Vermutungen, die nicht weiterverfolgt und verifiziert worden sind. Ob irgendjemand ein Boot vermisste, wurde offensichtlich überhaupt nicht überprüft. Auch von der später am Tatort eintreffenden Kriminalpolizei nicht. Warum auch? Es könnte so gewesen sein – das reichte seinerzeit als Ermittlungsergebnis.

Ein Beamter der Schutzpolizei, der nach der Alarmierung als einer der ersten den Tatort erreichte, wollte zudem sofort festgestellt haben, dass die Täter draußen am Gebäude die Telefonleitung durchtrennt hätten. Dann erst wären sie ins Haus eingedrungen. Werfen wir zunächst einen Blick auf dieses Haus und seine Bewohner.

Der Hof Kapelle, abseits und allein auf einer Warft gelegen, war eines der ältesten Anwesen im gesamten Blockland. Heinrich Hoops, Bremer Pastor und Heimatforscher, versichert in einem 1927 erschienenen Buch, der Name rühre tatsächlich von einer Kirche her. Im Dokumentenkasten des Bauernhofs habe sich zu seiner Zeit noch eine Urkunde befunden, nach der die Hofstätte erstmalig 1336 erwähnt worden sei, jedoch schon damals nicht mehr als Gotteshaus. Wie die Örtlichkeit knapp zwei Jahrzehnte vor dem Überfall aussah, schildert Hoops im romantisierenden Stil des Heimatfreundes. Er schwärmt von einem »uralten Hof

---

7 Berichte 18. Polizeirevier, 21.11.1945, Konvolut Leichensachen Jahrgang 1945, Staatsarchiv Bremen (STAB), 4,89/4-66.

an der Hemmstraße, der wie ein alter Edelsitz unter seinen hohen Eschen, Pappeln und Weiden auf hoher Wurt einsam im Felde liegt.«[8] Auch Zahlen verrät er: 46 Hektar Gesamtfläche, Kapitalwert 16.000 Mark.[9]

Im Krieg nicht beschädigt, zeigten sich die Gebäude Ende 1945 als wohlausgestattetes bäuerliches Ensemble: ein großes reetgedecktes Wohnhaus, Scheune, Backhaus, ein Stall mit zwei Pferden und sogar ein Unterstand mit einem Traktor, damals in der Blocklander Landwirtschaft eine Rarität. Dazwischen und drum herum viel Platz für Hahn und Hühner, die beiden Hofhunde und auch für die Kinder zum Spielen. Das Anwesen war bereits ans Telefonnetz angeschlossen, aber noch nicht an Trinkwasserleitung und Kanalisation. Das Wasser plätscherte aus der Pumpe. Im Herbst wurde geschlachtet, ein, zwei Schweine und auch ein Rind wanderten ins Pökelfass und in den Rauch. Die Einkommensbasis bildete die Milchwirtschaft, an die 30 Kühe sollen es gewesen sein, die jetzt im November 1945 aufgestallt waren. Unter den typischen Landwirtschaften des Blocklandes zählte der Kapellenhof zu den wirtschaftlich stärkeren Betrieben.

In der Nacht des Überfalls befanden sich 13 Personen auf dem Gehöft. Was man heute als Mehrgenerationenhaus feiern würde, war damals – zumal auf dem Land – die übliche Wohnform. Das Sagen in Haus und Hof hatten noch die Altbauern: Meta Flothmeier, die als geborene Garbade den Hof geerbt hatte, und ihr Ehemann Wilhelm. Sie 67 Jahre alt, er 72. Beide Abkömmlinge alteingesessener und angesehener Blocklander Familien. Ihre einzige Tochter, Margarete (39), war mit Wilhelm Hamelmann (43) verheiratet und hatte mit ihm vier Kinder (Willi, Lieschen, Martha und Ruth.) Wilhelm Hamelmann, ein »Zugezogener« aus Bremen, arbeitete in der Stadt als Apothekerassistent. Seit einiger Zeit lebten auch seine Eltern hier, Heinrich und Berta Hamelmann. Sie hatten ihr Haus in Bremen-Walle durch einen Luftangriff verloren. Zur Hausgemeinschaft zählten außerdem die Hausgehilfin Meta Howald und der junge Knecht Fritz Heitmann. Zu Besuch war Beta Gerdes, geborene Schnakenberg, »Tante Betchen«, die früher auf dem Hof gearbeitet hatte. Sie kam aus der Bremer Neustadt und hatte sich entschieden, wegen des schlechten Wetters lieber im Blockland zu übernachten.

Ein paar Tage nach dem Überfall berichtete der Weser-Kurier, bis zum Kriegsende habe auch ein Zwangsarbeiter oder Kriegsgefangener zur Hofgemeinschaft gehört: »Im Kriege arbeitete ein Serbe auf dem Hofe – er wurde anständig und menschenwürdig behandelt; noch jetzt schreibt er Briefe nach Niederblockland, wo es ihm gut ging.« Das Urteil der Zeitung über die Bewohner des Hofs: »Alles achtbare, ruhige Menschen.«[10] Wir wissen wenig über die meisten der Ermordeten. Mit Wilhelm Hamelmann, demjenigen, der als einziger die Mordnacht überleben sollte, werden wir uns noch näher beschäftigen. Er, der Eingeheiratete, galt im Blockland als eigenwillige Persönlichkeit. Aber seine christliche und mitmenschliche Haltung, so viel vorweg, dürfte im Einklang mit dem Leben und Denken seiner Hofgemeinschaft gestanden haben. Schon allein deshalb gibt es hier keinen Grund, diese Meinung des Weser-Kuriers anzuzweifeln.

Wenn sich Fragen aufdrängen, dann bei einigen Details des nächtlichen Geschehens, wie wir sie von Wilhelm Hamelmann erfahren, zum Beispiel in seinem Büchlein »Vergeben statt Vergelten«. Er verfasste es etwa 15 Jahre nach dem Überfall, die erste Auflage erschien 1961. Eine dünne Broschüre mit dem Untertitel »Ein packender Tatsachenbericht«, die sich aber

---

8 H. Hoops, Geschichte des Bremer Blocklandes, Bremen 1927, S. 168.
9 Ebenda, S. 176.
10 Weser-Kurier, 24.11.1945.

stellenweise als Traktätchen eines fundamentalistischen Gläubigen darstellt. Als einwandfreie historische Quelle kann Hamelmanns Veröffentlichung nicht eingestuft werden, gleichwohl soll aus ihr zitiert werden.

Zuerst einmal entnehmen wir aus Hamelmanns Text, dass sich die Hofgemeinschaft am Abend des 20. Novembers »zusammengefunden [hatte], um gemütlich die Abendstunden zu verbringen«[11]. Man war aber nicht sorgenfrei. »Die Unsicherheit, die ungeordneten Verhältnisse, das gegenseitige Misstrauen waren unsere Gesprächsthemen.« Auch wurde darüber geredet, welchen Beruf die ältesten der Hamelmann-Töchter ergreifen könnten. Ruth war 17, ihre Schwester Martha 15 Jahre alt. Gegen 22 Uhr wünschte man sich eine gute Nacht. »Es war ganz still geworden auf dem Hof. Hin und wieder wurde die Stille der Nacht von dem Rasseln der Kuhketten unterbrochen, aber dieses Geräusch war für uns beruhigend, denn es gehörte nun einmal zu unserer Lebensgewohnheit.«

Die meisten oder alle schliefen bereits, als vor dem Haus mehrere Gestalten auftauchten. Wann genau die Polen ins Haus eindrangen und ob sie dabei die Eingangstür aufbrachen, ist ebenfalls nie richtig aufgeklärt worden. Kurz vor Mitternacht hätten sie in der Diele gestanden und gelärmt, so ist es in Hamelmanns Erinnerungen zu lesen. »Ich ... trat auf die Diele und machte Licht. Vor mir standen zehn bewaffnete Polen. Sie wurden von einem Juden, der vollendet deutsch sprach, geführt.«[12] Dass Hamelmann sofort annahm, die Eindringlinge seien Polen, ist nachvollziehbar. Aber wie und woran will er auf den ersten Blick erkannt haben, dass ein Mensch jüdischen Glaubens vor ihm stand? Auffällig ist: In seiner allerersten polizeilichen Aussage, in den Morgenstunden des 21. Novembers, beschrieb er den Anführer lediglich als einen Mann mit einer seltsamen Kopfbedeckung. Er soll »eine dreieckige Mütze mit roter Paspelierung«[13] getragen haben. Zudem ist in diesem Bericht festgehalten, es seien nicht zehn, sondern 12 bis 13 Polen gewesen, aufgetaucht gegen ein Uhr. In anderen Polizeiberichten wird ein Hauptwachtmeister (»Posten Blockland«) zitiert, der vor Ort erklärt habe, das Gehöft sei »von sieben bis acht Polen überfallen worden«[14]. Erstaunlich ist, dass von Wilhelm Hamelmann schon so unmittelbar nach der Tat – er war schwerverletzt und stand unter Schock – überhaupt eine Aussage protokolliert werden konnte.

Doch bleiben wir bei dem entsetzlichen Verlauf dieser Nacht, wie er sich aus den Darstellungen des einzigen Tatzeugens und überlebenden Opfers sowie den polizeilichen Berichten erschließt. Mit der Waffe in der Hand hasteten die Eindringlinge von Wohnung zu Wohnung, von Zimmer zu Zimmer, trieben alle Anwesenden – Kinder wie Großeltern – in einem Raum im Erdgeschoss zusammen. Sie durchwühlten Körbe und Truhen, rissen die Schubladen aus den Schränken und vergaßen auch nicht, die Fenster mit Kissen abzudunkeln. Es zeigte sich, Speck und Schinken waren den Plünderern weniger wichtig. Kleidungsstücke, Schmuck, Uhren, Geld, darauf waren sie scharf. Einer versuchte, Wilhelm Hamelmann den goldenen Ehering gewaltsam vom Finger zu ziehen. »Da dieses nicht gelungen sei und er den Mann nicht anders habe loswerden können, habe er sich persönlich den Ring vom Finger gezogen.«[15] Den Kapelle-Bewohnern gelang es, Ruhe zu bewahren – durch Gottes Hilfe, wie es Hamelmann

---

11 Dieses Zitat und folgende W. Hamelmann, Vergeben statt Vergelten, Niedenstein, 3. Auflage 1995, S. 14/15.

12 Ebenda, S. 15.

13 Bericht 17. Polizei-Revier Bremen, 21.11.1945, Leichensachen Jahrgang 1945.

14 Berichte 18. Polizeirevier, 21.11.1945, Leichensachen Jahrgang 1945.

15 Bericht Bremer Kriminalpolizei, Mordkommission, 29.11.1945, Leichensachen Jahrgang 1945.

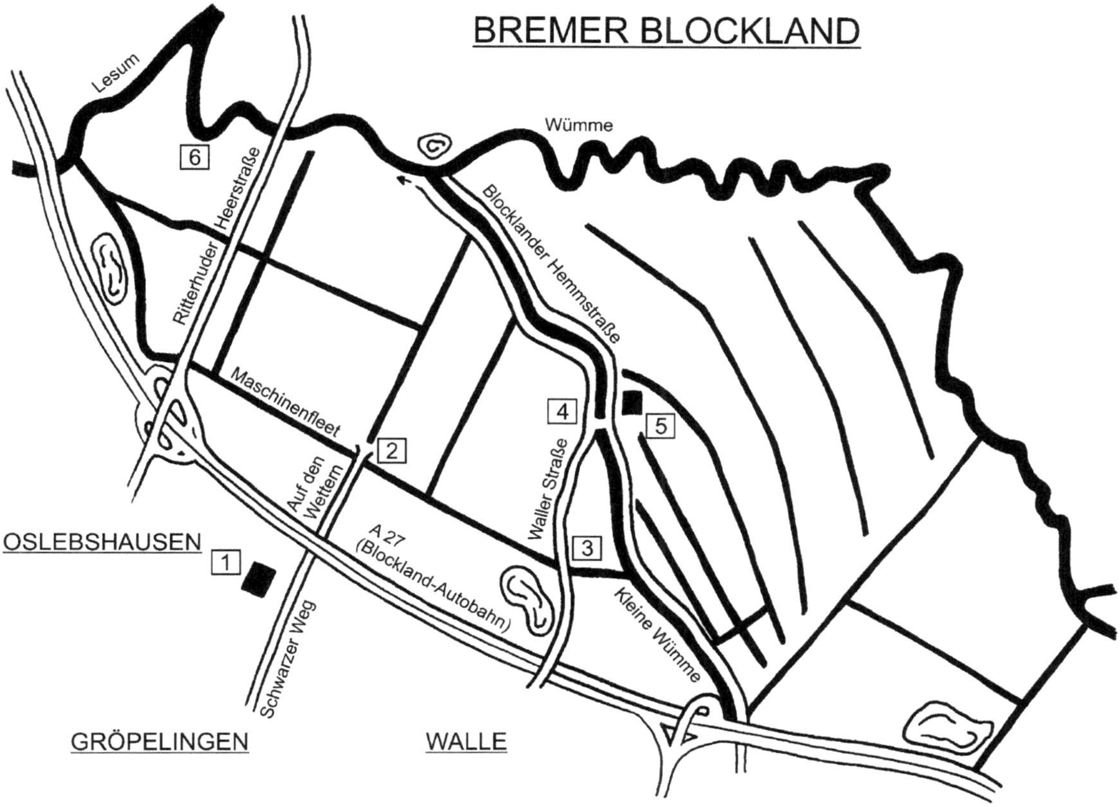

1 Standort des damaligen Camp Tirpitz (heute: Christliches Bildungs- und Sozialzentrum Bremen-West).

2 Alte Holzbrücke übers Maschinenfleet (in früheren Zeiten vor allem von Bauern aus Walle und Gröpelingen benutzt, heute für die Öffentlichkeit nicht zugänglich).

3 Betonbrücke an der Waller Straße übers Maschinenfleet (1866 erbaut).

4 Fußgänger- und Radfahrerbrücke über die Kleine Wümme, auch bekannt als Gerold-Janssen-Brücke (erbaut 2005).

5 Hof Kapelle (Gebäude wurden 1997 abgerissen, Grundstück mit altem Baumbestand ist eingezäunt und in Privatbesitz).

6 Wasserhorst mit Friedhof.

in seinem Büchlein auslegt. Sehr besorgt war seine Frau um den Sohn, Willi, den Jüngsten, neun Jahre alt. Sie blieb immer in seiner Nähe.

Nach gut einer Stunde des hemmungslosen Zusammenraffens glaubten die Überfallenen, es überstanden zu haben. Der Anführer schien zum Aufbruch zu drängen. Doch dann gab er den entscheidenden Befehl: Bevor wir verschwinden, müssen alle Bewohner runter in den Keller. Ein kleiner niedriger Raum, so niedrig, dass ein ausgewachsener Mensch nur gebückt stehen konnte. Alle mussten »kniend auf dem feuchten Fußboden Platz nehmen.«[16]

Wie lässt sich das, was dann geschah, umschreiben? Ist »Massaker« der richtige Begriff? Von 1933 bis 1945 ist in erheblich größerem Ausmaß gemordet worden – gezielt, geschäftsmäßig und auch wahllos. Aber wie bei den Massenexekutionen der deutschen Einsatzgruppen in der Sowjetunion oder Polen gingen die Täter auch hier völlig erbarmungslos vor. Was sich im Keller der Kapelle abspielte, war ein blindwütiges Gemetzel und gleichzeitig eine in wenigen Minuten vollzogene Hinrichtung. Aus den Obduktionsberichten geht hervor: Jedes der Opfer ist mit etlichen Geschossen der Kaliber 7,65 und 9 Millimeter niedergestreckt worden – gängige Pistolenkaliber. Wobei 9-Millimeter-Geschosse auch schon vorherrschend waren in den damaligen Armee-Maschinenpistolen. Zwei unterschiedliche Kaliber legen den Schluss nahe, dass mehrere, wenigstens zwei Täter geschossen haben. Dazu Hamelmann in seiner Broschüre: »Der Anführer mit den drei anderen Polen erschoss alle meine Angehörigen.«[17] Ein Satz, der keine völlige Klarheit bringt. Der Anführer war demnach der Haupttäter, ein gnadenloser Mörder. Aber haben die drei anderen, die mit ihm in den Keller gegangen waren, auch geschossen? Tatsächlich alle drei? Oder nur zwei? Nur einer? So viel ist klar: Innerhalb weniger Minuten starben zwölf Menschen. Und fast alle der Getöteten wiesen Kopfschüsse auf, zumeist aufgesetzt oder aus einer Nahdistanz von 20 bis 30 Zentimetern abgegeben.[18]

Niemand blieb verschont, keines der vier Kinder der Familie Hamelmann und auch nicht der gerade erst 15 Jahre alt gewordene Fritz Heitmann, mehr Knabe als Knecht. Wilhelm Hamelmann allerdings blieb der Kopfschuss erspart. Als erster von mehreren Kugeln getroffen, hielt man ihn für tot. Schwerverletzt lag er unter und zwischen Toten und Sterbenden. Um zu überleben, musste er sich totstellen, vielleicht war er auch eine Zeitlang ohnmächtig. Nachdem die Bande abgezogen war, schaffte er es, vom Hof zu fliehen. Er war zu schwach, um die Zugbrücke zu bedienen, er konnte so auch nicht zu seinem Auto gelangen, das auf der gegenüberliegenden Seite der Kleinen Wümme in einer verschlossenen Garage stand. Hamelmann setzte sich auf ein zurückgelassenes Kinderrad, quälte sich über den aufgeweichten Deichweg Richtung Bremen. Er stürzte in einen Graben, zog sich wieder hoch, um nach etwa zwei Kilometern, kurz vor einigen ausgebauten Lauben, in denen Ausgebombte untergekommen waren, erneut zusammenzubrechen. In seinen Erinnerungen beschreibt er die ersten Minuten nach seinem Auffinden mit ausgesprochen sachlichen Worten: »Beim Nachbarn angekommen, traf ich dann alle weiteren Vorkehrungen für die notwendige Abwicklung der Dinge.«[19]

Der Nachbar, Schiffbauer Richard Funkel, sagte drei Monate später in der Gerichtsverhandlung aus. Er schilderte Hamelmann, den er fand, als völlig aufgelöst, als einen gerade der Hölle entronnenen Menschen, der wusste, dass er der einzige Davongekommene war. Und

---

16 W. Hamelmann, 3. Auflage 1995, S. 18.
17 W. Hamelmann, 3. Auflage 1995, S. 18.
18 Die Obduktionen wurden am 26. und 27.11.1945 im Pathologischen Institut Bremen durchgeführt, Berichte in Leichensachen Jahrgang 1945.
19 W. Hamelmann, 3. Auflage 1995, S. 27.

das hätte er als erstes gerufen: »Ich habe keine Eltern, keine Frau und keine Kinder mehr! Ich habe nichts mehr!«[20]

»Verbrechertypen mit verwegenem und robustem Gebaren«

Die deutsche Polizei ermittelt schnell, aber keinesfalls gründlich. Sie präsentiert neun Verdächtige, die nach ihrer Überzeugung »zu jeder Tat fähig sein können«.

Die Nachbarn aus den Sommerlauben, zu denen sich Hamelmann geflüchtet hatte, sorgten für die Verbreitung der Schreckensnachricht. So zerstört Bremen war, die Telefonverbindungen waren zum Teil noch intakt oder bereits wiederhergestellt. Und gerade in den ländlichen Randgemeinden waren etliche Häuser ans Netz angeschlossen. Auch die Polizei wurde per Telefon informiert, überdies schlug sich ein Mann aus Niederblockland zu Fuß oder per Fahrrad zum nächstgelegenen Bremer Revier durch. »Am 21.11.45, um 3.15 Uhr, erschien der Arbeiter Hinrich Soller … und zeigte an, dass eine größere Anzahl Polen das Gehöft vom Flothmeier … überfallen hätte«[21], notierte ein Polizeibeamter des 14. Reviers. Ob Hinrich Sollers nächtlicher Weg noch notwendig oder schon überflüssig war – mutig war sein Handeln auf jeden Fall. Hätten sich nicht ein paar der bewaffneten Marodeure noch irgendwo in der Dunkelheit versteckt halten können? Ein Zusammentreffen wäre wohl Sollers Tod gewesen.

Andere Nachbarn und Verwandte eilten zum überfallenen Gehöft. Zu den ersten, die dort eintrafen, gehörten der Blocklander Bürgermeister Hinrich Kropp, erst seit einigen Monaten im Amt, und der vor Ort als Polizeiposten stationierte Hauptwachtmeister Teuber. Als Polizeibeamte aus Bremer Revieren am Hof Kapelle erschienen, hielten sich bereits mehrere Menschen im Wohnhaus und davor auf. Einige hatten sich in den Keller vorgewagt, die Leichen entdeckt. Entsetzen, Hilflosigkeit und Angst waren zu spüren, eine unbändige Wut lag in der Luft. Die Männer der Schutzpolizei begannen mit ihrer Arbeit. Sie hatten die Aufgabe, eine unfassbare Tat zu erfassen, einen Raubüberfall mit anschließendem Massenmord.

Bevor wir das Vorgehen der Revierpolizisten und die Arbeit der etwas später eintreffenden Kriminalpolizei weiter verfolgen, sollten wir uns noch einmal vergegenwärtigen, dass Bremen eine besetzte Stadt war. Und die Eroberer hatten sofort das eingeleitet, was in dieser Situation das Übliche und Richtige war: Die Zerschlagung des Polizeiapparats durch Verbote, Verhaftungen und Entlassungen. Als einen Monat später die US-Army die Militärregierung übernahm, bezog ihre Public Safety Branch das Bremer Polizeihaus Am Wall. Das trutzige Gebäude, Anfang des 20. Jahrhunderts im Stil einer burgähnlichen Festung erbaut, war für jede Besatzungsmacht wie geschaffen. Imponierarchitektur, eine in Stein gehauene Machtdemonstration. Aber recht schnell zeigte sich, die Military Police, die dort nun auch residierte, war auf Unterstützung angewiesen. Entlassene deutsche Polzisten durften und sollten zurückkehren, darunter auch viele, die aufgrund ihrer Tätigkeit in der NS-Zeit als »belastet« einzustufen waren. Man hielt es für ausreichend, die »Germans« Dienst unter Be-

20 Weser-Kurier, 02.03.1946.
21 14. Polizei-Revier, 21.11.1945, Leichensachen Jahrgang 1945.

währungsaufsicht tun zu lassen. Bekannt sind die Fotos von gemeinsamen Streifenfahrten im Jeep: zwei Männer der Military Police, einer am Steuer, auf der Rückbank ein Deutscher. Unbewaffnet, in umgefärbter Uniform und etwas gequält lächelnd. Solche Bilder waren im Sommer 1945 nicht ungewöhnlich. Aber im Grunde hatte zu dieser Zeit die Neuorganisation der Bremer Polizei bereits begonnen – mit dem Rückgriff auf alte Kräfte und, wie sich zeigen sollte, der Rehabilitation alter Denkmuster.

Im November 1945 gab es schon wieder politische Strukturen mit einem Bremer Bürgermeister und dem Senat. Und die Bremer Polizei verfügte bereits wieder über den Ansatz eines eigenständigen Apparates. Polizeiposten und Polizeireviere versahen ihren Dienst im Rahmen einer lokalen Schutzpolizei, eine Kriminalpolizei samt Mordkommission war halbwegs arbeitsfähig, und seit Ende Oktober stand an der Spitze der Bremer Polizei auch wieder ein Präsident, Helmut Yström[22]. Wie Bürgermeister und Senat war auch er von den Amerikanern ernannt worden. Der Wunsch, wieder selbstständig und unkontrolliert agieren zu können, war sicherlich auch bei der Polizei vorhanden. Aber wohl auch die Einsicht, sich noch eine Zeitlang unterordnen, wenigstens kooperieren zu müssen. Gleichwohl hatten in den Morgenstunden des 21. Novembers deutsche Polizisten, salopp ausgedrückt, die Nase vorn. Sie waren die Ersten am Tatort, und auch in den Tagen danach waren sie es, die den Ermittlungen ihren Stempel aufdrückten. Es ist also nicht zutreffend, was noch Jahrzehnte später in einem Fachbeitrag verbreitet worden ist: »Die Ermittlungen übernahm allein die Militärpolizei.«[23] Seltsam, dass einer der Autoren dieses Aufsatzes, Richard Siebke, damals selbst dabei war. Schon in der allerersten Zeit der Nachkriegs-Kripo war er in hoher Position tätig.

Nachweisbar am Tatort ist die Anwesenheit von Schutzpolizisten der Reviere 17 und 18, darunter ein »Schnellkommando« mit Pkw. Ihnen oblag es, die Leichenfunde auf Formularen festzuhalten, Wilhelm Hamelmanns erste Aussage zu protokollieren und ihn ins Krankenhaus zu transportieren. Sie stellten auch fest, dass der kleine Willi noch atmete. Das Kind war bereits von Nachbarn aus dem Mordkeller nach oben getragen und in ein Bett gelegt worden. Ein Krankenwagen holte ihn ab, er verstarb im Krankenhaus oder auf dem Weg dorthin. Willi war das 12. Todesopfer.

Im Übrigen notierten die Schupos Mutmaßungen, etwa die vom Wasserweg, den die Täter benutzt hätten, und auch das, was sie am Tatort ständig zu hören bekamen. Denn nicht nur Wilhelm Hamelmann, der einzige Augen- und Ohrenzeuge, auch Bürgermeister Kropp, Polizeiposten Hauptwachtmeister Teuber und wahrscheinlich ausnahmslos alle Nachbarn waren der Ansicht: Das waren die Polen.

Die Mordkommission der Bremer Kripo traf nach der Schutzpolizei ein. Ihr gehörte ein Fotograf an, er machte aber nur Aufnahmen von einigen der Erschossenen. Dass darüber hinaus noch Tatortspuren, etwa Fußspuren, gesichert wurden, ist nicht dokumentiert. Zu diesem Zeitpunkt und bei der Vielzahl der umherirrenden Menschen dürfte das auch äußerst schwierig gewesen sein. Heutiges Hightech-Equipment war ohnehin noch unbekannt. Und auch die damals gebräuchlichen Materialien zur Spurensicherung standen nur eingeschränkt

---

22 Helmut Yström, geb. 1891, gest.1963, Polizeioffizier in Bremen bis 1937 (Zwangspensionierung), 1945 bis 1947 dort Polizeipräsident, 1952 bis zu seinem Tod Politiker (CDU, Mitglied der Bremer Bürgerschaft, Senator).

23 C. Krämer, R. Siebke, bearbeitet und erweitert durch H. Schäfer, Mehr als sieben Stunden, Ein Beitrag zur Geschichte der Kriminalpolizei in Bremen, Sonderband III. Hg. Kriminalistische Studiengemeinschaft e. V. in Bremen, Bremen 1989, S. 195.

oder gar nicht zur Verfügung. Denn als Anfang Juni 1945 im Polizeihaus große Mengen an requirierten Waffen, Munition und Sprengstoff explodiert waren, hatte die durch Leichtfertigkeit verursachte Katastrophe nicht nur vielen Menschen das Leben gekostet. Auch ein Großteil der Kriminaltechnik war vernichtet worden.

Dennoch meinte die Kriminalpolizei binnen kürzester Zeit zu wissen, wo die Täter zu suchen wären: »Bei den sofort angestellten Ermittlungen wurde in Erfahrung gebracht, dass es sich bei den Tätern höchstwahrscheinlich um Polen aus dem Lager Schwarzer Weg handelt.«[24] An vorderster Stelle ist der Bericht unterzeichnet von Kriminalobersekretär Hinnerk Bosse, Leiter der Mordkommission (die auch als das Kommissariat Tötungsdelikte in Erscheinung trat). Wie er und seine Leute dies nun genau ermittelt hatten, lässt sich den kargen Darlegungen nicht entnehmen. Wahrscheinlich hatten sie lediglich das aufgegriffen, was auch schon die Schutzpolizei festgehalten hatte und was auch die Mordkommission am Tatort nicht überhören konnte. Ehemalige Zwangsarbeiter, Displaced Persons und insbesondere die Polen – denen ist doch alles zuzutrauen! Dass viele Blocklander so dachten, mag durch die vorigen Vorfälle erklärbar sein. Man hat den Eindruck, dass sich die Mordkommission dies recht schnell zu eigen machte. Oder von vornherein mit dieser Schablone vertraut war.

Warum aber ordnete sie die Tatverdächtigen dem DP-Lager Schwarzer Weg zu? Es gab schließlich noch andere in Bremen. Das Camp Tirpitz lag entfernungsmäßig am nächsten. Und so wurde auch ignoriert, was die eigene Kriminalpolizeileitstelle am 21. November morgens um 4.30 Uhr per »Fernspruch « vom 17. Polizeirevier erfahren hatte: »Nach der Tat entfernten sich die Täter in Richtung Blumenthal.«[25] Diese Richtung hätte nicht so ganz zum Camp Tirpitz gepasst – eher zu einem zweiten Überfall, der in dieser Nacht ein paar Kilometer entfernt – und etwas später – passierte. Gab es da Verbindungen? Waren zumindest einige der Blocklandtäter gar nicht zum Schwarzen Weg zurückgekehrt, sondern tatsächlich in eine andere Richtung, zu einem anderen Überfall weitergezogen? Dies alles ist offensichtlich nie untersucht worden.

Immerhin ist es der Mordkommission zu verdanken, dass unter anderem der Bremer Bürgermeister Wilhelm Kaisen, Senatoren, der Polizeipräsident und ein Staatsanwalt zum Hof Kapelle gebeten wurden. Und in diesen Kreisen wusste man, wer noch unbedingt zu benachrichtigen war: die Public Safety Branch der Militärregierung. Die Besatzungsmacht, in jeder Hinsicht der Dreh- und Angelpunkt, kam jetzt erst dazu. Umgehend ließ sie durch ihre eigenen Leute den Tatort inspizieren – und die waren mit der bisherigen Ermittlungsarbeit nicht so ganz einverstanden. Sie vermissten vor allem eines: fingerprints. Dummerweise fehlte der MP dafür das Know-how – und der Bremer Kripo ein Fingerabdruckexperte. Den Polizeibeamten Willy Schön, der in Bremen als solcher galt, hatten die Briten gleich nach der Kapitulation entlassen. Jetzt wurde er dringend gebraucht, also stellten die Amerikaner ihn umgehend wieder ein. Diese Episode schildert Werner Oelkers, der spätere Bremer Landesvorsitzender der Gewerkschaft der Polizei. Und er erwähnt, dass der Spurensicherer Schön so zu einem geglückten Neuanfang kam. Bald wurde er als Kriminalinspektor zum Leiter des Bremer Erkennungsdienstes befördert und durfte dann als für Fachlehrer für Kriminaltechnik junge Polizeianwärter unterrichten.[26]

24 Bericht Kriminalpolizei Bremen, Mordkommission, 23.11.1945, Leichensachen Jahrgang 1945.

25 Kurzprotokoll eines Telefonats, Kriminalpolizeileitstelle Bremen, 21.11.1945, Leichensachen Jahrgang 1945.

26 Siehe W. Oelkers, Morde in Bremen und andere Kriminalfälle der Nachkriegszeit, Delmenhorst / Berlin 2005, S. 6, 37, 38. Dass Schön laut Oelkers »ausreichend Fingerabdrücke« sicherte, »was acht von den zehn Tätern dann auch überführte«, ist allerdings eine Legende.

Für die deutsche Polizei war die Zusammenarbeit mit den Amerikanern auch deshalb wichtig, weil sie ja die Täter in einem Lager für Displaced Persons vermutete – diese Camps aber durften von ihr nicht allein betreten werden. Insofern fand, noch im Laufe des 21. Novembers, eine gemeinsame Razzia statt. Doch nach wem fahndete man überhaupt im Camp Tirpitz, dem »Polenlager Schwarzer Weg«? Nach zwölf oder 13 Polen, von denen einer sich als Anführer gerierte und eine dreieckige Mütze trug. Das waren Hamelmanns erste Angaben, und das war im Grunde der konkrete Kenntnisstand zu diesem Zeitpunkt. Insofern muss man sich die Razzia als überfallmäßige Schleppnetzfahndung vorstellen, Shake-down-raid in der Sprache der Military Police: Stubendurchsuchungen und Leibesvisitationen, um einen der geraubten Gegenstände zu finden, vielleicht auch die Tatwaffen. Dabei wollte man wohl auch beobachten, wer in welcher Weise darauf reagierte, ob jemand beim Auftauchen der vereinigten Polizeimacht versuchen würde zu fliehen. Das Ergebnis: acht Festnahmen und die Sicherstellung etwaiger Beutegegenstände. Von den Waffen keine Spur. Sie wurden nie gefunden. Und der Anführer, der Mann mit der Mütze? Im Camp Tirpitz jedenfalls war er nicht. Oder er hatte seine auffällige Kopfbedeckung einfach mal abgenommen.

Wie sich später herausstellen sollte, vor allem während des Prozesses im Februar 1946, lagen die Ermittler mit ihrer Entscheidung für eine Schleppnetz-Razzia ausschließlich im Camp Tirpitz nicht völlig daneben. Das Vorgehen lässt aber schon erkennen, um was es ihnen ging. Das zügige Festnehmen der Täter oder Tatverdächtiger, um weitere Verbrechen zu verhindern, hatte für sie hohe oder gar höchste Priorität. Bekämpfung der ausufernden Kriminalität durch Abschreckung, der verängstigten Bevölkerung das Gefühl von Sicherheit und Ordnung zurückgeben – das waren seinerzeit die Ziele. Was aber war mit dem Nachweisen oder Ausschließen der konkreten Tatbeteiligung jedes einzelnen Verdächtigen, der Rekonstruktion des gesamten Tathergangs, kurz gesagt mit dem, was objektive wie umfassende Polizeiermittlungsarbeit ausmachen sollte? All das spielte eine untergeordnete Rolle.

Und so kam es schon am Nachmittag des 22. Novembers zu einer Gegenüberstellung am Krankenbett Wilhelm Hamelmanns. Der Schwerletzte, von mehreren Kugeln getroffen, war ja erst den Tag zuvor in den Krankenhausbunker der Evangelischen Diakonissenanstalt in Gröpelingen gebracht worden. Dort bewohnte auch der Pastor Max Penzel vorübergehend eine »Bunkerzelle«, wie er in seinen persönlichen Aufzeichnungen schreibt. Seine Kirche, die Wilhadi-Kirche an der Nordstraße, war während eines Luftangriffs im August 1944 schwer getroffen, das Gemeindehaus schon vorher zerstört worden. Penzel kannte Hamelmann. Denn der war, obwohl schon seit Jahren im Blockland wohnend, Mitglied der Wilhadi-Gemeinde im Bremer Westen. Als Hamelmann eingeliefert wurde und Penzel erfuhr, was sich zugetragen hatte, trieb es den Pastor »in Beugung und Gebet«[27]. 35 Stunden später fungierte er als Hamelmanns Beistand in einer unwürdigen Prozedur.

Nicht nur Hamelmanns Lungensteckschuss war lebensgefährlich. Er, der gerade seine gesamte Familie verloren hatte, war auch zutiefst seelisch verwundet, stand unter dem Einfluss von Medikamenten, möglicherweise von Morphium. Niemand wusste, ob das Krankenzimmer nicht auch sein Sterbezimmer war. Aber an diesem Nachmittag sollte der Patient zunächst in die schlimmste Schreckensnacht seines Lebens zurückgeführt werden. Er wurde mit allen acht am Vortag Festgenommenen konfrontiert, sollte ihre Gesichter mustern, sie wiedererkennen. Und nicht nur das, auch Aussagen über die jeweilige Tatbeteiligung waren

27 M. Penzel, Wanderweg durch 70 Jahre, persönliche und zum Teil unveröffentlichte Aufzeichnungen, 1967, S. 54.

gefragt. Einer nach dem anderen wurde gefesselt ans Bett geführt. Nach Penzels Erinnerungen soll Hamelmann vor Erregung gezittert, bei dem einen oder anderen auch geschrien haben, etwa den Satz »Das ist der Mörder meiner Frau!«[28]

Aus den amtlichen Protokollen geht hervor: Hamelmann identifizierte alle acht Vorgeführten als Beteiligte. Zur Bestätigung per Unterschrift reichte indes seine Kraft nicht aus, nur zu einem kleinen Kreuz. Der geschriebene Text sämtlicher Protokolle enthält immer diese Formulierung: »Bei der Vorführung des [jeweiliger Name des Verdächtigen, abgekürzt] erkannte Hamelmann ihn sofort wieder und erklärte ...« Die schriftlichen Angaben wurden ihm vorgelesen, und er habe sie »durch sein Handzeichen«[29] bestätigt. Drei der anwesenden Männer bezichtigte er demnach als Todesschützen, neben dem Anführer. Einer von ihnen, Czeslaw Godlewski, sollte Jahre später von Hamelmann wieder entlastet werden (und nicht nur das).

Es ist nicht verwunderlich, wenn Hamelmanns Erinnerungen an die Gegenüberstellungen lückenhaft oder als Zerrbild abgespeichert sind. So spricht er in seinem Büchlein nicht von acht, sondern von neun Polen, die er zunächst wiedererkannt haben will. Und auch davon, dass ihn in der Nacht darauf die Frage quälte, ob er nicht einen zu Unrecht benannt habe. Nicht zuletzt durch seinen Appell an die Kripo, dies zu überprüfen, sei der Mann umgehend freigekommen. Aus den archivierten Dokumenten ist das so nicht erkennbar. Niemand wurde alsbald noch in den nächsten Tagen entlassen. Im Gegenteil: Am 25. November wurde noch ein weiterer Pole aus dem Lager Schwarzer Weg verhaftet. Jetzt erst waren es neun. Wochen später, als die Military Police das Heft fester in die Hand nahm, wurde einer wieder entlassen (es war nicht Czeslaw Godlewski). Gut möglich, dass Hamelmann an diesem Vorgang dann beteiligt war.

In einem Punkt jedoch decken sich Hamelmanns Erinnerungen mit denen des Pastors Penzel. Beiden erwähnen, dass während der Gegenüberstellungen am 22. November geprügelt wurde: »Die Polen leugneten natürlich. Das trieb die Begleitmänner fast zur Raserei und einige wurden handgreiflich.«[30] Zudem wurde einer der Vorgeführten – Nikolaj Czupowski – von einem Militärpolizisten angeschossen. Nach Penzels Ansicht hatte er trotz Fesselung versucht zu flüchten. Zugegen bei dem Brachialspektakel im Krankenhausbunker – mittendrin der schwerstverletzte Hamelmann – waren neben Pastor Penzel unter anderem auch ein Captain der MP[31] sowie Kriminaldirektor Beelitz, eine Führungskraft der sich gerade neu formierenden Bremer Kriminalpolizei. Dolmetscher oder Übersetzer hielt man anscheinend für entbehrlich. Und so wurden anfangs selbst die Namen der Beschuldigten falsch wiedergegeben: Czeslaw Godlewski wurde in den deutschen Akten zunächst als Pscheslaw Golawski geführt, Nikolaj Czupowski als Nikolei Jukowski beziehungsweise Czubowski. Und es spricht vieles dafür, dass einer, den die Ermittler zuerst Michael Pewnitsch nannten, dann als Michal Bronicz auf der Anklagebank landete.

---

28 M. Penzel, S. 54.

29 Alle acht Gegenüberstellungsprotokolle tragen die Kennzeichnung »Military Government Detachment E2C2, Public Safety Branch, Bremen«, unterschrieben jeweils von fünf Zeugen, Leichensachen Jahrgang 1945.

30 W. Hamelmann, 3. Auflage 1995, S. 28.

31 Captain Donald J. Zimmermann, später auch tätig als Richter der Militärregierung. Seine Verfahrensführung und Urteile stießen auf Kritik aus den eigenen Reihen, siehe: Anna-Maria Pedron, Amerikaner vor Ort, Besatzer und Besetzte in der Enklave Bremen nach dem Zweiten Weltkrieg, Selbstverlag des Staatsarchivs Bremen 2010, S. 251.

Gleich nach den so zustande gekommenen ersten Ermittlungsergebnissen verzichtete die Mordkommission schon mal auf den Begriff »Tatverdächtige«, sprach in einem Bericht gleich von »Tätern«, die sie außerdem als abgefeimte Berufskriminelle darstellte: »Bei den Tätern handelt es sich um Verbrechertypen, die ein verwegenes und robustes Gebaren an den Tag legten.«[32]

Die Ermittlungen gingen noch ein paar Tage weiter. Am 24. November wurden Hamelmann einige Gegenstände präsentiert, sichergestellt bei den Verdächtigen. Darunter ein goldener Ring, Schuhe, ein Etui mit Füllfederhalter und eine Geldbörse mit 2,26 Reichsmark inklusive eines blutbefleckten Zehnpfennigstücks. Alles wurde von ihm wiedererkannt, entweder als sein persönliches Eigentum oder als das von Leuten seiner Hofgemeinschaft. In Einzelvernehmungen – diesmal mit Dolmetscher – beteuerten sieben der acht ihre Nichtbeteiligung. Nein, sie hätten in der fraglichen Nacht das Camp nicht verlassen. Dafür benannten sie Zeugen, die auch befragt wurden und das anscheinend bestätigten.

Der einzige, der zu diesem Zeitpunkt eine untergeordnete Beteiligung einräumte, war Nikolaj Czupowski, der Pole, der bei den Gegenüberstellungen angeschossen worden war. Er hätte lediglich draußen vor dem Hof Wache geschoben, gab er zu Protokoll. Betrunken sei er gewesen und deshalb eingeschlafen. Czupowski wurde für die Ermittler zunehmend interessanter, weil er dazu überging, auch einige der anderen Festgenommenen zu belasten, wenn auch manchmal nur mit Andeutungen und Vermutungen. Auch den entkommenen Anführer schilderte er, das sei »der Jude Siegmund«[33] gewesen. Noch ein anderer der Festgenommenen versuchte sich in dieser Taktik, aber Czupowski erzählte das meiste. Und er erzählte das, was die Ermittler offenbar hören wollten.

Was die Mordkommission kaum oder gar nicht interessierte, waren dagegen die Erklärungen einiger, wie sie an die sichergestellten Gegenstände gekommen seien. So hatte einer erzählt, die Schuhe an seinen Füßen hätte er keinesfalls auf dem Kapelle-Hof erbeutet, nein, Engländer hätten sie ihm gegeben. Und zwar bei der Befreiung von Bergen-Belsen. Diese und ähnliche Aussagen mögen Schutzbehauptungen gewesen sein, aber hätte das nicht zwangsläufig zu der einen oder anderen Nachfrage führen müssen? Das KZ Bergen-Belsen? Warum waren Sie dort gewesen? Warum sind Sie als Zwangsarbeiter in ein KZ gekommen?

Das alles passierte schließlich Ende 1945, in dem Jahr, als Auschwitz, Bergen-Belsen und weitere Schreckensorte »ihre obszönen Geheimnisse preisgegeben« hatten, wie es bei Arthur Koestler heißt (Vorbemerkung zu »Diebe in der Nacht«). Der Weser-Kurier hatte in seiner ersten Ausgabe vom 19. September 1945 getitelt: »Belsen-Prozess hat begonnen – Eines der blutigsten Kapitel der Naziherrschaft.« Aber die Männer der Mordkommission sahen sich getrieben, so schnell wie möglich Täter zu präsentieren. Und sie meinten ja auch, diese bereits vor sich zu haben. Warum also sollten sie sich jetzt noch mit Hintergründen und Vorgeschichte der Tat befassen? Warum auf etwas zurückkommen, von dem viele nichts mehr wissen wollten?

Die Mordkommission benannte mit ihrem Schlussbericht vom 27. November neun Beschuldigte. Es waren die Acht von den Gegenüberstellungen und der nachträglich am 25. November Verhaftete. Das Fazit: »Auf Grund der angestellten Ermittlungen kann gesagt werden, dass fast sämtliche Beschuldigten sich mehr oder weniger an dem Raubmord in Niederblockland beteiligt haben.« Dieses Ergebnis basierte ausschließlich auf den Aussagen

---

32 Bericht Kriminalpolizei Bremen, Mordkommission, 23.11.1945, Leichensachen Jahrgang 1945.

33 Protokoll zur Befragung von N. Czupowski, Kriminalpolizei Bremen, Mordkommission, 27.11.1945, Leichensachen Jahrgang 1945.

von zwei Personen. Zum einen auf dem, was Wilhelm Hamelmann auf dem Krankenbett mitgeteilt hatte. Genauer: Was er mittels Handzeichen und durch sein Kreuz auf den Protokollen ausgedrückt haben soll. Zum anderen auf den Belastungen des Nikolaj Czupowski, eines nicht unbedingt glaubwürdigen Mannes. Er hatte hier die Rolle eines Kronzeugen zu spielen.

Im Übrigen zeichneten die Ermittler ein Bild, das wohl eine Art Charakterstudie sein sollte: »Der weitaus größte Teil der Beschuldigten macht den Eindruck, dass es Menschen sind, die zu jeder Tat fähig sein können. Man gewinnt den Eindruck, dass die an der Tat Beteiligten kaltblütig und ohne Regung menschlichen Gefühls ihrer Mordgier und Plünderungslust frönen wollten.«[34]

Eindrücke, Annahmen, Mutmaßungen. Vorurteile?

Bis auf die weitere Fahndung nach dem geflohenen Anführer war damit für die deutsche Polizei die Arbeit getan. Für sie war das Verbrechen vom 21. November 1945 aufgeklärt. Mehr oder weniger. Für die damaligen Zeiten musste das reichen.

»Polnische Staatsangehörige verwandeln blühende Gärten in Sauställe«

Exkurs: Zwangsarbeiter, Displaced Persons und der »Polenterror in Bremen«

Es waren Millionen. Männer und Frauen und auch viele Jugendliche, manche noch keine 16 Jahre alt. Sie kamen ab 1939 aus allen Ländern, die deutsche Truppen besetzt hielten. Sie wurden ins Deutsche Reich verschleppt. Fritz Sauckel, von 1942 bis 1945 der Generalbevollmächtigte für den Arbeitseinsatz und mitverantwortlich für die Verpflichtung und Behandlung ebendieser Zwangsarbeiter, war im Nürnberger Prozess gegen die Hauptkriegsverbrecher (1945/46) einer der Angeklagten. Und er ließ sich immerhin das Eingeständnis entlocken, von all diesen Arbeitskräften seien »keine 200.00 freiwillig gekommen«.[35]

200.000 von wieviel Millionen? Es gibt verschiedene Zahlen, nicht zuletzt aufgrund unterschiedlicher Definitionen. Das Bundesarchiv, das auch die Zwangsarbeit der Kriegsgefangenen, der KZ-Häftlinge und der anderer Lager berücksichtigt, geht von circa 13,5 Millionen auf dem Gebiet des Deutschen Reichs aus. Darunter die größte Gruppe der Zivilarbeiter mit 8,5 Millionen Menschen. Die meisten von ihnen kamen aus der Sowjetunion und Polen.[36]

Es war von vornherein die Absicht der deutschen Kriegsführung gewesen, sich Arbeitskräfte aus den besetzen Ländern zu sichern und über sie zu verfügen. Sie hatten mehr und mehr die Deutschen zu ersetzen, die zur Wehrmacht mussten – allerdings unter völlig anderen, größtenteils unter elenden Bedingungen. Je länger der Krieg dauerte, desto stärker war die Kriegswirtschaft des faschistischen Deutschlands von der Arbeitsleistung der »Fremden« abhängig. Und umso brutaler wurden diese Leistungen erzwungen. Der Einsatz der Entrechteten war moderne Versklavung, diente aber nicht allein der wirtschaftlichen Ausbeutung. Die Zwangsarbeit war auch ein Instrument des NS-Rassismus, mit dem Menschen stigmatisiert, physisch wie psychisch geschädigt und vernichtet wurden.

---

34 Schlussbericht der Kriminalpolizei Bremen, Mordkommission, 27.11.1945, Leichensachen Jahrgang 1945.

35 Zit. nach Das Dritte Reich, hg. von E. Aleff, Hannover 1970, S. 211.

36 Zahlen von der Website www.bundesarchiv.de/zwangsarbeit/.

Die Zwangsverpflichteten schufteten nicht nur in den großen kriegswichtigen Betrieben, auch in der Landwirtschaft oder beim Straßenbau, mussten nach Luftangriffen die Trümmer wegräumen. Sie arbeiteten, lebten und hungerten inmitten der nationalsozialistischen Gesellschaft. Und viele starben auch dort, zumindest in den letzten Kriegsmonaten – auf der Straße, entkräftet zusammengebrochen oder weil ihnen die öffentlichen Bunker versperrt waren.

Und das hat niemand gesehen? Keiner hat nach Kriegsende davon gewusst?

So war es natürlich nicht. Es gab auch Deutsche, die nicht allein ihr persönliches Schicksal im Blick hatten. Menschen, die trotz eigener Not fähig waren zur Empathie und Solidarität und dem polnischen Arbeitskollegen etwas Brot und ein paar Kartoffeln zusteckten oder sogar geflohene Kriegsgefangene versteckten. Davon wird noch die Rede sein.

Aber auffällig ist schon: Das Leid der Zwangsarbeiter war nicht nur in der direkten Nachkriegszeit, sondern über Jahrzehnte kaum ein Thema in privaten Erzählungen wie öffentlichen Darstellungen. Es hatte den Rang einer marginalen Thematik, die bis in die 1970er Jahre den meisten Historikern, Politikern und auch Journalisten in Westdeutschland nicht der Aufarbeitung wert war. Was schon eine Verdrängungsleistung erforderte, denn schließlich war für die Alliierten die Verschleppung zur Zwangsarbeit ein elementares Kriegsverbrechen gewesen. So saß ja nicht nur Sauckel auf der Anklagebank (er wurde zum Tode verurteilt und 1946 hingerichtet). Auch in den Nürnberger Nachfolgeprozessen gegen den Flick-Konzern (1947) und die I.G. Farbenindustrie AG (1947/48) ging es um Zwangsarbeit, massenhafte Deportationen, Versklavung der Zivilbevölkerung in den besetzten Ländern – einige der in diesen Prozessen üblichen Begriffe.

Doch für einen Großteil der deutschen Bevölkerung waren die Nürnberger Prozesse punktuelle Ereignisse ohne nachhaltige Bewusstseinsveränderung. Nicht wenige bezeichneten sie als unanständig oder infam, taten sie ab als Siegerjustiz oder »Justizharlekinade« (dem Bremer Kaufmann Friedrich Wilhelm Oelze zugeschrieben)[37]. Was sich sehr viel stärker in den kollektiven Erinnerungen behauptete, waren der Zusammenbruch und die allgemeinen Lebensumstände danach. Und in diesen Zusammenhängen finden die ehemaligen Zwangsarbeiter, nach ihrer Befreiung, weitaus mehr Erwähnung: Viele Deutsche sahen sie pauschalierend als Bedrohung an, als kriminelle Elemente, bewaffnete Banden.

Eine Haltung, die auch noch 1972 in einer der »Bremer Veröffentlichungen zur Zeitgeschichte«, herausgegeben im Auftrage des Bremer Senators für Bildung, Wissenschaft und Kunst, undiskutiert ausgebreitet werden konnte. So findet der Verfasser Herbert Schwarzwälder, dass »das Schicksal der Fremdarbeiter«[38] angesichts der sich abzeichnenden Niederlage für NS-Führung und Polizei »eine ganz besonders schwer zu lösende Problematik« darstellte. Und er meint auch zu wissen, warum: »Zwar waren manche der Arbeiter freiwillig nach Deutschland gekommen, auch waren viele von ihnen zusammen mit Deutschen im Arbeitsprozess voll integriert, aber es gab auch zahlreiche Ausländer, die sich als Zwangsarbeiter fühlten.« Je näher die britischen und kanadischen Einheiten auf Bremen vorrückten, desto intensiver war deshalb über Maßnahmen nachzudenken, »die Aufruhr und Gewalttat

---

37 Zit. nach H. Lethen, Die Staatsräte, Elite im Dritten Reich: Gründgens, Furtwängler, Sauerbruch, Schmitt, Berlin 2018, S. 268 (Lethen zitiert aus dem Briefwechsel Gottfried Benn / Friedrich Wilhelm Oelze, erschienen 2016).

38 Dieses Zitat und die folgenden H. Schwarzwälder, Bremen und Nordwestdeutschland am Kriegsende 1945 I, Die Vorbereitung auf den »Endkampf«, Bremer Veröffentlichungen zur Zeitgeschichte, Bremen 1972, S. 138 u. 144.

verhindern sollten«. Schwarzwälder wertet diese Vorhaben als logistisch aufwändige Evakuierungspläne und bedauert, dass sie nicht mehr umgesetzt werden konnten. Denn was dann nach der Besetzung Bremens geschah, seien »Raub, Mord und andere Verbrechen« gewesen – verübt von »Ausländerhorden«. Womit er nicht die gegnerischen Soldaten meint, sondern eben die frei umherschweifenden Displaced Persons, die früheren Zwangsarbeiter.

Die Bezeichnung der Deportierten als »Fremdarbeiter« war übrigens zum Zeitpunkt der Veröffentlichung noch gang und gäbe. Ein verschleiernder Begriff, bedenken- oder gedankenlos übernommen aus der Sprache der Nazis. Mit ihm hatten Sauckel und Konsorten versucht zu suggerieren: Sie, die Fremdarbeiter, arbeiten zwar für uns, für die Sieger, das ist normal und gehört sich so. Aber sie sind Fremde, kommen aus Feindesland. Und als solche sind sie auch unbedingt zu behandeln. Notfalls mit aller Härte.

Es hat lange gedauert, bis sich in der Bundesrepublik der Begriff Zwangsarbeit durchgesetzt hat, untermauert durch die Thematisierung und Erforschung vieler ihrer Facetten in der Zeit von 1939 bis 1945. In der Hochzeit der Aufarbeitung, die Ende der 1970er, Anfang der 1980er Jahre begann, war nicht nur eine neue Generation von Historikern und anderen Wissenschaftlern beteiligt. Ein Großteil der lokalen und betrieblichen Spurensuche ist einer Vielzahl von politischen Arbeitskreisen, Geschichtswerkstätten, betrieblichen Kollegengruppen, Schulprojekten, Uni-Seminaren oder Volkshochschulkursen zu verdanken.

Das Forschen und Recherchieren (»Grabe, wo du stehst«), führte zu Erkenntnissen, die heute zum Basiswissen über die NS-Zwangsarbeit gehören sollten. Und diese Form der Aufarbeitung erwies sich als bewusstseins- und gesellschaftsverändernd. Ihr ist die Errichtung der Stiftung »Erinnerung, Verantwortung und Zukunft« (EVZ) im Jahr 2000 und somit die – wenn auch überaus späte – Gewährung »humanitärer Ausgleichsleistungen« mit zu verdanken. Offiziell beendet wurden die Auszahlungsprogramme erst 2007.

Für den Massenmord im Blockland hatten sich ausschließlich Polen zu verantworten, Menschen aus dem Land, das die Wehrmacht 1939 als erstes überfallen hatte. Laut Bundesarchiv waren es 1,6 Millionen Zivilisten und 300.000 Kriegsgefangene, die aus polnischen Städten und Dörfern ins Deutsche Reich transportiert wurden. Sie stellten damit das zweitgrößte Kontingent, nach den etwa 2,75 Millionen ziviler Deportierten aus der Sowjetunion, unter anderem den heutigen Staaten Ukraine und Weißrussland. Im Nazi-Jargon waren das die »Ostarbeiter«.[39] Entsprechend der faschistischen Rassenideologie galten für die polnischen und sowjetischen Zwangsarbeiter besonders niederdrückende Bedingungen. Als auffälligste Form der Diskriminierung hatten die polnischen Deportierten ein aufgenähtes »P« auf der Kleidung zu tragen, die sowjetischen die drei Buchstaben »OST«. Dermaßen gebrandmarkt, war an Flucht kaum zu denken.

Vom kargen Lohn, falls überhaupt ausgezahlt, konnten sie sich kaum etwas kaufen. Es war ihnen nicht erlaubt, deutsche Gaststätten zu besuchen, öffentliche Verkehrsmittel oder auch nur ein Fahrrad zu benutzen. Laut einer Verordnung vom Juli 1942, ordentlich bekannt gemacht im Gesetzblatt der Freien Hansestadt Bremen, war ihnen sogar »das Betreten von Frisörgeschäften verboten«. Und wenn es doch mal einen Laden gab, die das zulassen wollte? »Frisöre und Frisösen, die polnische Zivilarbeiter und -arbeiterinnen bedienen wollen, haben hierfür besondere für die Bedienung der Polen bestimmte Geräte und Wäsche zu benutzen.«[40]

---

39 www.bundesarchiv.de/zwangsarbeit/.

40 Als Faksimile abgedruckt in Hungern für Hitler, hg. von Ch. U. Schminck-Gustavus, Reinbek bei Hamburg 1984, S. 10.

Die Überwachung war rigide, einschließlich polizeilicher Briefzensur, die Gefahr einer Einweisung ins Arbeitserziehungslager oder KZ allgegenwärtig. Wurden mindere Arbeitsleistungen als Sabotage ausgelegt, drohte die Todesstrafe, ebenso bei Geschlechtsverkehr mit Deutschen. Zwar gab es für Zwangsarbeiter anderer Nationen, etwa für Belgier oder Niederländer, nicht ganz so harte Reglementierungen, zwar existierten auch Unterschiede, die aus den jeweiligen Einsatzorten resultierten konnten. Aber unter den Auswirkungen der harten Arbeit, dem Gefühl des Ausgeliefertseins und bei zunehmender Kriegsdauer unter der völlig unzureichenden Ernährung hatte fast jeder Zwangsarbeiter zu leiden. »Die ständige Arbeitsqual und die harten Lebensbedingungen zerbrachen oft auch starke Charaktere«, berichtete Jahre später Henryk Grygiel, der als polnischer Zwangsarbeiter in Bremen und im schlesischen Sorau arbeitete.[41]

Wie schnell man sein Leben verlieren konnte, auch wenn man nicht Pole oder Sowjetbürger war, zeigt das Schicksal des Niederländers Homme Hoekstra. Dienstverpflichtet kam er im Juni 1943 aus Leeuwarden nach Bremen, war im Lager Tirpitz in Bremen-Gröpelingen, dem späteren Camp Tirpitz, stationiert. Aber nur kurze Zeit – sieben Monate später wurde er wegen »staatsfeindlicher Äußerungen« in Haft genommen. Verurteilt wegen »Wehrkraftzersetzung« und »Feindbegünstigung«, wurde er bald hingerichtet. Sein Verbrechen? Er soll über Hitler und die Nazis geschimpft haben. Auf dem ehemaligen Tirpitz-Gelände erinnert heute ein Denkmal an Hoekstras Schicksal und das anderer Zwangsarbeiter.

In Bremen kam der »Tag der Befreiung« (der ehemalige Bundespräsident Richard von Weizsäcker am 8. Mai 1985 über den 8. Mai 1945) etwas früher. Ende April ratterten bereits britische Panzer unbehelligt durch die Straßen der Hansestadt. Es existieren Fotos, auf denen man nicht nur die Panzer und ihre Besatzungen sieht, auch Menschen, die sich freuen, winken oder die Soldaten umarmen: Zwangsarbeiter, aus ihren Lagern befreit.

Erst nach und nach stellten die Alliierten fest, dass es eine Vielzahl dieser Lager gab, ungefähr 200 in der Stadt Bremen und ihren Landgemeinden. Nicht nur für Zwangsarbeiter, auch für Kriegsgefangene und KZ-Häftlinge, die etwa vom Hamburger KZ Neuengamme in Bremer Außenlager verlegt worden waren. Es waren größere wie das Lager Tirpitz, aber auch Kleinstlager wie zum Beispiel das im Blockland (für Zwangsarbeiter und Kriegsgefangene der dortigen Bauernhöfe). Viele bestanden lediglich aus zwei, drei dürftigen Baracken. Was die meisten einte, war der vorzügliche Standort: Sie lagen in der Nähe oder gleich auf dem Gelände derer, die von der Zwangsarbeit profitierten. Dazu gehörten zum Beispiel die Stahlwerke oder die Werke des Borgwardkonzerns.

Die neuen Herren der Stadt waren mit rund 42.000 ehemaligen Zwangsarbeitern konfrontiert.[42] Sie hatten sie zu verwalten, zu versorgen, zu verpflegen, notfalls zu beschützen. Aber im offiziellen Sprachgebrauch der Alliierten hießen diese Menschen nicht umsonst Displaced Persons. Es waren Zivilisten, die aus ihrer Heimat verschleppt worden waren und nun – baldmöglichst – dorthin zurückgeführt werden wollten, sollten oder mussten. Hauptsächlich die im Mai einrückende US-Army, Ablösung der Briten, hatte in der Enklave Bremen diese organisatorischen Aufgaben zu erledigen. Sie schloss als erstes die kleineren Lager, erweiterte dafür die Kapazitäten der zentralen Einrichtungen und hatten keine Hemmungen, Deutsche aus ganzen Wohnblocks auszuquartieren, um dort DPs unterzubringen.

---

41 H. Grygiel, »P«-Arbeiter Nr. 26964, Als Zwangsarbeiter bei Focke-Wulf in Bremen 1942 – 1945, in Beiträge zur Sozialgeschichte Bremens, Heft 5, Arbeit Teil 1, Bremen 1982, S. 33.

42 Siehe Kriegsende in Bremen, Erinnerungen, Berichte, Dokumente, Hg. H. Müller und G. Rohdenburg, Bremen 1995, S. 149.

Solche Aktionen vergrößerten die ohnehin schon bestehende Kluft zwischen den DPs und der einheimischen Bevölkerung. Schon im Sommer 1945, Monate vor dem Überfall auf den Hof Kapelle, war Kritik zu hören, die Alliierten hätten die »Fremdarbeiter« viel zu früh freigelassen (nicht etwa befreit!), hätten sie gar auf die schutzlose Bevölkerung losgelassen. Dafür gibt es Quellen aus der Bevölkerung, Äußerungen von Bürgern, subalternen Beamten. So bezieht sich die schon zitierte Lehrerin Magdalene Krippner in ihrem Brieftagebuch auf die Freiräumung von Wohnraum: »Schlimm sind die Leute in der Hamburger Straße daran und im sogenannten Thüringer Viertel. Dort sind Ausländer einquartiert, die alle Schränke leerstehlen und die Möbel verderben und verschmutzen.« Und überhaupt: »Die Ausländer! Das ist eins der schlimmsten Kapitel der letzten Wochen. In größeren Haufen rotten sie sich zusammen, überfallen Gehöfte und stehlen besonders Fahrräder.«[43]

Es waren Ausbrüche, die von Xenophobie grundiert waren, man könnte auch sagen vom Fremdenhass einer noch längst nicht überwundenen Zeit, artikuliert im alten rassistischen Stil. Das zeigen noch deutlicher die bitterbösen Briefe von Albert Romker, einem Obermeister der Bremer Schutzpolizei. Als Privatmann besaß er einen Kleingarten, und direkt von den Bäumen war ihm im Sommer 1945 sämtliches Obst gestohlen worden. Romker wandte sich an Polizeiführung, Militärregierung und den Bremer Bürgermeister. Für ihn, den Obermeister, stand außer Frage, wo die Täter zu suchen waren. Unter den Displaced Persons, Untergruppe Polen. Er räsonierte: »Es ist eine Schande, mit ansehen zu müssen, mit welcher Brutalität die Polen zu Werke gegangen sind. Es hat den Anschein, als ob ein Untermenschentum dort gehaust hat.« Speziell den Amerikanern gab er noch auf, General Eisenhower höchstpersönlich habe für Deutschland die größtmögliche Ausnutzung des Ackerlandes gefordert. Auch deshalb müsse dringend gehandelt werden, »wenn polnische Staatsangehörige aus reinem Vandalismus blühende Gärten in Sauställe verwandeln«.[44]

Albert Romkers Denkweise war, wie schon angedeutet, auch bei seinen Kollegen von der Bremer Nachkriegs-Kripo virulent. Verbrechertypen, die ihrer Mordgier und Plünderungslust frönen wollten. Die zu jeder Tat fähig sein können. So wurden in den Berichten der Mordkommission frühere polnische Zwangsarbeiter dargestellt, die erst mal nichts anderes als Verdächtige waren. Dies mag auch der besonderen Brutalität des Überfalls auf den Blocklander Bauernhof geschuldet gewesen sein. Aber nicht nur. Wie bei Romker und anderen verrät die Wortwahl über Jahre gewachsene, gehegte und gepflegte Ressentiments. Vorurteile und Ablehnungen, die auch in der veröffentlichen Meinung – die sich jetzt eigentlich unterscheiden sollte von der des Faschismus – durchaus noch eine Rolle spielten. »Wenn auch die Rechtsunsicherheit nach Ende des furchtbaren Hitlerkrieges allgemein groß ist und verbrecherische Elemente in allen Lagern sich regen, scheint kein Zweifel darüber möglich zu sein, dass solche Verbrechen vorwiegend von Polen begangen werden.«[45] Das war drei Tage nach dem Kapelle-Massaker im Weser-Kurier zu lesen. Die Zeitung war zwei Monate zuvor von Hans Hackmack gegründet worden, einem Sozialdemokraten und überzeugten Antifaschisten, der unter den Nazis Konzentrationslager und Zwangsdienst erlitten hatte. An sich war diese Äußerung im WK noch beinahe harmlos im Vergleich mit dem, was sich ei-

43 D. Tilgner (Hg.), S. 54.
44 A. Romker, Briefe vom 20.08. und 10.09.1945, STAB, FB 3487 3-P.1.a. Nr. 1312.
45 Weser-Kurier, 24.11.1945.

ne andere deutsche Zeitung zwei Jahre später erlauben sollte. Sie brachte das Kürzel DP mit »Deutschlands Parasiten«[46] in Verbindung.

Auch der Bremer Senat kaprizierte sich auf »die Polen«. Zwei Tage nach dem Überfall im Blockland und entsprechend der vorgelegten Ermittlungsergebnisse hieß ein Tagesordnungspunkt auf einer Sitzung im Bremer Rathaus: »Polenterror in Bremen«.[47] Es referierte Polizeipräsident Helmut Yström, der in offiziellen Schreiben auch schon den Begriff »Polenplage« benutzt hatte. Bloß unglückliche Formulierungen? Nachvollziehbare Reaktionen auf eine schlimme Nachkriegsrealität, bei der die Kriminalitätsbelastung der DPs (vor allem der Polen und Russen) nun mal deutlich größer war als bei der Durchschnittsbevölkerung? So groß, dass sich eben jeder dieser Durchschnittsdeutschen in hohem Maße bedroht fühlen musste?

In Bremen wie deutschlandweit gab es Übergriffe und Überfälle von DPs, auch Fälle von Mord und Totschlag, besonders in den ersten Wochen nach der Kapitulation. Einige dieser Vorkommnisse sind schon erwähnt, weitere Fälle in den Akten des Bremer Staatsarchivs zu finden. Doch die Kriminalität der Befreiten, meint der Historiker Wolfgang Jacobmeyer, sei weniger Ergebnis ihrer »spontan freigesetzten Rache- und Freiheitsgefühle« gewesen. Vielmehr habe es sich um Taten weitgehend entsozialisierter Menschen gehandelt, denen grundlegende Wertvorstellungen abhandengekommen waren, die »kein Bewusstsein von der verbotenen Tat« mehr besaßen.[48]

Wie sah es aber nun mit dem Ausmaß dieser Kriminalität aus? Gab es damals keine Kriminalstatistik? Auf der Senats-Sitzung am 23. November präsentierte der Polizeipräsident eine – die nach jetzigem Verständnis ziemlich eigenwillig erscheint. Denn die heutige polizeiliche Kriminalstatistik (PKS) beziffert die erfassten und aufgeklärten Fälle, spricht immer von Tatverdächtigen und unterscheidet in deutsche und nichtdeutsche. Die Statistik des damaligen Polizeipräsidenten Yström listete lediglich die Straftaten von polnischen DPs auf. Rund 2000 kriminelle Vorkommen – tatsächliche oder angebliche – in der Stadt Bremen und ihren Landgemeinden aus der Zeit vom 1. Mai bis Mitte November 1945. Aufgeführt waren »9 Fälle von Mord oder Totschlag« (die Opfer vom Kapelle-Hof waren noch nicht mitgerechnet), aber auch 557 Fahrraddiebstähle oder der Diebstahl von 112 Kaninchen. »In allen diesen Fällen wurden einwandfrei Polen als Täter festgestellt«, ist als Fazit im Senatsprotokoll festgehalten.[49] Allein dieser Satz hätte Zweifel hervorrufen können: Hatte der Polizeipräsident, der hier die Arbeit seiner Truppe in ein glänzendes Licht rückte, vorher nicht noch geklagt, ihm und seinen Leuten seien mehr oder weniger die Hände gebunden? Zu wenig Beamte, kaum Befugnisse, vor allem keine Erlaubnis, die »Ausländer in ihren Lagern« zu durchsuchen. Und von der Ermittlungsausbeute der amerikanischen Militärpolizei hielt er sowieso nicht viel. Auch deren Razzien hätten »in den Polenlagern recht magere Ergebnisse gezeitigt«.[50]

Der Weser-Kurier druckte die Auflistung nach, sie sorgte für Furore, galt als eindringliches Zeugnis polnischer Kriminalität. Und das war wohl auch ihr eigentlicher Sinn. Erst 40

---

46 »DPs – Deutschlands Parasiten?« Titelüberschrift in Die Straße, 19.09.1948, zit. nach W. Jacobmeyer, Die ›Displaced Persons‹ in Deutschland 1945 – 1952, S. 99.

47 »Auszug aus der Niederschrift über die Senats-Sitzung vom 23.11.1945«, STAB, FB 3487 3-P.1.a. Nr. 1312.

48 W. Jacobmeyer, Die ›Displaced Persons‹ in Deutschland 1945 – 1952, S. 98 und S. 96.

49 »Auszug aus der Niederschrift über die Senats-Sitzung vom 23.11.1945«.

50 H. Yström, Schreiben an die US-Militärregierung (09.11.1945) und den Präsidenten des Bremer Senats (22.11.1945), STAB, FB 3487 3-P.1.a. Nr. 1312.

Jahre später gab es Hinweise, aus welcher Quelle die Yström-Zahlen stammten – und wie damit manipuliert worden war. Wolfgang Jacobmeyer identifizierte als Urheber die Besatzungsverwaltung. Nach seiner Meinung hatte die aber seinerzeit die gesamte Enklave Bremen erfasst, ein erheblich größeres Einzugsgebiet als nur die Stadt Bremen und ihre Landgemeinden. Außerdem hätten die Amerikaner ausdrücklich von DPs gesprochen, also neben den Polen auch andere Nationalitäten gemeint.[51]

In Anbetracht der chaotischen Nachkriegsverhältnisse ist im Übrigen anzunehmen, dass die von der US-Army erstellte Statistik nicht viel mehr war als eine ungefähre Erfassung von Delikten und wenig – wenn überhaupt – über die Aufklärung der Fälle aussagte. Ihre Zurichtung durch die Bremer Polizei dürfte ein Beispiel dafür sein, wie schon damals mit »alternativen Fakten« Stimmung gemacht wurde.

Heute hat sich weitgehend eine Erkenntnis durchgesetzt, wie sie etwa in einem neueren Standardwerk zur Geschichte Bremens wiedergegeben ist: »Die Displaced Persons standen unter dem Generalverdacht, kriminell zu sein«, andererseits bildeten sich unter ihnen tatsächlich »organisiert arbeitende Banden«. Aber im Gegensatz zum subjektiven Empfinden vieler Bürger »war die Kriminalitätsrate der DPs nicht höher als bei den Einheimischen«.[52]

Folgt man der Auffassung Jakobmeyers, hatte die generelle Abstempelung der DPs als Verbrecher sogar eine Entlastungsfunktion für die deutsche Nachkriegsgesellschaft. Betrieb man doch so letztendlich eine »Rechtfertigung des Verursachers«[53]. Demnach war also keinesfalls unbekannt, was Zwangsarbeitern angetan worden war. Nur darüber geredet wurde nicht. Dafür aber dann umso mehr über das Verhalten der DPs. Zeigten deren Verbrechen nicht ihren grundsätzlich schlechten Charakter auf? Und wurde damit nicht deutlich, warum es seinerzeit notwendig war, sie mit harter Hand anzufassen? Ausgedrückt in der Umgangssprache des damaligen Alltags: Schaut sie euch doch nur an, diese Ausländer. Die Nazis wussten schon, warum sie die an die Kandare genommen haben.

Wären die DPs, allen voran die polnischen, wirklich so unheilvoll kriminell gewesen wie behauptet, hätte die Zahl der Überfälle, Einbrüche, Kapitalverbrechen in Bremen recht bald merklich sinken müssen. Denn lange blieben die Verschleppten ja nicht vor Ort. Bereits im Herbst 1945 hatte ein Großteil der 42.000 Menschen, die Ende April befreit worden waren, die Stadt bereits wieder verlassen. Zurück in die Heimat, so schnell wie möglich, das war ihr verständlicher Gedanke. Vor allem polnische Staatsangehörige, rund 10.000, zogen es jedoch vor abzuwarten. Sie trauten ihrem neuen, kommunistisch ausgerichteten Staat nicht über den Weg. Doch angetrieben durch die Blockland-Morde griff die Militärregierung Anfang Februar 1946 rigoros durch: Alle Lager wurden aufgelöst. Wer dann immer noch die Repatriierung nach Polen verweigerte, wurde mit Zügen und Lastwagen in den Süden Deutschlands, die eigentliche amerikanische Besatzungszone transportiert.

Spätestens ab Mitte Februar 1946 gab es außer den US-Soldaten keine »Fremden« mehr in der Stadt Bremen, höchstens ein paar DPs, die privat untergekommen waren. Doch was offenbart die polizeiliche Kriminalstatistik 1950? In professioneller Form vorgelegt vom Landeskriminalamt Bremen, zieht sie Vergleichszahlen heran, unter anderem aus den Jahren 1946/47. Und gerade diese beiden Jahre, in der die deutsche Bevölkerung mal wieder

51 Siehe W. Jacobmeyer, Vom Zwangsarbeiter zum Heimatlosen Ausländer, Die Displaced Persons in Westdeutschland 1945–1951, S. 48 f.

52 Geschichte der Freien Hansestadt Bremen von 1945 bis 2005, Band 1: 1945–1969, Hg. K. M. Barfuß, H. Müller, D. Tilgner, Bremen 2008, S. 145/146.

53 W. Jacobmeyer, Die ›Displaced Persons‹ in Deutschland 1945 – 1952, S. 98.

unter sich war, erscheinen als besonders kriminalitätsbelastet, so bei den Delikten »Raub, Erpressung, Plünderung«: »Bei diesen Delikten zeigt auch das Jahr 1947 einen Höchststand von 372 Fällen auf. Das Jahr 1946 wurde also mit 182 Straftaten dieser Art noch um rund 100 Prozent übertroffen.«[54]

Die Deutschen waren durchaus in der Lage, ihre Verbrechen allein zu begehen. Und das nicht nur in den Elendsjahren der Nachkriegszeit.

»Müßiggang ist und bleibt aller Laster Anfang«

1. Dezember 1945: Die Bremer Arbeiterbewegung demonstriert in der Landgemeinde Blockland, ein Pastor ruft zum Endkampf gegen den Teufel auf – und ein Opfer zu Vergebung und Versöhnung.

Typisch fürs Blockland sind heutzutage die eher verstreut liegenden Gehöfte, auch wenn von einer ausgesprochen einsamen Lage, wie seinerzeit beim Hof Kapelle, kaum noch die Rede sein kann. Von den dörflichen Ansiedlungen, die über Jahrhunderte dort existierten, ist nur Wasserhorst übrig geblieben. Wie eh und je über einen gewundenen Deichweg entlang der Wümme zu erreichen – doch der ist längst asphaltiert und wird insofern nicht nur von Fahrradfahrern geschätzt.

Trotz Abwanderung und Zuzug und aller Wandlungsprozesse hat sich das Örtchen seinen besonderen dörflichen Charakter bewahrt. Auch wenn die einklassige Volksschule, die noch lange in der Nachkriegszeit vorhanden war, nicht mehr existiert, der Dorfpastor hier nicht mehr residiert und Kaufmannsladen und Gastwirtschaft aufgegeben haben.

Am 1. Dezember 1945, einem Sonnabend, war Wasserhorst das Ziel von Hunderten Menschen, manche sprachen von tausend und mehr. Jedenfalls waren es erheblich mehr als dort wohnten. Viele kamen mit dem Rad, trotz der windigen Nasskälte, die ihnen entgegenschlug. Andere waren zu Fuß unterwegs. Niemand hatte an diesem Tag Sinn für das betuliche Erscheinungsbild des Dorfes und den Reiz des spätherbstlichen Blocklandes. Es war der Wasserhorster Friedhof, zu dem die Menschen wollten. Um neun Ermordeten das letzte Geleit zu geben.

Heute wie damals ist der Friedhof eingefasst von einer soliden Mauer und abgeschirmt durch alte Eichen. Gleich links neben der Hauptpforte stehen drei dieser trutzigen Bäume in einer Front mit dem Kriegerdenkmal. Gewidmet den hiesigen Bauernsöhnen, die aus dem Ersten Weltkrieg nicht zurückgekehrt sind. Der alte Gottesacker ist leicht zu finden, liegt er doch – wie die meisten Häuser in Wasserhorst – direkt am Deichweg und zudem auf der höchsten Düne weit und breit. In seiner Mitte thront ein kleiner Saalkirchenbau. Verwitterter Backstein, kantiger Turm, die Glocke ertönt seit 1475. Drum herum gruppieren sich die Grabsteine, häufig stößt man auf bemooste aus dem 18. und 17. Jahrhundert. Einige sind in damaliger Manier mit Totenkopf und gekreuzten Knochen verziert.

In dieses urtümliche Bild gliederte der Weser-Kurier die Trauergäste ein. Landbevölkerung. Und die schilderte der Reporter so, dass sie dazu passte und nicht aus dem Rahmen

54 Landeskriminalamt Bremen, Polizeiliche Kriminalstatistik 1950, Tabelle »Straftaten auf 100.000 Einwohner«, S. 3, STAB, 4,124/1-171.

fiel: »Aus den Dörfern und Höfen der Wümmeniederung kamen die Landwirte und Freunde der Familien Flothmeyer und Hamelmann. Es kamen der Bauer und die Bäuerin, die Magd und der Knecht. Und dem gestrafften Ernst der Alten, ihren durchfurchten, wetterharten Zügen sieht man es an, wie sich hier eigenes Leid mit dem der befreundeten Familie verbindet. Die gegenseitige Treue, Hilfsbereitschaft und Verbundenheit der niedersächsischen Bauerngeschlechter über alle Qual und Not der Zeit hinweg, sie fand hier ihren sinnfältigen Ausdruck.«[55]

Eher beiläufig findet in diesem Artikel Erwähnung, dass Trauernde genau genommen »aus allen Bevölkerungsschichten, aus Stadt und Land«[56] erschienen waren. Auf den Fotos erkennen wir dann, dass die Leute aus der »Stadt« nicht zu übersehen waren – nicht nur aufgrund ihrer offensichtlich großen Anzahl, auch wegen ihrer Fahnen und Spruchbänder. Auf einigen war gar »KPD« und der klassenkämpferische Aufruf »Proletarier aller Länder, vereinigt euch« zu lesen. »Millionen wurden von dem Nazi-Regime gemeuchelt, erschlagen u. ermordet«, das stand auf einem Transparent, in die Höhe gehalten von zwei Männern mit Arbeitermützen. Ältere Blocklander, die die Beisetzung noch selbst miterlebt haben, kommen zumeist schnell auf diese Szenerie zu sprechen. Ratlosigkeit, die auch Jahrzehnte später noch vorhanden ist. Rote Fahnen im Blockland! Am offenen Grab einer Bauersfamilie! In einer Landgemeinde, wo die Arbeiterbewegung allenfalls als Schreckgespenst und vom Hörensagen bekannt war.

Aber hätte man mit diesen Trauergästen nicht rechnen müssen? Denn drei Tage zuvor hatten SPD und KPD, in Bremen gerade eben erst wieder reorganisiert, gemeinsam einen Aufruf im Weser-Kurier geschaltet. Wilhelm Hamelmann, war da zu lesen, sei der »Bezirksvorsitzende des Arbeiterhilfswerks«, und die »Parteimitglieder und alle bremischen Antifaschisten« wurden ersucht, an der Bestattungsfeier teilzunehmen. Auf der selben Zeitungsseite war außerdem die Aufforderung eines »vorbereitenden Ausschusses der Gewerkschaften« abgedruckt, zu Beginn des Begräbnisses »in allen Betrieben, Büros und Geschäften eine Arbeitspause von zwei Minuten durchzuführen«[57]. Allerdings hatte der zweimal wöchentlich erscheinende Weser-Kurier noch eine sehr spärliche Verbreitung, und diejenigen, denen diese Verlautbarungen überhaupt aufgefallen waren, dürften sich zunächst nur gewundert haben. Und so erlebte man am offenen Grab eine Manifestation von Antifaschisten, Mitgliedern der Arbeiterparteien und Gewerkschaften. Mit Parolen, die

Die Pastoren Bodo Heyne und Max Penzel am Grab in Wasserhorst

55 Weser-Kurier, 05.12.1945.
56 Ebenda.
57 Weser-Kurier, 28.11.1945.

viele der anderen Anwesenden nicht verstanden. Dabei war der Kern der Botschaft ohne Weiteres erkennbar: Die Toten in den Särgen vor uns gehören zu den Millionen von Menschen, die in den Jahren zuvor ermordet worden sind. Und für alle diese Opfer ist das Regime der Nazis verantwortlich. Allein, keiner der Trauerredner griff das auf, keiner erwähnte oder erklärte die – zumindest im Blockland unbekannten – Verbindungen und Aktivitäten des Wilhelm Hamelmann.

Bürgermeister Kaisen meinte zu wissen, was die unüberschaubare Menschenmenge – viele hatten nur draußen vor der Friedhofsmauer Platz gefunden – tatsächlich bewegte. Trauer um die Toten, Mitgefühl mit dem einzigen Überlebenden, der seine gesamte Familie verloren hatte und immer noch schwerverletzt im Krankenhaus lag – aber auch Angst und Wut. Wut auf die Täter. Und gerade bei den Blocklandbewohnern Angst vor Wiederholung, vor einem Überfall auf die eigene Familie, aufs eigene Hab und Gut. Kaisen stand auf einer Bohle am Rande einer großen Grube, die neun Särge, fünf große und vier kleinere, aufgenommen hatte. Die endgültige Ruhestätte für die Erwachsenen und Kinder der Familien Flothmeier und Hamelmann. (Die anderen drei Ermordeten – Fritz Heitmann, der Knecht, die Hausgehilfin Meta Howald und Beta Schnakenberg – wurden in ihren Heimatgemeinden beerdigt.) Zwei Männern mit ihren roten Parteifahnen flankierten den Bürgermeister. Und der hielt es für seine vornehmste Pflicht, auf die Ängste der Menschen einzugehen, sie zu beruhigen und, wie er sich später erinnerte, »die Bereitschaft der amerikanischen Stellen in Aussicht stellen [zu] können, diesem Bandenunwesen entschlossen ein Ende zu bereiten«[58]. Kaisens Ansprache war die des pragmatischen Politikers: Ruhe bewahren. Sicherheit und Ordnung können nicht garantiert werden, aber die Amerikaner nehmen das jetzt in die Hand. Denen können und müssen wir vertrauen. Er war klug genug, hier auf diesem Begräbnis, das durchaus mit Auseinandersetzungen hätte enden können, die Formulierungen zu vermeiden, die ansonsten auch im Bremer Rathaus ohne Hemmungen benutzt wurden. Auf der Bohle vor dem Massengrab stehend, sprachen weder Wilhelm Kaisen noch einer der anderen Redner von »Polenterror« oder »Polenplage«.

Wobei der Hauptredner, Pastor Penzel, nicht gerade wie ein Mann der Versöhnung auftrat. Er hielt es für angebracht, lautstark und sendungsbewusst vom »Endkampf« zu predigen, wobei der, den er meinte, »um das Reich Gottes« ausgetragen werde. Die zu Betrauernden waren von Polen getötet worden, da nahm der Pastor kein Blatt vor den Mund. Im Übrigen – waren das überhaupt noch Menschen? Als sie ihre Tat begingen, hätten sie ihr wahres Wesen offenbart: »Menschen können zu Teufeln werden – unheimlich!« Und im Kampf gegen den oder die Teufel (ob nur der eine oder eine Vielzahl existiert, das erschließt sich aus Penzels Grabrede nicht), auf diesem entscheidenden »Schlachtfeld dieser Welt« fallen »nun auch und gerade die Christen … sterben und verderben«.[59]

Wer war dieser alttestamentarisch tönende Max Penzel? Wir sind ihm begegnet, als er Wilhelm Hamelmann in den ersten Stunden nach dem Überfall beigestanden hatte. Die beiden kannten sich aus früheren Zeiten, als Hamelmann und seine Familie als rege Mitglieder der evangelischen Wilhadi-Gemeinde in Bremen-Walle angesehen waren und Penzel dort als einer der beiden Gemeindepastoren wirkte. Es war der Wunsch Hamelmanns, dass er am Grabe die Hauptpredigt hält (der eigentlich für Wasserhorst zuständige Pastor Bodo Heyne musste sich mit einer Nebenrolle abfinden). Seit der verheerenden Bombennacht des 18. Au-

58 W. Kaisen, S. 181.
59 W. Hamelmann, Vergeben statt Vergelten, Altdorf bei Nürnberg, 1. Auflage 1961, Anhang 2, S. 34 und 36.

gust 1944 war Penzel ein Hirte ohne Haus. Von seiner Wilhadi-Kirche an der Nordstraße war nach den Fliegerangriffen nur der Turm stehengeblieben – und dort ganz oben hatte in jenen Schreckensstunden der Pastor gehockt. »Ich dachte lächelnd: Da oben stirbt es sich vielleicht doch etwas leichter, und der Himmel ist näher«[60], so Penzel zehn Jahre später. Wie bei seiner Grabrede ist auch hier sein Hang zum Apokalyptischen unverkennbar.

Während des Nationalsozialismus war die Wilhadi-Gemeinde mehrheitlich »bekennend«, verstand sich als Teil der Bekennenden Kirche, den Überwältigungsversuchen von Staat und Nazi-orientierten Deutschen Christen widerstehend. Doch gerade einer ihrer Hirten, eben Max Penzel, zeigte sich dabei schwankend. »Bruder Penzel konnte sich nicht entschließen, sich der Bekennenden Kirche anzuschließen, während ich es für notwendig hielt«[61], erfahren wir von Erwin Arlt, jahrelang Penzels Pastorenkollege in der Wilhadi-Gemeinde. Der Theologe Peter F. Zimmermann, der einen kenntnis- und erkenntnisreichen Aufsatz über das Begräbnis geschrieben hat, geht davon aus, dass Penzel in der späteren NS-Zeit wenigstens zu den Sympathisanten der Bekennenden gehört habe. Sein Fazit: »Ich betrachte ihn auch als einen weitgehend typischen Vertreter seiner Generation und der damaligen bremischen Pastorenschaft.«[62]

Max Penzel war ein Kind seiner Zeit. Das zeigen auch die Worte, mit denen er die Opfer würdigte. Oder besser: wie er sie sah. Da war zum Beispiel Berta Hamelmann, Wilhelms Mutter, die »in demütig-stillem Dienst als Hausfrau und Mutter« ihr Leben gelebt haben soll. Margarete, Wilhelms Frau, auch sie »gütig und fröhlich in ihrem Hausfrauen- und Mutterdienst«: Überhaupt die Mutter an und für sich, für den Pastor eine Idealgestalt: »Still und ohne Aufhebens geht sie ihren Weg, aber immer am Segnen vom Aufgang bis zum Niedergang«. Bei der unverheirateten und kinderlos gebliebenen Meta Howald schien konsequenterweise Differenzierung angebracht: Sie stellte Penzel dar als »die treue Gehilfin, die schlichte, einfältige, treue Seele«.

Aus anderen Quellen wissen wir, dass die Bewohner des Hofs Kapelle als rechtschaffene, sozial eingestellte und dementsprechend handelnde Menschen galten. Ihr christlicher Glaube wird ihnen sicherlich nicht nur an Sonn- und Feiertagen eingefallen sein. Aber muss man sie deshalb gewissermaßen als Kombattanten darstellen, die im »Endkampf um das Reich Gottes« gefallen sind, im Kampf gegen die »höllischen Gewalten« des Teufels? Und wie sie dann »auf ihrem letzten Lager mit einem stillen Lächeln« liegen, weil sie nun »in des Vaters Hand geborgen sind«[63]? Penzels Rhetorik dürfte auch trostspendend gemeint gewesen sein. Aber das Martialische überwog. Was auf heutige Leser eher verstörend wirken dürfte, erlaubte jedoch dem Reporter des Weser-Kuriers, die Ermordeten als »Märtyrer« zu bezeichnen. Zwölf Menschen, die aus dem Schlaf gerissen wurden, ihre letzte Stunde in größter Angst durchleben mussten und dann massakriert wurden: Unschuldigen Opfer eines Verbrechens, das so gnaden- und sinnlos war, wie ein Verbrechen nur sein kann. Als Märtyrer werden gemeinhin Menschen bezeichnet, die wegen ihres Glaubens oder ihrer Überzeugung den Tod auf sich nahmen.

---

60 M. Penzel, zit. von E. Arlt, Wilhadi Gemeinde, Geschichte der Gemeinde, www.kirche-bremen.de/gemeinden/34_wilhadi/11413.php.

61 E. Arlt, Wilhadi Gemeinde, Geschichte der Gemeinde, www.kirche-bremen.de/gemeinden/34_wilhadi/11413.php.

62 P. F. Zimmermann, Keine Versöhnung am offenen Grab, in H. Dachale, Versöhnung im Alleingang, Bremen 2013, S. 38.

63 W. Hamelmann, 1. Auflage 1961, Anhang 2, S. 36.

Auch Penzels politisch gemeinten Anmerkungen irritieren. Er erwähnte die Militärregierung und deutete deren Mitschuld an. Weil sie die ehemaligen Zwangsarbeiter und jetzigen Displaced Persons – beide Ausdrücke benutzte er nicht – zu nachsichtig behandeln würde: »Es wird hier wieder die alte Wahrheit der Bibel deutlich, dass man denen, für die man verantwortlich ist, nicht nützt, sondern vielmehr ihrer Seele schwer schadet, wenn man sie verwöhnt und faulenzen lässt. Denn Müßiggang ist und bleibt aller Laster Anfang!«[64] Eine Interpretation, die Peter F. Zimmermann, der heutige Theologe, harsch kritisiert: »Was ist nur im Kopf des Redners bei der Vorbereitung der Ansprache vorgegangen … Was fordert dieser Ordnungsruf von der Militärregierung? Etwa, dass statt des unterstellten ›Verwöhnens und Faulenzens‹ die US-Truppen nun erneut Zwangsarbeit für die eben erst Befreiten hätten anordnen sollen? Vielleicht im Rückgriff auf die deutschen Fachleute für solche Arbeitseinsätze?«[65]

Der zum Friedhof entsandte Journalist fand Penzels Worte hingegen bedenkenswert und spitzte sie noch zu. »Der Geistliche betonte die Notwendigkeit, die Maschinenpistolen in der Hand von Verbrechern durch das Allheilmittel Schaufel und Spaten zu ersetzen. Entwurzelte und heimatlose Elemente müssten in eine nützliche Arbeitstätigkeit wieder eingesetzt werden, denn ›Müßiggang ist aller Laster Anfang‹.«[66] So war's ein paar Tage später in der Zeitung zu lesen.

Penzels Predigt führte nicht zu Widerspruch, auch nicht bei den »Roten« vor Ort. So wie er als Hauptredner nicht auf die Vorgeschichte der Morde einging und Spruchbänder solchen Inhalts einfach übersah, so stoisch nahmen die Trauergäste, die anderer Meinung waren, seine Worte hin. Es war ein Begräbnis, man hielt sich an die Gepflogenheiten und beließ es bei der stillen Präsentation von Fahnen und Transparenten.

Doch gerade diese Fahnen und Schriftzüge werden erinnert, wenn ältere Menschen auf Wasserhorst am 1. Dezember 1945 zu sprechen kommen. Die Predigt Penzels? Mächtige Worte. Und das, was Wilhelm Hamelmann zu sagen hatte? Tja. Dessen persönliche Anwesenheit war undenkbar aufgrund seines nach wie vor kritischen Zustands – aber er ließ einen Gruß übermitteln. Wahrscheinlich hatte er die Sätze seinem Pastor diktiert. Penzel verlas den Text des Schwerverletzten vor seiner eigenen Predigt. Gleich anschließend folgte also die donnernde Sprachgewalt – auch das dürfte dazu beigetragen haben, dass die wenigen Worte Hamelmanns als eine nicht ganz so wichtige Vorrede aufgenommen wurden. Aber es wird auch an der Unversöhnlichkeit gelegen haben, die in dieser Zeit und besonders an diesem Tage vorherrschend war. Diese Unversöhnlichkeit hatte völlig unterschiedliche Beweggründe, aber allen gegenüber stand Hamelmanns Anliegen. Allerdings als ein nahezu unwirkliches, unzeitgemäßes Kontrastgebilde.

Der einzige Überlebende des Massakers, ein leidgeprüftes Opfer, bekannte sich mit unerhörten Worten zur Mitmenschlichkeit, zu Vergebung und Versöhnung: »Im Andenken an meine lieben Angehörigen muss ich eins bekennen: Unser Haus war stets ein Haus der Liebe, wo die Niedrigen geachtet wurden und den Ärmsten Hilfe ward. Das soll auch weiterhin meinem Leben Leitstern sein.« Und zu dieser Haltung forderte er alle auf, die sich auf und vor dem Friedhof versammelt hatten: »Lasst uns unsere Herzen einstellen auf die Melodie der Liebe, der Liebe, die vom Kreuz Christi her uns sucht.«[67] Ähnliches hatte er auch schon Wilhelm Kaisen mitgeteilt, der ihn ebenfalls im Krankenhausbunker besucht hatte. Hamelmann soll den Bremer Bürgermeister gebeten haben, »die Grabreden nicht zur Verhetzung

64 Ebenda, S. 34/35.
65 P. F. Zimmermann, S. 39.
66 Weser-Kurier, 05.12.1945.
67 W. Hamelmann, 3. Auflage 1995, Anhang 1, S. 41/42.

> *Gruß des schwerverwundeten Willi Hamelmann an die Trauergemeinde in Wasserhorst*
>
> Da es mir nicht möglich ist, an der Trauerfeier teilzunehmen, möchte ich der Trauergemeinde auf diesem Wege einige Worte sagen lassen von dem, was mein Herz erfüllt.
>
> *Als in der schaurigen Nacht die Tragödie ihren Höhepunkt erreicht hatte und ich, an Leib und Seele wund, das Totenhaus verließ, da war mein Herz dennoch erfüllt von einem Frieden, den allein mein Gott mir schenken konnte.*
>
> *Das mir von Gott geschenkte unbedingte Gottvertrauen, gegründet auf Christus, ermöglichte mir, alles zu ertragen und zu überwinden.*
>
> *Im Andenken an meine lieben Angehörigen muß ich eins bekennen: unser Haus war stets ein Haus der Liebe, wo die Niedrigen geachtet wurden und den Ärmsten Hilfe ward. Das soll auch weiterhin meinem Leben Leitstern sein.*
>
> *Gerade die heutige Zeit ist dazu angetan, daß die Menschen wieder anfangen, sich gegenseitig zu schätzen und wohlzutun. Das ganze Volk leidet und hält Ausschau nach denen, die fähig sind, in der Tat der Liebe und nicht des Hasses zu führen. Darum rufe ich uns allen zu: Laßt uns unsere Herzen einstellen auf die Melodie der Liebe, der Liebe, die vom Kreuz Christi her uns sucht.*
>
> *Ich grüße alle zum Schluß mit den Worten der Heiligen Schrift:*
>
> *Leben wir, so leben wir dem Herrn;*
> *sterben wir, so sterben wir dem Herrn.*
> *Darum, wir leben oder sterben -*
> *wir sind des Herrn!*

Hamelmanns Grußwort an die Wasserhorster Trauergemeinde, W. Hamelmann, Vergeben statt Vergelten, 3. Auflage 1995, Anhang 1, S. 41/42

auszunutzen und nicht ein Volk für die Untaten einiger verbrecherischer Angehöriger desselben verantwortlich zu machen«[68].

In seinen Lebenserinnerungen erwähnt Pastor Penzel den von ihm verlesenen Text Hamelmanns mit einem einzigen Satz. Gleich darauf bringt er den Hinweis, dass seine Ansprache, nicht etwa Hamelmanns Text, später »vom CVJM vervielfältigt und verteilt« worden sei. Noch ausführlicher geht Penzel darauf ein, dass er nach Wasserhorst und zurück im Dienstwagen Kaisens, in einem »von den Amerikanern gestellten vornehmen Mercedes«,

68 Weser-Kurier, 05.12.1945.

mitfahren durfte und auf dem Heimweg herrlicherweise eine Zigarre angeboten bekam: »Nun wurde ich auch glücklicher Besitzer einer kostbaren Brasil!«[69]

Zurück blieb eine große Grabstelle. Die Totengräber hatten noch viel zu tun. Zurück blieben aber auch Fragen, die doch jetzt etliche umtrieben. Vor allem die Menschen aus dem Blockland stellten fest, dass sie Wilhelm Hamelmann kaum kannten. Er ging häufig seine eigenen Wege, arbeitete in der Stadt, war immer noch ein halber Städter, ja, das wussten sie, das sahen sie so. Aber er lebte doch nun schon an die zehn Jahre unter ihnen. Alle hatten seine Frau gekannt, seine Schwiegereltern, und wenn sie über die vier quicklebendigen Kinder sprachen, kamen ihnen die Tränen. Aber was war mit Wilhelm Hamelmann? Was hatte der mit diesem Arbeiterhilfswerk zu schaffen, mit diesen ganzen Roten? Waren die wirklich wegen ihm gekommen?

Wer war eigentlich Wilhelm Hamelmann?

»Seit seinem 20. Lebensjahr ein tiefgläubiger Christ«

Exkurs: Wilhelm Hamelmanns erstes Leben

Mitte der 1920er Jahre kam Wilhelm Hamelmann ins Blockland, der Liebe wegen. Als er ein Jahrzehnt später dorthin umsiedelte, mit seiner Familie auf dem Hof Kapelle seiner Schwiegereltern wohnte, galt er als Zugezogener. Und das blieb er auch. Richtig heimisch wurde er im Blockland nie. Viele der alteingesessenen Sippschaften standen ihm reserviert gegenüber – und er ihnen auch.

Geboren wurde er ganz woanders. Im Bremer Westen, Stadtteil Walle. Die Entfernung dazwischen ist ein Katzensprung. Eine kleine Wanderung, keine zwanzig Minuten mit dem Rad, und schon hatte man von Walle aus die ersten Gehöfte des Blocklandes erreicht. Schnell gelangte man von der einen Welt in die andere. Von einer sich rasant entwickelnden Vorstadt in eine Landgemeinde. Plötzlich hatte man ausgedehntes, von Wasserläufen zerschnittenes Grünland vor sich, Wiesen und Weiden. Im Gegensatz zu Walle und zur Gesamtheit der Stadt Bremen war das Blockland unterbevölkert. Aber die Familien, die dort lebten, waren größtenteils seit Generationen ansässig und traditionsbewusst.

Zwar hatte auch Walle eine dörfliche Vergangenheit, aber schon zu Anfang des 20. Jahrhunderts die ländliche Abgeschiedenheit abgestreift. Die Eingemeindung durch die Stadt Bremen erfolgte schrittweise und war 1902 abgeschlossen. Zwar war noch der eine oder andere Bauernhof zu finden, führten Feldwege in den grünen Rand der Stadt, in Parzellengebiete und das Blockland. Immer bedeutsamer wurden jedoch die ausgebauten Hauptverkehrsstraßen und Bahngleise, die Walle erschlossen und durchschnitten. Die nahegelegenen Hafenbekken, die nach der Weserkorrektion Ende des 19. Jahrhunderts entstanden, die Lagerschuppen an den Kais und die Industriebetriebe, die sich dort ansiedelten und schnell expandierten. Zum Beispiel die Jute-Spinnerei und Weberei Bremen, in Bremen nur als die »Jute« bekannt. Sie beschäftigte 1896, acht Jahre nach ihrer Gründung, bereits 2000 Arbeitskräfte.

Es war die Ära des Aufbruchs und des Ankommens. Arbeitssuchende aus vielen Teilen Deutschlands strömten nach Bremen, fanden in Walle und überhaupt im Bremer Westen eine

69 M. Penzel, S. 54/55.

neue Heimat. Darunter waren klassenbewusste Arbeiter, die nicht vorhatten, vom besseren Leben nur zu träumen. Es ist beliebt, solche Stadtteile als Arbeiterquartier oder als Arbeiterhochburg zu etikettieren. Immerhin, für Walle und den gesamten Bremer Westen gäbe es genügend Ereignisse, um das illustrieren zu können. So wurde dort schon während des Ersten Weltkrieges massenhaft gegen Hunger und für Frieden demonstriert. Die Bremer Räterepublik, im Februar 1919 militärisch zerschlagen, hatte ihre Basis auf den Werften und in den Großbetrieben von Gröpelingen und Walle. Und als in der Endphase der Weimarer Republik die NSDAP immer stärker wurde, zählte Walle zu den Bremer Stadtteilen, wo man sich mit Kundgebungen und Demonstrationen dagegen stellte, wo Streiks, Saal- und Straßenschlachten nicht ungewöhnlich waren. Auch an den Wahlurnen erhielten die Rechten hier eine Abfuhr. Die NSDAP kam bei der letzten regulären Reichstagswahl (6. November 1932) in den zwei Waller Stimmbezirken lediglich auf 13 Prozent der abgegebenen Stimmen, die Deutschnationale Volkspartei (DNVP) erhielt 12 Prozent. (Die DNVP, ebenfalls nationalistisch und antisemitisch ausgerichtet, war in der Endphase der Weimarer Republik Bündnispartner und »Steigbügelhalter« der NSDAP.) Waller Wahlsieger: die SPD mit 36 und die KPD mit 27 Prozent. Noch eindeutiger waren die Ergebnisse in den elf benachbarten Stimmbezirken von Gröpelingen und Oslebshausen: SPD 39, KPD 36, NSDAP 9, DNVP 7,5 Prozent.

Aber der Begriff Arbeiterhochburg suggeriert eben auch, dass in solchen Quartieren fast ausschließlich unter proletarischen Bedingungen gearbeitet und gelebt, gedacht und gehandelt wurde. Das traf jedenfalls auf Walle nicht zu. Geradezu prägend für die 1920er Jahre waren dort Viertel oder Straßen, wo das lebendige Flair von Mit- und Gegeneinander zum Alltag gehörte. Beengte Arbeiterwohnungen, nebenan die Werkstatt eines Tischlers oder ein Fuhrbetrieb, gleich um die Ecke gutbürgerliche Wohnhäuser und vielleicht noch ein bäuerliches Anwesen. Insofern war das Elternhaus Wilhelm Hamelmanns keinesfalls eine Ausnahmeerscheinung. Vater Heinrich Hamelmann war weder Arbeiter noch Handwerker. Er arbeitete als Beamter der Finanzbehörde und beschloss seine Karriere als Obersteuerinspektor. In Walle war er zuhause. Seine Frau Berta, eine geborene Korsmeier, war »Hausfrau und Mutter«, wie es Pastor Penzel in seiner Grabrede nannte. Sohn Wilhelm, das einzige Kind, kam am 21. Juni 1902 zur Welt. Mitte der 1920er Jahre gelang es der Familie endlich ein eigenes Haus im Osterfeuerbergviertel (Pinneberger Straße 12), einem der typischen Waller Mischquartiere, zu beziehen. Der Sohn wohnte zu der Zeit noch bei seinen Eltern und zog mit.

Wilhelm hatte eine Waller Volksschule besucht und war nach der vierten Klasse auf ein innerstädtisches Realgymnasium gewechselt. Das war für ihn standesgemäß, auch die Ausbildung, die nach dem Abitur folgte. Eine Apothekerausbildung. Die bestand seinerzeit aus einer zweijährigen Lehre in einer Apotheke, die mit dem pharmazeutischen Vorexamen abgeschlossen wurde. Das war gleichzeitig die Berechtigung zum mehrsemestrigen Pharmaziestudium. Verzichtete man darauf – wie Wilhelm Hamelmann – erhielt man als Vorexaminierter die Berufsbezeichnung »Apothekerassistent«. Insofern ist der Titel »Apotheker«, der mit ihm zumeist in Verbindung gebracht wird, irreführend. Doch selbst in offiziellen Adressbüchern sehen wir, dass der Zusatz »-assistent« fehlt. Die Berufsverbände indes legten Wert auf die Unterscheidung.

Bei den Hamelmanns spielte das Christentum im Allgemeinen und die Wilhadi-Gemeinde im Besonderen eine bedeutende Rolle. Die Kirchen hatten das aufstrebende Walle nicht links liegen gelassen. Nicht nur die wachsende Einwohnerzahl, auch die proletarischen Verhältnisse und die sozialen Probleme sahen sie als Herausforderung an. Vor allem die St. Stephani-Gemeinde im innerstädtischen Steffensviertel betätigte sich missionarisch. Sie gründete Tochter-Gemeinden, die auch bald ihre eigenen Kirchenbauten und Gemeindehäuser erhielten: 1878 die im Zweiten Weltkrieg zerstörte Wilhadi-Kirche an der Nordstraße (1956 neu erstanden am Steffensweg), 1908 die Immanuel-Kapelle in der Elisabethstraße. Zusammen mit der alten Kirche an der Langen Reihe gab es nun drei evangelische Kirchen in Walle, die katholische St. Marien-Gemeine weihte ihr Gotteshaus am Steffensweg 1898 ein.

Warum die Hamelmanns sich zur Wilhadi-Gemeinde hin orientierten? Wohl nicht zuletzt, weil es eine Gemeinde war, in der die Diakonie groß geschrieben wurde und aktive Gemeindemitglieder gern gesehen waren. Von 1913 bis 1956 wirkte dort Erwin Arlt als Pastor, der in der NS-Zeit sich und seine Gemeinde als zugehörig zur Bekennenden Kirche sah. Also als Teil der halbwegs geduldeten Opposition zu den regimetreuen Deutschen Christen innerhalb der evangelischen Kirche. Arlt zur Seite stand bis 1945 Max Penzel, der Hans Albers unter der Bremer Pastorenschaft, lautstark und doch einer – wenn wir Arlt folgen –, der sich wenigstens eine Zeitlang nicht entscheiden konnte oder wollte, wem die Kirchen folgen sollten (siehe dazu auch Seite 36). Penzel verdanken wir den Hinweis, dass der Finanzbeamte Heinrich Hamelmann »das treue Glied der Wilhadi-Gemeinde«[70] war. In seinen persönlichen Erinnerungen schreibt er das auch dem Sohn Wilhelm zu und ergänzt: »Die ›Dynastie‹ Hamelmann, wie ich scherzend zu sagen pflegte, hatte einst in der Gemeinde viel Einfluss gehabt.«[71] Aus Dokumenten der Wilhadi-Gemeinde ist ersichtlich, dass sich Wilhelms Onkel, Friedrich Hamelmann, in den 1930er Jahren als stellvertretender Gemeindevertreter für den Bremischen Evangelischen Kirchentag aufstellen ließ. Außerdem leitete er den Chor der Gemeinde.

Die Hamburger Journalistin Ursula Weiner, die in den 1960er Jahren mehrere Gespräche mit Wilhelm Hamelmann führte, schrieb damals, er sei »seit seinem 20. Lebensjahr ein tiefgläubiger Christ«[72]. Wenn er das selbst so gesagt hat, deutet das auf einen Wandlungsprozess, möglicherweise eine Art Erweckungserlebnis hin. Wilhelm Hamelmann, als evangelischer Christ getauft und erzogen, scheint sich schon in jungen Jahren intensiv mit diesen scheinbaren Selbstverständlichkeiten auseinandergesetzt, eine neue, tiefere Religiosität gesucht und gefunden haben. Ein Suchender sollte er sein Leben lang bleiben.

Als er Margarete Flothmeier kennenlernte, war er Mitte zwanzig, Apothekerassistent mit fester Anstellung und Christ mit gefestigtem Glauben. Wo sich die beiden zum ersten Mal begegneten, ob es Liebe auf den ersten Blick war, das wissen wir nicht – und es tut hier auch nichts zur Sache. Immerhin dürfen wir vermuten, dass es Wilhelm Hamelmann nicht unwichtig erschien, welchen Ruf die Familie seiner Margarete hatte. Anständige Menschen seien das, fleißige Kirchgänger. Ob ihn auch die Vita von Friedrich Flothmeier beeindruckt hat? Das war Margaretes ausgewanderter Onkel, der erst als Missionar nach Afrika ging und dann Pastor in den USA wurde. Am 30. September 1927 wurden Wilhelm und Margarete in der Wasserhorster Kirche getraut. Er war 25, sie, die Haustochter, wie es damals offiziell hieß, 21 Jahre alt und das einzige Kind von Wilhelm und Meta Flothmeier, Eigentümer des Kapelle-Hofs in Niederblockland. Dass seine Schwiegereltern lange mit ihm haderten, dem Eingeheirateten, der von landwirtschaftlichen Dingen nichts verstand, sind indes nichts als Gerüchte.

Wo sollten die Jungvermählten wohnen, draußen auf dem Lande, auf dem Hof ihrer Eltern? Genügend Platz war dort vorhanden. Sie bevorzugten erst mal eine eigene Wohnung in

70 W. Hamelmann, 1. Auflage 1961, Anhang 2, S. 33.
71 M. Penzel, S. 53.
72 Hamburger Abendblatt, 01./02.04.1967.

Bremen-Gröpelingen, angemietet in der Ritterhuder Straße 35. Walle, Wilhelms altes Revier, war nicht weit entfernt, sein Elternhaus in der Pinneberger Straße fußläufig zu erreichen. Und die nächste Haltestelle der »Elektrischen« war nah genug, so dass Wilhelm Hamelmann bequem zu seiner Arbeitsstelle in der Bremer Innenstadt gelangen konnte. Erst Mitte der 1930er Jahre, nach der Geburt Willis, des vierten Kindes, zog die Familie auf den Hof Kapelle. Zwar ging es nach zwei Jahren noch mal zurück nach Bremen, doch nur für kurze Zeit. Im Adressbuch von 1938 ist der »Haushaltsvorstand« Wilhelm Hamelmann diesmal in der Husumer Straße 9 gemeldet, eine kleine Straße in der Mitte Walles. Laut Eintrag betrieb er dort eine »Reinigungsmittel-Herstellung«, ein Gewerbe, das er anscheinend schnell wieder aufgab. Ebenso schnell zog es die Familie zurück ins Blockland. Für Margarete Hamelmann und die vier Kinder die letzte Station in ihrem Leben.

Es ist zu vermuten, dass die mehrmaligen Umzüge dieser Jahre einen inneren Zwiespalt vor allem des »Haushaltvorstandes« offenbaren: In Walle war er verwurzelt, lebten seine Eltern, Freunde, die ehemaligen Schulkameraden. Zudem dürfte Hamelmann, der ja kein Landwirt war, gewusst haben, dass seine beruflichen Pläne im städtischen Milieu besser zu verwirklichen waren. Und waren im Blockland nicht Meinungen und politische Einstellungen vorherrschend, die Wilhelm Hamelmann nur ablehnen konnte? Doch das ruhige Blockland und der geräumige Hof Kapelle – war das für seine Kinder und die ganze Familie nicht sehr viel geeigneter?

Wenn Wilhelm Hamelmann in seiner Blocklander Zeit versuchte, sich von etwas fern zu halten, dann war es die Wasserhorster Kirchengemeinde und ihre Pastoren. Auch wenn er sich damit scheele Blicke und den Ruf eines Sonderlings einhandelte. Der tiefgläubige Christ machte einen Bogen um die Kirche? Weil er von Wilhadi her eine offenere Atmosphäre gewohnt war. Und weil die Wasserhorster Pastoren zu dieser Zeit aus einem besonders braunen Holz geschnitzt waren. Nun könnte man argumentieren, dass schon in der Weimarer Republik Pfarrer mit lupenreiner demokratischer Gesinnung eine seltene Spezies waren. Almuth Meyer-Zollitsch, die sich mit der jüngeren Kirchengeschichte intensiv beschäftigt hat, meint: »Über 80 Prozent der deutschen evangelischen Pastoren votierten für die DNVP und damit für eine nationalkonservative, antidemokratische und antiliberale Opposition zur Weimarer Republik. Die bremischen Pastoren bildeten darin keine Ausnahme.«[73] Einige schon. Indem sie sich gleich zur NSDAP bekannten. Auch wenn es wenige waren, die schon vor 1933 mit den Nazis sympathisierten – »den alten Pastor Thyssen in der Landgemeinde Wasserhorst (früher Stephani), freiwilliger Feldprediger im Ersten Weltkrieg«[74] zählt Meyer-Zollitsch dazu.

Paul Thyssen, geboren 1865. Als er ins Wasserhorster Pastorenhaus einzog, war er bereits emeritiert. Von 1932 bis zu seinem Tode 1935 der Mann Gottes im Blockland. Und dazu der Mann Hitlers. Überliefert von ihm ist, wie er auf öffentlichen Veranstaltungen für die Nazis trommelte, beispielsweise im April 1933 auf einer Kundgebung der Deutschen Christen. Da feierte er die gerade erfolgte Machtergreifung »heilsgeschichtlich als ›Auferstehung des deutschen Volkes unter der Führung Adolf Hitler‹«[75].

Nachfolger des alten Thyssen wurde sein Sohn Reinhold, angeblich war das von der Gemeinde so gewünscht. Neben der Seelsorge im Blockland übte Thyssen II 1935 bis 1937 auch

---

73 A. Meyer-Zollitsch, Die Bremische Evangelische Kirche 1918 – 1953. In Bremische Kirchengeschichte im 19. und 20. Jahrhundert, hg. von A. Röpke, Bremen 1994, S. 207.

74 A. Meyer-Zollitsch, S. 208.

75 A. Meyer-Zollitsch, S. 212.

noch das Amt des Bremer Landesjugendpfarrers aus. Er war bereits 1930 in die NSDAP eingetreten, seit 1931 Mitglied der SA und bekleidete dort den höheren Rang eines Obersturmbannführers. Er soll im Blockland ein Vorbild gewesen sein. »Nahezu die gesamte Jugend schloss sich – der Pastor nicht ausgenommen – der SA-Jungmännerschaft an.«[76] Sollte das so gewesen sein, wäre es keine Überraschung: Das Reichstagswahlergebnis vom November 1932 bestätigte im Blockland – völlig anders als im doch gar nicht so entfernten Walle – die NSDAP als eindeutig stärkste Partei.[77] Mittlerweile gibt es Meinungen, Reinhold Thyssen habe sich später von der Nazi-Ideologie zumindest innerlich gelöst. An ihn erinnert eine Gedenktafel auf dem Wasserhorster Friedhof, zu lesen ist: »Er ruht in fremder Erde«. Er starb mit 33 Jahren im August 1944 im Osten »den Heldentod«, wie die Familie es per Traueranzeige bekannt gab.

Ein deutliches Zeichen, was die Hamelmanns von den Thyssens und dem von ihnen bestimmten Gemeindeleben hielten, war die Konfirmation ihrer älteren Töchter Ruth und Martha. Sowohl Feier als auch Konfirmandenunterricht fanden in der Waller Wilhadi-Gemeinde statt. Konfirmator war Pastor Penzel.

Ansonsten war bis vor einigen Jahren wenig bekannt über das Leben Wilhelm Hamelmanns in der Zeit des Faschismus. Er arbeitete weiterhin als Apothekerassistent in der Stadt und half mit im landwirtschaftlichen Betrieb seiner Schwiegereltern. Der Kriegseinsatz und höchstwahrscheinlich auch der Volkssturm blieben ihm erspart. Nicht nur weil er 1939 schon 37 Jahre alt war, vor allem, weil er aufgrund seiner beruflichen Tätigkeit als unabkömmlich galt (»Uk gestellt«, wie es im Jargon der Wehrmacht hieß). Er schaffte es sogar, sein privates Auto vor der Requirierung zu bewahren. Es war ein Hansa 1100 aus dem Hause Borgward – außergewöhnlich für die damalige Zeit und im Blockland bestimmt aufsehenerregend.

Doch dann, erst vor wenigen Jahren, tauchten neue, überraschende Informationen auf. Und so ist manches, was spätestens seit dem Wasserhorster Begräbnis im Dunkeln lag – was ein im Blockland wohnender Apothekerassistent mit den »Genossen« zu tun hatte –, mittlerweile ein wenig aufgehellt: Er, Wilhelm Hamelmann, war einer der ihren. Mitglied der KPD in dieser Phase seines Lebens, vielleicht auch nur Sympathisant. Zwei Verwandte aus der Familienlinie des Friedrich Hamelmann erzählten es so dem Autor, ein Freund Wilhelms bestätigte es. Alle drei äußerten sich in getrennten Gesprächen. Jeder betonte, Wilhelm Hamelmann hätte selten von dieser Episode gesprochen und auch nur im engen Familien- und Freundeskreis.

Es gibt in den Erinnerungen eines jeden Menschen Dinge, wie es bei Dostojewski heißt, die er nicht allen Menschen aufdeckt, sondern höchstens seinen Freunden. Weil er die Folgen seiner Offenbarungen fürchtet – Unverständnis, die Neubewertung seiner Person, letztendlich Ablehnung. Er, Hamelmann, hätte damals gedacht, so wurde er zitiert »die Kommunisten stehen dem Evangelium am nächsten«. Kommentar eines der Gesprächspartner: »Der Willi war ein guter Christ, aber auch ein Traumtänzer.«[78]

---

76 J.-G. König, Das Bremer Blockland, Bremen 1980, S.90.

77 Am 06.11.1932 entfielen im – zahlenmäßig recht kleinen – Blocklander Stimmbezirk 60,6 Prozent der 249 abgegebenen Stimmen auf die NSDAP und 29 Prozent auf die DNVP. Marginal die Ergebnisse von SPD (4 Prozent) und KPD (2,8).

78 Diese Gespräche des Autors fanden 2011 statt. Es wurde vereinbart, die Namen der Informanten nicht zu nennen.

Aber dazu gibt es Widerspruch, ebenfalls von einer Zeitzeugin: Ein wirklichkeitsfremder Mensch? Keinesfalls. Er wusste um das damalige Unrecht und hat es nicht akzeptiert. Er griff ein, suchte die Zusammenarbeit mit Männern und Frauen aus dem Widerstand. So das Fazit der Erinnerungen von Marianne Berger.[79] 1939 geboren, war sie noch ein Kind, als sie Hamelmann auf der Parzelle kennenlernte, wo sie mit ihren Eltern in den letzten Kriegsjahren lebte. Dazu muss man wissen, dass das Kleingartengebiet in der Waller Feldmark, Schnittstelle zwischen dem Bremer Westen und dem Blockland, nicht nur Ausgebombte aufnahm. Für Unkundige ein Gebiet zum Verirren, war es schon vor dem Krieg ein Rückzugsort für Verfolgte und Widerständler gewesen. Die Legenden erzählen, noch Mitte der 1930er Jahre wurde dort der Erste Mai gefeiert, im kleinen Kreis und mit leise gesungenen Liedern. In den letzten Kriegsmonaten war so manche Parzelle dann auch Anlaufpunkt für Zwangsarbeiter und Versteck für geflohene Kriegsgefangene. Marianne Bergers Eltern, Walter und Berta Oldehoff, waren in die klandestine Solidaritätsarbeit involviert. Beide Kommunisten, der Vater, Heizungsmonteur von Beruf, hatte Zuchthaus und KZ überlebt und wurde dann für den Autobahnbau zwangsverpflichtet. Er sei mit Hamelmann eng befreundet gewesen. Dessen häufige Besuche auf der Parzelle weisen für Marianne Berger daraufhin, dass er über das illegale und lebensgefährliche Tun ihrer Eltern nicht nur Bescheid wusste, sondern es auch unterstützte. Vielleicht brachte er Lebensmittel und Medikamente vorbei, übernahm mit seinem Borgward Kurierdienste.

Zusätzlich förderte die Recherche im Bremer Staatsarchiv noch einige schriftliche Dokumente ans Tageslicht, die weitere enge Beziehungen zu Personen des antifaschistischen Widerstands offenbaren. Aus einem Brief Hamelmanns an Adolf Ehlers aus dem Jahre 1960, mit dem er sich nochmals für den damaligen Beistand bedankt: »Ich habe es und werde es Euch niemals vergessen, dass Du es besonders warst, der mir damals in den schweren Tagen zur Seite gestanden hat.«[80] Nach dem Tod Adolf Ehlers kondolierte er dessen Frau Ella: »Dass eine tiefe und freundschaftliche Verbundenheit zwischen Deinem lieben Adolf und mir alle Jahre bestanden hat, weißt Du ja genau. Was er für mich war, wird sich in der Ewigkeit herausstellen … In herzlicher Verbundenheit und Liebe – im Geiste nehme ich dich fest in meine Arme – grüßt Dich Dein Willi.«[81]

Adolf Ehlers (1898–1978) – wie Hamelmann in Walle geboren und aufgewachsen. Heute eine Ikone der Bremer Sozialdemokratie, in der Nachkriegszeit Mitglied des Senats und von 1959 bis 1963 als Bremer Bürgermeister der zweite Mann nach Kaisen, war er der SPD jedoch erst 1946 beigetreten. Vorher agierte er als Funktionär der Roten Hilfe, war Mitglied der KPD, kleinerer kommunistischer und sozialistischer Gruppierungen und einer der führenden Köpfe des Widerstands in der Hansestadt. Und offensichtlich waren Adolf Ehlers und seine Frau ebenfalls mit Hamelmann befreundet. Auch Ella Ehlers (geborene Schimpf, 1904–1985) gehörte zeitweilig der KPD an und war für die Rote Hilfe tätig, in den 1920er Jahren unter anderem als Wirtschaftsleiterin des Worpsweder Kinderheims Barkenhoff. 1964 übernahm sie den Vorsitz des Landesausschusses der Bremer Arbeiterwohlfahrt (AWO).

79 Gespräch des Autors mit M. Berger, 08.09.2010.
80 W. Hamelmann, Brief an A. Ehlers, 05.04.1960, STAB Nachlässe Adolf Ehlers, 7,144-12.
81 W. Hamelmann, Brief an E. Ehlers, ohne Datum, STAB Nachlässe Adolf Ehlers, 7,144-12.

"Vorwärts und nicht vergessen,
worin unsere Stärke besteht.
Im Hungern wie im Essen;
die Solidarität."

Zum "A r b e i t e r h i l f s w e r k"

Der vor uns liegende Winter stellt die härtesten Anforderungen und verlangt die grössten Opfer, damit die durch die wahnsinnige Kriegspolitik der Nationalsozialisten verursachte materielle Not gemildert werden kann. Vor allem die breiten Massen der arbeitenden Bevölkerung stehen dieser Notlage (Hunger, Kälte, Wohnungsnot usw.) fast mittellos gegenüber. Hier gilt es zu helfen! Wir werden versuchen, jedem, der als Bedürftiger zu uns kommt, im Rahmen der uns zur Verfügung stehenden Mittel zu helfen. Unsere Hauptaufgabengebiete sind:

1. Unterstützung unschuldig in Not Geratener
2. Übernahme von Haus- und Krankenpflege.
3. Einrichtung von Nähstuben.
4. Schaffung und Betreuung von Kinderheimen und Ferienverschickung.
5. Beteiligung an der Jugend- und Gerichtshilfe.
6. Schaffung eines Stipendienfonds zur Unterstützung begabter Volksschüler.

Die Durchführung dieser so wichtigen, sozialen Betreuung erfordert natürlich die Bereitstellung erheblicher Geldmittel.

Denkt daran, wenn am 7. Okt. 1945 die ehrenamtlichen Sammler des "Bremer Volkshilfe" zu Euch kommen !

WAS UNS BEWEGT !

In der letzten Nr. des "Aufbau" konnte man unter der Überschrift "Was uns bewegt" lesen:" Was ist mit diesem oder jenem geschehen, wann kehrt dieser oder jener zurück, usw."

Hier möchte ich anknüpfen und fortfahren:

Einen, den wir niemals vergessen dürfen. Ein Kämpfer gegen den Faschismus. Ein Förderer im Musikleben der Bremer Arbeiter-Sängerbewegung Einen unserer Besten hat uns der Hitlerfaschismus geraubt: "Unseren Hermann B ö s e !" Wer kennt ihn nicht. Mit 74 Jahren wurde er nach dem Konzentrationslager Hamburg-Fuhlsbüttel überführt. Durch nichts liess er sich beirren. Doch die lange Haft entkräftete auch den von unerhörtem Schaffensdrang Beseelten und er erlag den bestialischen Misshandlungen der Nazis.

Jawohl, ob es bald eine Franz-Starkerstr. gibt ?

Wir fragen, und darüber hinaus die Bremer Arbeiter-Sängerbewegung, ob es wohl eine "Hermann Böse-Schule" geben wird.

H. Enderling

Die Tätigkeit des Bremer Arbeiterhilfswerks, beschrieben im »Aufbau«, Nr. 9, September 1945, Organ der Kampfgemeinschaft gegen den Faschismus (KGF)

Mit den schweren Tagen meinte Hamelmann die Zeit nach dem Überfall. Das war zugleich die Zeit, in der Adolf Ehlers dem Zentralvorstand der KGF angehörte, der Kampfgemeinschaft gegen den Faschismus. Eine innerhalb Bremens schnell anwachsende linke, überparteiliche und basisdemokratische Organisation. Lange sollte sie nicht existieren, aber sie war richtungsweisend, leistete in den allerersten Nachkriegsmonaten wichtige demokratische Aufbauarbeit. So setzte sich Ella Ehlers in der KGF für eine ebenfalls parteiunabhängige, einheitliche Hilfsorganisation der Arbeiterschaft ein, die am 20. August 1945 als Arbeiterhilfswerk Bremen gegründet wurde. Auch Berta Oldehoff engagierte sich auf diesem Feld.

Die Kenntnisse über diesen Hintergrund, so unvollständig sie auch sein mögen, erlauben jetzt Antworten auf Fragen, über die lange gerätselt wurde: Demnach hatte Wilhelm Hamelmann zumindest zu Ende des Krieges Verbindungen zu Menschen des Bremer antifaschistischen Widerstands. Tonangebende Personen, denen man dort vertraute, vertrauten auch ihm. In den vorrangig von Arbeitern und Vertretern der alten Arbeiterparteien geprägten kleinen Netzwerken war er bekannt. Akzeptiert als jemand, der auf einem etwas unüblichen Weg zum Kommunismus gefunden hatte und manche Dinge anders, auf seine Weise zu erklären wusste. Nun endlich erscheint plausibel, warum er zum Waller Bezirksvorsitzenden des Arbeiterhilfswerks gewählt wurde und warum die Antifaschisten zum Begräbnis seiner Angehörigen erschienen und am Grab ihre Fahnen und Spruchbänder zeigten.

Abgesehen von seinen Äußerungen im engen Freundes- und Familienkreis sollte er nie von dieser Seite seines Lebens erzählen. Vor Gericht wurde er dazu nicht gefragt, und so wollte er dazu auch nichts zu sagen. Aber auch in seinem Büchlein: nichts. Dabei wird gerade vor diesem Hintergrund eine besonders tragische Dimension erkennbar: Die Männer des Überfalls – waren das nicht auch ehemalige Zwangsarbeiter gewesen? Für Hamelmann stand das fest. Sie zählten zu der Gruppe von Menschen, für die er sich eingesetzt hatte.

Und nun hatten Täter aus diesen Kreisen seine ganze Familie ausgelöscht und auch sein Leben zerstört. Aber er, der Suchende, der Wanderer zwischen den Welten, überlebte. Es sollte ihm gelingen, sich neu zu orientieren und dabei seine Haltung zu bewahren. In der Sprache Wilhelm Hamelmanns: Gott zeigte ihm die Möglichkeiten für ein zweites Leben. Und er nutzte sie.

»Diesem Gesindel, gleich welcher Nationalität – die Kugel oder der Strang«

Februar 1946: Acht der festgenommenen Tatverdächtigen müssen sich vor dem Militärgericht verantworten. Nach nur drei Verhandlungstagen werden sie mit drakonischen Strafen in ihre Zellen zurückgeschickt.

Am 26. November 1945 erschien der Verbindungsoffizier Captain Bard im Bremer Rathaus. Nichts Ungewöhnliches. Als Beauftragter der Militärregierung hatte er die Aufgabe, die Arbeit des Bürgermeisters zu überwachen, war häufig in Arbeitsbesprechungen involviert. Doch was er diesmal – fünf Tage nach dem Massaker im Blockland – zu bemerken hatte, dürfte seine deutschen Gesprächspartner anfangs ein wenig nervös gemacht haben. Schon die häufige Benutzung des Konjunktivs im Sitzungsprotokoll lässt erkennen, wie distanziert Bürgermeister und Rathausbeamte Bards Ausführungen zur Kenntnis nahmen. So ist im Dokument zu lesen, vom Offizier war zu hören gewesen, dass dieser Überfall einer von denen sei, »die man noch als Nachwirkung des Zusammenbruches des Nazi-Regimes betrachten müsse«. Denn: »Man dürfe nicht vergessen, dass die ursprüngliche Verantwortung für diese Vorkommnisse bei den Nazis liege, denn sie hätten die Polen mit Gewalt nach Deutschland geholt und sie als Sklaven für sich arbeiten lassen; sie hätten ihre Heimat verloren.«[82]

War daraus etwa zu schließen, die Justiz der Militärregierung würde das ähnlich sehen, dem »Polenterror« mit Milde begegnen und schlimmstenfalls die bereits Verhafteten wieder laufen lassen? Nein, das allerdings sei keinesfalls zu erwarten, erklärte Captain Bard dann doch noch. Wären die Männer schuldig, hätten sie »die Todesstrafe zu erwarten«[83]. Und daran konnte eigentlich auch nicht gezweifelt werden. Erst einige Wochen zuvor waren zwei polnische Staatsangehörige in einem anderen Mordfall ebenfalls zum Tode verurteilt worden.

Die alliierten Gerichte hatten theoretisch eine Doppelfunktion. Im Prinzip sollte durch ihre Arbeit auch Aufklärung betrieben werden. Rechtsfindung und Rechtsprechung als politische Bildung, reeducation. Es sollte sozusagen veranschaulicht werden, dass eine unabhängige Judikative mit allgemein gültigen normativen Regelungen möglich sei. Es ging schließlich um den Wiederaufbau des Rechtsstaates, der ab 1933 durch ein mehr und mehr willkürliches Maßnahmensystem ersetzt worden war. Ein System, das Grundrechte und die Gleichheit vor dem Gesetz abgeschafft hatte, in dem für jüdische Bürger Sondergesetze galten und Zwangsarbeiter mittels eilig ausgedachter Polizeiverordnungen kujoniert wurden. Und in dem der Volksgerichtshof und die Sondergerichte als Werkzeuge des Terrors funktionierten. All das galt es auch gedanklich zu überwinden. Aber noch war ganz Deutschland ein besetztes Land. Auch in der Enklave Bremen konnte das Gerichtswesen der US-Militärregierung naturgemäß nicht liberal-rechtsstaatlich funktionieren. Die Militärgerichtsbarkeit war vornehmlich ausgerichtet auf die Kontrolle der Bevölkerung, die Durchsetzung alliierter Anordnungen, die Sicherung von Ruhe und Ordnung.

Im Großen und Ganzen dürfte das in der Bevölkerung auf Zustimmung gestoßen sein. Wenn die Menschen etwas von der Besatzungsmacht einforderten, dann war es neben einer verbesserten Versorgungslage die Beseitigung unsicherer Verhältnisse. Was hatte Bürgermeister Kaisen auf dem Wasserhorster Friedhof angekündigt, weil er meinte, die Trauergäste beruhigen zu müssen? Mehr Sicherheit durch Bekämpfung der Kriminalität. Dass dies ein rigides Agieren der Militärregierung und die harte, umstandslose Bestrafung von Tätern (gegebenenfalls auch nur von Tatverdächtigen) bedeuten könnte, stieß keinesfalls auf große Ablehnung. Eher war das Gegenteil zu registrieren. So lesen wir in dem ersten frei verteilten Flugblatt, das Bremer Antifaschisten im Namen der Kampfgemeinschaft gegen den Faschismus (KGF) direkt nach der Eroberung verfasst hatten: »Keine Freiheit ohne Ordnung! Tretet mannhaft und entschlossen allen Plünderern und asozialen Elementen entgegen … Diesem Gesindel, gleich welcher Nationalität – die Kugel oder der Strang.« Gleichwohl war die KGF die erste demokratische Gruppierung, die auf das Schicksal der Zwangsarbeiter hinwies und dabei nicht den Begriff Fremdarbeiter benutzte. »Überwindet Eure Scheu gegenüber den ausländischen Arbeitern!«, hieß die Aufforderung an die deutsche Bevölkerung. Und weiter im Text: »Vergesst nicht, unter welch schimpflichen Bedingungen sie von

82 »Auszug aus der Besprechung mit Capt. Bard am 26.11.1945«, STAB, FB 3487 3-P.1.a. Nr. 1312.
83 Ebenda.

den Sklaventreibern der Arbeitsämter zum Frondienst nach Deutschland gepresst wurden. Gleichen Lohn für gleiche Leistung.«[84]

Genug des Prologs zu dem dreitägigen öffentlichen Prozess, der am 25. Februar 1946 begann. Ein Montagmorgen, bitterkalt. Auf der zugigen Bremer Domsheide, vor dem Gerichtsgebäude, versammelte sich schon früh eine Menschenmenge. Im Schwurgerichtssaal tagte der General Court der Militärregierung, die höchste Instanz der Military Government Courts, des dreistufigen amerikanischen Gerichtssystems. Angeklagt waren Displaced Persons, die ehemaligen Zwangsarbeiter, die die Bremer Mordkommission mit ihrem Schlussbericht vom 27. November für bereits überführt hielt – »mehr oder weniger«. Als die Männer gegen 9.15 Uhr in den Saal geführt wurden, war der Zuschauerraum bis auf den letzten Platz besetzt. Draußen hofften noch zahlreiche Menschen auf Einlass, sie wurden abgewiesen. Angesichts der amerikanischen MP und der deutschen Schupos, die draußen und drinnen gemeinsam sicherten, unterblieben laute Meinungsäußerungen. Auch Fahnen und Spruchbänder, wie beim Begräbnis vor knapp drei Monate zuvor, waren nirgendwo zu erblicken. Was erwarteten die Menschen von der Verhandlung? Neben denen, die schlichte Sensationslust hierhergetrieben hatte, dürften es nicht wenige gewesen sein, für die die Schuld der Angeklagten längst feststand. Sie erwarteten Urteile, die sich wie ein scharfes Schwert auswirken würden. Vergeltung durch Kugel oder Strang. Zu erfahren, wie kompliziert Wahrheitsfindung sein kann, so etwas interessierte die meisten der Zuschauer wohl weniger.

Der große Schwurgerichtssaal des Bremer Landgerichts. Schwere, altertümliche Holzverzierungen, das riesige Bremer Staatswappen an der Wand und darunter die Stars and Stripes. Die fünf Richter, allesamt Angehörige der US-Army, saßen an der Stirnwand. Den Vorsitz hatte ein Major Stein. Im Gegensatz zu den beiden unteren Instanzen war der General Court berechtigt, Höchststrafen einschließlich der Todesstrafe zu verhängen. Hinter der Anklagebank die Verteidiger, ein polnischer Rechtsanwalt und Verbindungsoffizier, Leutnant Stroinski, unterstützt von vier oder fünf alliierten Offizieren. Da der Prozess weitgehend in deutscher Sprache geführt wurde, sollen der polnische Verbindungsoffizier und auch andere Verteidiger zeitweise gedolmetscht haben.[85]

Für die Zuschauer im Mittelpunkt: die Männer auf der Anklagebank. Jeder bekam eine deutlich sichtbare Nummer an die Brust geheftet. Von eins bis neun, die fünf allerdings fehlte. Und tatsächlich handelte es sich nur um acht Angeklagte. Aber hatte der Schlussbericht der Mordkommission nicht neun Beschuldigte präsentiert? Acht waren bei der Razzia im Camp Tirpitz verhaftet worden – und Wilhelm Hamelmann hatte sie alle laut der amtlichen Protokolle am 22. November als Beteiligte wiedererkannt. Ein weiterer Verdächtiger war drei Tage nach der Gegenüberstellung gefasst worden. Doch in der Zwischenzeit, etwa Mitte Dezember, hatte eine Art Vorverhandlung stattgefunden.[86] Diese nichtöffentliche Sitzung, wiederum im Krankenhausbunker mit Wilhelm Hamelmann im Bett, war noch Sache einer untergeordneten Instanz gewesen. Und die war offenbar – nach neuen Erkenntnissen der MP – von der Unschuld eines Verdächtigen überzeugt und hatte ihn freigelassen. Aus Ha-

84 Flugblatt-Text im Aufsatz H.-G. Hofschen, »Zum ersten Male nach zwölf Jahren der Knechtung können wir wieder frei atmen«, Bremer Antifaschisten und der Neuaufbau 1945, in Kriegsende in Bremen, hg. v. H. Müller / G. Rohdenburg, Bremen 1995, S. 163.

85 Für die Darstellung des Prozessverlaufs sind überwiegend die Informationen des Weser-Kuriers herangezogen worden. In Anbetracht der damaligen eingeschränkten Produktionsbedingungen berichtete er ausführlich (mit zwei längeren Artikeln am 27.02. und 02.03.2946).

86 Das geht u. a. aus einem Zeitungsbericht hervor, siehe Weser-Kurier, 15.12.1945.

melmanns Erinnerungen geht hervor, dass dies seinem Eingreifen zu verdanken war. Wenn dem so war, müsste er sich jedoch zeitlich geirrt haben (siehe Seite 25).

Die Ziffern waren von den ermittelnden Beamten der Bremer Kripo vergeben und in ihren Akten mit Namen versehen worden. So können auch wir den Männern auf der Anklagebank ihre Namen zuordnen. Von rechts nach links saßen dort:

Czeslaw Godlewski
Michael Strockyj
Mieczylaw Cesarcyk
Waclaw Dabkowski
Jan Siedlecki
Michal Bronicz
Nikolaj Czupowski
Clemens Matejko.

Acht Polen, die meisten Anfang oder Mitte zwanzig. Betrachtet man die wenigen im Gerichtssaal aufgenommenen Fotos, scheinen sie ein wenig verwundert dazusitzen. Ihre Blicke fragend, nicht aggressiv oder provozierend. Vermitteln sie nicht sogar den Eindruck von Harmlosigkeit?

Für den Staatsanwalt waren es kaltblütige Killer. Auch die Mordkommission wollte ja erkannt haben, dass sie »ohne Regung menschlichen Gefühls ihrer Mordgier und Plünderungslust frönen wollten«. Staatsanwalt Suchoff, auch ein höherer militärischer Rang, klagte sie nun offiziell an, »ungesetzlich, hinterlistig, grausam, aus Habgier und niedrigen Beweggründen, um eine andere Straftat zu verdecken, zwölf Menschen durch Erschießen« getötet zu haben. Zusätzlich warf er ihnen vor: »Gewaltsames Eindringen in ein Gebäude, um zu plündern und Beute zu machen, und unbefugter Waffenbesitz«.[87] Nicht schuldig, erklärten daraufhin die Verteidiger im Namen sämtlicher Angeklagten. Damit widersprachen sie anscheinend jedem der Anklagepunkte.

Was waren das für Menschen, diese Angeklagten? Warum, wann und unter welchen Umständen waren sie nach Deutschland gekommen? Wo und für wen hatten sie arbeiten müssen? Schon die Bremer Kripo sah keinen Grund, dem nachzugehen. Zeitraubend, unnötig für die Aufklärung. Wer nun gedacht hatte, im größeren Rahmen eines Prozesses käme mehr vom Vorleben der Angeklagten zur Sprache – und damit möglichweise auch die politische Vorgeschichte des Verbrechens –, lag falsch. Dass sie als Polen in Deutschland zwangsweise schuften mussten, dass ihnen auch die Unmenschlichkeit eines Konzentrationslagers oder auch Arbeitserziehungslagers nicht erspart blieb, wurde lediglich vom Anwalt Stroinski betont. Er bat darum, dies bei einer möglichen Strafzumessung zu berücksichtigen.

Werfen wir hier nur einen kurzen Blick auf das Leben Czeslaw Godlewskis. Im Prozess wurde er danach nicht gefragt. Erst Jahrzehnte gab er einiges von seinem Schicksal preis. Am 11. November 1922 im damaligen polnischen Wilno (Wilna) geboren, wuchs er in gutbürgerlichen Verhältnissen auf. Die Eltern besaßen ein Lebensmittelgeschäft, in dem er nach dem Schulabschluss mitarbeitete. Im Frühjahr 1942, Godlewski war 19, wurde er von deutscher Polizei aus einem Gottesdienst geholt und nach Deutschland transportiert. Erst kam er nach Frankfurt, 1943 nach Bremen. Er arbeitete für mehrere Großbetriebe, war fortwährend

87 Weser-Kurier, 27.02.1946.

in Lagern interniert. Mit seiner Familie durfte er nicht korrespondieren und erfuhr so erst spät vom Tod seiner Eltern und Schwester.[88]

Czeslaw Godlewski wird in diesem Buch noch häufig Erwähnung finden.

Wenn das Gericht meinte, Vorgeschichte und etwaige Ursachen vernachlässigen zu können, hat es sich dafür intensiv mit den Geschehnissen in der Mordnacht beschäftigt? Es hat sich hier – wie schon die Bremer Kripo – zuerst einmal auf die Aussagen Hamelmanns gestützt. Im Grunde verständlich, er war der einzige Augenzeuge und damit der wichtigste Zeuge überhaupt. Wenige Tage zuvor aus dem Krankenhaus entlassen, trat er am ersten Prozesstag in den Zeugenstand, geschwächt und gezeichnet. Er identifizierte fünf der anwesenden Angeklagten als Beteiligte, konnte sich aber nur noch erinnern, einen von ihnen, Mieczylaw Cesarcyk, auch im Mordkeller gesehen zu haben.

Das unterschied sich erheblich von dem, was die Gegenüberstellung an seinem Krankenbett ergeben hatte. Doch inzwischen dürfte nicht nur den Richtern klargeworden sein, dass es sich dabei um einen rechtlich höchst bedenklichen Vorgang gehandelt haben dürfte, der besser vor Gericht nicht mehr erwähnt werden sollte. Ebenso wenig herangezogen wurde Hamelmanns allererste Aussage, die nur Stunden nach der Tat von der Schutzpolizei des 17. Reviers aufgenommen worden war und von zwölf bis 13 Tätern sprach. Dieses Prozess ergab: Es waren zehn, entkommen waren der Anführer und ein weiterer Beteiligter.

Und die Beweismittellage? Widersprüchlich und insgesamt dürftig. Bei drei Angeklagten waren kleinere geraubte Gegenstände gefunden worden, lediglich zwei konnten mit – den viel zu spät gesicherten – Fingerabdrücken in Verbindung gebracht werden. Wo waren die größeren der geraubten Gegenstände geblieben, etwa die Fahrräder? Was war mit den Tatwaffen? Sie wurden nie gefunden. Blieben die Einlassungen der Angeklagten: Obwohl ihre Verteidiger anfangs alle als nicht schuldig erklärt hatten, legten mehrere im Laufe der Verhandlung ein Teilgeständnis ab. Vorneweg Nikolaj Czupowski, der wie schon in den polizeilichen Vernehmungen für sich selbst eine untergeordnete Beteiligung einräumte, die anderen jedoch mehr oder weniger stark belastete. Offenkundig der Versuch, die eigene Haut zu retten. Ähnliches war jetzt auch von Dabkowski, Siedlecki, Matejko und Godlewski zu hören. Doch keiner wollte geschossen haben, was demzufolge das alleinige Werk des verschwundenen Anführers gewesen wäre.

Zu denen, die sich weigerten, zur Sache auszusagen, gehörte Michael Strockyj. Zu ihm fiel auch Czupowski kaum Belastendes ein. Schon im polizeilichen Verhör hatte er lediglich die Vermutung geäußert, dass Strockyj irgendwie beteiligt war. Denn er trinke gern und viel Alkohol, beim Saufgelage vorm Überfall sei er jedenfalls dabei gewesen. Auch im Prozess war viel mehr über Strockyj nicht zu erfahren. Hier im Buch wird auch er noch eine Rolle spielen.

Wie sich die Angeklagten mit ihren Einlassungen um Kopf und Kragen reden konnten, zeigte die Befragung Godlewskis. Er, der mit der deutschen Sprache sicherlich Schwierigkeiten hatte, antwortete auf die Frage, ob er im Keller war, zuerst mit Nein, auf Nachfrage dann mit Ja. Erst als sein Verteidiger eingriff und ihm verdeutlichte, dass er damit als Mörder in Betracht käme und die Todesstrafe zu erwarten hätte, versuchte er zu korrigieren: »Ich ha-

88 So erzählte es Godlewski seinem späteren Bewährungshelfer Dietrich Seefeldt, der das in einem Bericht festhielt. D. Seefeldt an den Leitenden Oberstaatsanwalt beim Landgericht Bremen, 04.07.1969, STAB 4,89/2-777.

Michael Strockyj, aufgenommen in den 1950er Jahren

be zuerst nicht richtig verstanden. Ich war im Keller, als ich in die Wohnung ging. Ich habe Nahrungsmittel aus dem Keller geholt.«[89]

Bereits am Mittwoch, dem 27. Februar 1946, am dritten Verhandlungstag, hielt der Staatsanwalt sein Plädoyer. Dass er es hielt und für sechs Angeklagte die Todesstrafe beantragte, ist nicht zu bezweifeln. Auch der Gerichtsreporter des Weser-Kuriers stellte es so dar, und nie hat jemand diese Tatsache als Lüge bezeichnet. Wilhelm Hamelmann indes verbreitet in seinem Büchlein »Vergeben statt Vergelten« eine andere Version. Er schildert ein Vieraugengespräch zwischen dem Staatsanwalt und ihm am Vortag des Plädoyers. Mal davon abgesehen, dass er sein Gegenüber, Mr. Suchoff, ebenfalls als Jude bezeichnet, (wie den Anführer der Bande), will er ihn durch seine Bitte um Milde auch nachhaltig beeindruckt haben. Am nächsten Tag im Schwurgerichtssaal habe der Staatsanwalt nämlich erklärt: »›Nach einer Unterredung, die ich mit dem Hauptzeugen hatte, wo ich seine Lebenseinstellung als Christ erfuhr, möchte ich davon absehen, meinen Strafantrag zu stellen. Ich bitte das Richterkollegium, den Urteilsspruch selbst zu fällen.‹«[90] Totenstille habe danach im Gerichtssaal geherrscht, schreibt Hamelmann.

Sein Grußwort, vom Pastor am offenen Grab seiner Familienangehörigen verlesen, hatte schon seine bemerkenswerte christliche Gesinnung offenbart – es ist also durchaus vorstellbar, dass er auch den Staatsanwalt damit konfrontierte. Doch dass er ihn überzeugen konnte, ist eine von Hamelmann erfundene Legende. Der Mann, der nachweislich Gutes bewirkte, hielt zumindest in den späteren Jahren, als er sein Erinnerungsbüchlein verfasste, nichts davon, sein Licht unter den Scheffel zu stellen. Er ließ es gern besonders hell leuchten – zu Ehren seines Gottes. Den dadurch angelegten Widersprüchlichkeiten werden wir noch an anderen Stellen begegnen.

Zurück in die Realität: Der Vorsitzende Richter Major Stein und seine vier Kollegen entsprachen nicht ganz den Anträgen des Staatsanwaltes. Sie verurteilten noch am gleichen Tag, nach einer geheimen und keineswegs ausgedehnten Beratung, vier statt sechs Angeklagte zum Tode: Nikolay Czupowski, Michal Bronicz, Jan Siedlecki und Mieczylaw Cesarcyk. Nicht überraschend der Urteilsspruch für Cesarcyk, den Hamelmann vor Gericht als einzigen von denen identifizierte, die im Keller waren und als Todesschützen in Betracht kamen. Aber Nikolaj Czupowski? Nach seinen eigenen Aussagen habe er beim Überfall nur als Wache mitgemacht und sei doch auch noch betrunken gewesen. Bei der Gegenüberstellung am 22. November angeschossen, hatte er sich danach als Kronzeuge angedient. Seine Erzählungen kamen der Kripo wie dem Gericht gelegen, quittiert wurden sie mit der Todesstrafe. Czeslaw Godlewski, Waclaw Dabkowski und Michael Strockyj erhielten eine lebenslängliche Zuchthausstrafe, Clemens Matejko wurde für 40 Jahre ins Gefängnis geschickt.

89 Weser-Kurier, 02.03.1946.
90 W. Hamelmann, 3. Auflage 1995, S. 33.

Nicht zuletzt aufgrund der verschollenen Prozessakten ist bis heute nicht vollständig nachvollziehbar, warum die Urteile so unterschiedlich ausfielen. Auf was sie sich konkret begründeten. Inwieweit war jeder der Angeklagten – und ob überhaupt – an dem Verbrechen beteiligt? Das jedenfalls brachte der Prozess ebenso wenig ans Tageslicht wie die kurzen polizeilichen Ermittlungen zuvor. Wie sollte er auch? Gemessen an heutigen rechtsstaatlichen Standards, gemessen an der Schwere der Taten und der Komplexität des Falles waren drei Prozesstage völlig unangemessen. So gesehen handelte sich um ein Schnellverfahren, ja, um ein Blitzschnell-Verfahren.

Captain Bard, der amerikanische Verbindungsoffizier, hatte drei Monate zuvor Todesurteile nicht ausgeschlossen – wenn die Männer schuldig wären. Ob für ihn diese Voraussetzung nach der Verhandlung tatsächlich gegeben war? Aus den Ausführungen seines Landsmanns Suchoff geht wohl am ehesten hervor, von welcher Prämisse die Urteile im Wesentlichen bestimmt waren. Es galt, ein Exempel zu statuieren. Harte Strafen seien unabdingbar, so der Staatsanwalt, »damit andere abgeschreckt würden, ähnliche Verbrechen zu begehen«[91]. Generalprävention heißt das in der Juristensprache. Das passt auch sprachlich zu der Arbeit eines Militärgerichts, wird aber auch dem Denken der Zuschauer im Gerichtssaal wie in weiten Teilen der Bremer Bevölkerung entsprochen haben.

Dennoch wäre es anmaßend, den Prozess nur zu kritisieren. Zwar war das Gericht nicht bereit oder in der Lage, die tieferen Ursachen, wie sie Bard angesprochen hatte, zu erforschen. Aber nach allem, was wir über den Verlauf wissen, war es wenigstens bemüht, die Tatsituation an sich aufzuhellen. Mit Verwunderung dürften die Zuschauer registriert haben, dass es der Verteidigung sogar gestattet war, das überlebende Opfer einem Kreuzverhör zu unterziehen. Verglichen mit der Unrechtsjustiz des deutschen Faschismus, mit der Entwürdigung der Angeklagten etwa in Schauprozessen des Volksgerichtshofs, mit der Vielzahl von verbrecherischen Urteilen zwischen 1933 und 1945 – verglichen mit all dem muss diesem Verfahren vorm General Court der US-Militärregierung wenigstens ein Ansatz von Rechtstaatlichkeit zugestanden werden (was von offizieller polnischer Seite dann auch so ähnlich gesehen wurde).

Im Übrigen ergab der Prozess, dass die Tat zweifelsfrei als hemmungslose Plünderung begann, der die Morde folgten, um die Zeugen des Überfalls zu beseitigen. Wilhelm Hamelmann greift in seinen Erinnerungen die Frage auf, ob Rache dabei als Triebkraft gewirkt habe. Er schreibt: »Bedenkt man, dass es nicht nur Kriegs-, sondern auch Zivilgefangene waren, denen man ihre Freiheit genommen hatte, so kann man den Vergeltungsdrang sehr wohl verstehen. Diese Menschen waren leider oft ganz haltlos, und weil sie nicht Herr ihrer Rachegelüste sein konnten, mussten sie ihnen nachgeben. Einen Gnadenbund mit Gott kannten sie nicht und deshalb war es ihnen auch nicht möglich, ihre Triebe zu bezwingen.«[92] Und damit meint er: Wenn es Rache war, dann eine blindwütige, ausgelöst durch das Unrecht, das ihnen als Zwangsarbeiter angetan worden war. An anderer Stelle konkretisiert er es am Beispiel des Anführers. Durch die Gerichtsverhandlung habe er, Hamelmann, erfahren, was dieser nach dem Morden gesagt haben soll: »Ich habe mich für meine Eltern gerächt. Sie wurden von der SS in Polen erschossen. Ich habe jetzt Genugtuung.«[93]

Doch hat es diesen Anführer wirklich gegeben? Hamelmann erwähnt ihn erst in seinen Erinnerungen, die 15 Jahre nach der Tat erschienen. Allerdings: Auch in den Prozessberichten und polizeilichen Vernehmungsprotokollen begegnet uns der Mann mehrmals. Nicht als ein Phantom, sondern als reale Person. Mal heißt er dort Siegmund, mal Zygmunt, wird als

---

91 Weser-Kurier, 02.03.1946.
92 W. Hamelmann, 3. Auflage 1995, S. 11.
93 Ebenda, S. 21.

Anführer oder auch als Haupträdelsführer bezeichnet – und oft als Jude. Nach ihm wurde gefahndet, und im April 1947 schien man ihn zu haben. Der Weser-Kurier meldete die Verhaftung eines Bernhard Szmyth Zygmund im Verschlepptenlager Brückenau bei Fulda. Das sollte der polnische beziehungsweise jüdische Bandenchef sein, bald schon würde er nach Bremen überstellt.[94] Nach heutigem Stand des Wissens: eine Falschmeldung. Einem Zygmund, wie auch immer geschrieben, ist nie in Bremen oder anderswo wegen des Überfalls auf den Hof Kapelle der Prozess gemacht worden. Falsch ist auch die hier und da verbreitete Behauptung, er wäre bereits im hier dargestellten Prozess verurteilt worden. Nein, er ist auch in Abwesenheit nicht verurteilt worden.

In einem jüngeren Kriminalroman sind die Blockland-Morde wesentlicher Teil des Plots – und der Anführer ist ein ehemaliger SS-Mann. Der hatte im besetzten Polen sein Unwesen getrieben und sich nach Kriegsende ausgerechnet mit der Identität eines polnischen Judens getarnt. Untergetaucht in der Masse der DPs, kehrte er nach Bremen zurück und betätigte sich als skrupelloser Gangsterboss.[95] Wie gesagt, ein »Bremen-Krimi«.

Auch bei Hamelmann lesen wir Erstaunliches. Er habe 15 Jahre später, 1960 oder 1961, »den Aufenthalt des jüdischen Anführers« in Erfahrung gebracht. Doch ihn verhaften zu lassen und der irdischen Gerechtigkeit zu überantworten, nein, davon halte er nichts: »Ich brauche ihn nicht zu verfolgen, um seiner habhaft zu werden. Ich habe diesen armen Menschen meinem Herrn befohlen! Er schenke ihm Gnade, dass er sein Herz Gott ausliefert.«[96] Ein Verhalten, das durchaus der Vergebungs- und Versöhnungsbereitschaft entspräche, zu der Wilhelm Hamelmann in nahezu unglaublicher Weise fähig war. Aufgrund von einem anderen Gebaren, das bei ihm nicht immer zur korrekten Wiedergabe von Fakten führte, könnte es aber auch sein, dass diese Aussage Hamelmanns der Wahrheit zwar nahe kommt, ihr jedoch nicht ganz und gar entspricht.

94 Siehe Weser-Kurier, 26.04.1947.
95 Siehe K. Artinger, Novembermorde, Delmenhorst / Berlin 2005.
96 W. Hamelmann, 3. Auflage 1995, S. 34.

Teil 2 | Vergeltung und Vergebung

von Helmut Dachale

»Mit unerbittlicher Sachlichkeit von der Militärpolizei erschossen«

Die Urteile werden bestätigt: keine Gnade für die vier Todeskandidaten.

Der dreitägige Prozess war beendet, und ab sofort waren die Verurteilten nicht mehr Untersuchungshäftlinge des innerstädtischen Gerichtsgefängnisses. Man brachte sie in das Zuchthaus der Strafanstalt Bremen-Oslebshausen im Bremer Westen. Nicht weit entfernt vom Camp Tirpitz, der Unterkunft der Männer bis Ende November 1945. Das Zuchthaus gehörte zu einem wuchtigen Gebäudekomplex mit rötlichen Backsteinfassaden, in den 1970er Jahren im neogotischen Stil erbaut. Jetzt, direkt nach Kriegsende, sah es hier nicht viel anders aus als in weiten Teilen der westlichen Vorstadt. Die durch Luftangriffe zerstörten oder beschädigten Verwaltungsräume, Werkstätten und Zellen waren allenfalls behelfsmäßig wiederhergerichtet worden. Trotz Entlassung und Flucht vieler Gefangener nach der Befreiung herrschte Überbelegung. Es fehlte an allem, an warmem Wasser wie an Verpflegung. »Die Beheizung der Häuser war unzureichend, ja zeitweise überhaupt nicht möglich.«[97]

Der archivierte Einlieferungsbefehl (»Commitment«) von Czeslaw Godlewski trägt das Datum der Urteilsverkündung und bezeichnet die strafbare Handlung als »Robbery and unlawful use of firearm resulting in death of 12 persons«. Rechts daneben die Übersetzung: »Raubüberfall und unerlaubter Gebrauch von Feuerwaffen, was den Tod von 12 Personen verursachte«[98]. Genau genommen die Beschreibung einer Tatbeteiligung, die der Prozess so nicht ergeben hatte.

Für die vier zum Tode Verurteilten begann die Trostlosigkeit des Wartens, das Warten auf den Tag der Hinrichtung. Hans-Joachim Kruse, Chronist des Bremer Gefängniswesens, zitiert aus den Krankenblättern mehrerer Gefangener. So sollen auch zwei der Todeskandidaten fortwährend unter diversen Krankheiten gelitten haben, von der Krätze bis zu rheumatischen Beschwerden. Und doch kam auch für sie noch einmal Hoffnung auf, ausgelöst durch eine Stellungnahme aus Berlin.

Jakub Prawin, Leiter der polnischen Militärmission, wies Anfang Juni auf die Möglichkeit von Gnadenanträgen hin. Er bewertete die Gerichtsverhandlung zwar als »faires und

---

97 F. Böttcher, 100 Jahre Strafanstalt Oslebshausen, Bremen 1984, S. 62; zitiert nach H.-J. Kruse, Zur Geschichte des Bremer Gefängniswesens, Band IV A, S. 13.

98 STAB, 4,89/2-776.

ordentliches Verfahren«, setzte sich aber dafür ein, wenigstens die Todesurteile in Haftstrafen umzuwandeln. Man müsse doch die Jugend der Verurteilten berücksichtigen und vor allem, »dass diese polnischen Staatsangehörigen durch jahrelange Verfolgung von deutscher Hand demoralisiert worden seien und dass sie von der Erfahrung in Konzentrationslagern zerrüttet worden seien«. Sollten die Todesstrafen aufgehoben werden, sollten die Männer der polnischen Regierung übergeben werden, so könnten »Anstrengungen zu ihrer moralischen Rehabilitation erfolgen«[99].

Jakub Prawin soll eine auffallende Persönlichkeit in der an sich unübersichtlichen Gemengelage der direkten Nachkriegszeit gewesen sein. Ein Mann in den Vierzigern, Sohn jüdischer Arbeiter, in Wien studiert und promoviert, und jetzt als General mit Doktortitel war er der Vertreter des neuen polnischen Staates im besetzten Deutschland. Seine Militärmission war akkreditiert bei der obersten Besatzungsinstitution, dem Alliierten Kontrollrat, und residierte im Westen Berlins, in einer Villa im Ortsteil Grunewald. Gut vorstellbar, dass Prawin sich mit etwas mehr Nachdrücklichkeit mehr Gehör hätte verschaffen können. Doch er beließ es bei dem einen Appell, und der blieb eben wirkungslos.

Acht, neun Monate nach Ende des Weltkrieges zeichnete sich der Ost-West-Konflikt bereits ab. In dieser Zeit der Ungewissheiten war es für den zuständigen Militärgouverneur der US-amerikanischen Besatzungszone in Deutschland, Joseph T. McNarney, nicht angebracht, einem polnischen General schlankweg entgegenzukommen. Er bestätigte sämtliche Urteile, wie sie am 27. Februar 1946 gesprochen worden waren. Bemerkenswert ist Prawins Intervention dennoch: Es war das erste und letzte Mal, dass sich das offizielle Polen für die in Bremen Verurteilten einsetzte. Mitte 1946 galten sie noch als Landsleute, polnische Staatsbürger, die Fürsprache verdienten. Das sollte sich bald ändern.

Einer der Mitarbeiter Prawins war übrigens ein gewisser Marceli Reich, der spätere »Literaturpapst« Marcel Reich-Ranicki, einer der bekanntesten Literaturkritiker innerhalb der Bundesrepublik. Über die Begnadigungsinitiative seines Chefs dürfte er seinerzeit informiert gewesen sein, damit befasst war er wohl kaum. Reich bekleidete eine untergeordnete Position. Er sollte helfen, die in Polen requirierten Industriegüter ausfindig zu machen, und zudem den geheimen Nachrichtendienst unterstützen. In Wirklichkeit, so schildert er es in seiner Autobiografie (»Mein Leben«), habe ihn die Arbeit in der Militärmission wenig gefordert, der Geheimdienst in Ruhe gelassen. Viel Zeit sei ihm geblieben für Spaziergänge durchs darniederliegende Berlin und abends für Theaterbesuche.

Nach dem Verdikt von McNarney war in Bremen-Oslebshausen klar: Es konnte nur noch eine Frage der Zeit sein – und zwar einer kurzen Zeit –, bis die vier Todesurteile vollstreckt werden. Zeit und Ort bestimmte die Besatzungsmacht vor Ort. Und tatsächlich verbrachten die Todeskandidaten nach dem Urteilsspruch nur viereinhalb Monate im Bremer Zuchthaus. Am 13. Juli 1946, es war ein Sonnabend, wurden sie frühmorgens aus ihren Zellen geholt und zu einem Militärfahrzeug geführt. Sie im Gefängnishof zu erschießen, wäre zu aufsehenerregend gewesen. So traten sie ihre letzte Fahrt an, quer durch halb Bremen, über die Weser hin zum Neuenlander Feld im Süden des Stadtgebietes. Dort, wo sich heute der Bremen Airport Hans Koschnick befindet und die Airportstadt boomt, dort starteten und landeten 1946 wöchentlich nicht mehr als ein paar Maschinen. Drum herum Brachflä-

---

99 Bericht R. Murphy, United States Political Adviser for Germany, 14.06.1946; übersetzt und wiedergegeben von W. Jacobmeyer, Die ›Displaced Persons‹ in Deutschland 1945–1952, Anhang A, S.106/107.

chen und Kleingärten und dazu eine – mittlerweile längst geschleifte – Schießanlage aus der Kaiserzeit. Ein abseitiger Ort, gut geeignet für Exekutionen, befand die Military Police.

Begleitet von einem katholischen Pfarrer, wurde sofort nach der Ankunft jeder der Delinquenten zu einem Holzpfahl geführt und festgebunden. Über den Kopf ein Leinensack gestülpt. Unter den wenigen Beobachtern der Hinrichtung unter freiem Himmel befand sich ein Journalist des Weser-Kuriers, Felix von Eckardt, der sich damals schon als Chefredakteur der Zeitung verstand und später für einige Jahre auch ihr Mitherausgeber wurde. In den 1950er und 1960er Jahren sollte er eine politische Karriere in Bonn machen, unter anderem als Leiter des Presse- und Informationsamts der Bundesregierung und Staatssekretär im Bundeskanzleramt. Er avancierte zum Vertrauten Konrad Adenauers.

Dass nun gerade von Eckardt an diesem Morgen Zeuge der Erschießung wurde, lag zum einen an der Militärregierung. Sie hatte darauf bestanden, dass ein Vertreter der seinerzeit einzigen Bremer Zeitung anwesend ist, »damit die Bevölkerung auch aus deutschem Munde erführe, dass das Militärgericht die Urteile wirklich vollstrecke«.[100] Zum anderen lag es an den Redaktionskollegen. Keiner sei bereit gewesen, so etwas Gewalttätiges mit eigenen Augen zu verfolgen, schreibt von Eckardt in seinen Lebenserinnerungen. Also erging schlussendlich der Befehl der Militärregierung, er selbst habe zu erscheinen.

Was er dann mitansehen musste, soll höchstens drei Minuten gedauert haben. »Die vier Übeltäter wurden mit unerbittlicher Sachlichkeit von einer Abteilung der Militärpolizei erschossen … Ein kurzer furchtbarer Eindruck, der durch die völlig undramatische Handhabung des Tötens eher verstärkt als gemildert wurde.« Und im Übrigen meinte der Augenzeuge bemerkt zu haben, »dass die Delinquenten gedopt worden waren und kaum wahrnahmen, was um sie vorging«.[101] Es war die letzte Exekution auf Bremer Boden. Felix von Eckardt berichtete im Weser-Kurier pflichtschuldig, aber so kurz und knapp wie möglich.

Eine ähnlich bedrückende Hinrichtung mehrerer Polen erwähnt Mario Puzo in seinem ersten Roman »Die dunkle Arena«, der weitgehend in der Besatzungszeit Bremens spielt. Puzo war in der Enklave als GI stationiert und hat für die Handlung vieles verwertet, was er dort erlebt, gesehen und gehört hatte. Zumeist wiedergegeben mit den zynischen Worten seines Protagonisten, eines amerikanischen Soldaten. Und der meint über die Hingerichteten im Roman: »Dabei hatten diese armen Hundesöhne von Polacken nur einen kleinen Fehler gemacht: Sie hatten die Deutschen ein paar Tage nach Beginn des Besatzungsregimes ermordet statt ein paar Tage vorher …«[102]

Hingerichtet wurden am Morgen des 13. Juli 1946:
Nikolay Czupowski (20 Jahre alt)
Michal Bronicz (35)
Jan Siedlecki (35)
Mieczylaw Cesarcyk (22).

Auch die Leichname wurden durch halb Bremen transportiert, das Ziel war jetzt der Osterholzer Friedhof. Dort wurden sie noch am selben Tag beigesetzt. Anonym. Doch selbst in den Wirren der frühen Jahre war das Standesamt um korrektes Registrieren bemüht. So ist festgehalten, unter welcher Rasenfläche die Hingerichteten ihre letzte Ruhe gefunden haben. Vielleicht ein Zufall, aber diese Stelle des riesigen Friedhofareals ist nicht weit entfernt von

100 F. von Eckardt, Ein unordentliches Leben, Düsseldorf und Wien 1967, S. 124.
101 von Eckardt, S. 125.
102 M. Puzo, Die dunkle Arena, Wien 1976, S. 149.

den erst später angelegten Ehrenfeldern für KZ-Häftlinge, Kriegsgefangene und Zwangsarbeiter. Dort sind viele Namen zu lesen. Niederländische, russische und auch polnische. Menschen, die ihre Befreiung nicht mehr erlebt hatten.

Ein eher pompöses Grabmal ist ebenfalls in der Nähe zu finden – das des Unternehmers Carl F. W. Borgward (1890–1963) und seiner Angehörigen. Borgward war eine Zeitlang der größte Arbeitgeber in der Stadt Bremen. Während des Krieges konnte er in seinen Automobil- und Motorenwerken über Heerscharen von Zwangsarbeitern, Kriegsgefangenen und KZ-Häftlingen verfügen.

»Verweigert die Annahme sämtlicher Mahlzeiten«

Ein gescheiterter Versuch, drei Häftlinge abzuschieben. Die Überführung ins Hamburger Zuchthaus verläuft hingegen wie vereinbart – und sorgt in Bremen für Erleichterung.

Nur für drei der vier jungen Polen, die im Februar 1946 das Glück gehabt hatten, nicht zum Tode verurteilt worden zu sein, lässt sich der Verbleib in der Strafanstalt Bremen-Oslebshausen eindeutig nachweisen. Neben Czeslaw Godlewski waren es Michael Strockyj (eine andere gebräuchliche Schreibweise seines Namens war Wasyl oder Michael Strocki) und Waclaw Dabkowski. Aber auch Clemens Matejko, als einziger zu 40 Jahren Gefängnis verurteilt, saß möglicherweise dort ein. Wenn dem so war, gehörte er zu den Insassen der Gefängnisabteilung, doch dies lässt sich nicht belegen.

Anfang September 1946 kam zu diesen drei beziehungsweise vier Verurteilten eine weitere Person hinzu: Marjan Oboza. Er war erst später gefasst worden und hatte sich umgehend vor dem Gericht der Militärbehörde zu verantworten. Für ihn nahmen sich die Richter lediglich einen Tag Zeit. Sie verurteilten ihn wegen der Beteiligung am Überfall im Blockland zu einer lebenslangen Zuchthausstrafe. Als Zeuge der Anklage war wiederum Wilhelm Hamelmann vorgeladen und erschienen.

Auch Oboza ein ehemaliger Zwangsarbeiter, geboren am 16. November 1924 in Kraków (Krakau). Bemerkenswerterweise ist auf seinem Commitment-Formular für Oslebshausen die strafbare Handlung etwas anders definiert. »Murder and robbery, Mord und Raub«[103], heißt es hier. Kürzer und knapper als die Formulierung auf Godlewskis Einlieferungsbefehl – aber auch eindeutiger? Dieser Satz allein lässt über Obozas konkrete Rolle in der Mordnacht Spekulationen zu.

Dann kam der Dezember des Jahres 1946, nicht viel mehr als neun Monate waren seit dem ersten Prozess vergangen. Das Massaker auf dem Kapellen-Hof lag gerade mal ein Jahr zurück. Und urplötzlich schien für drei der Inhaftierten – Godlewski, Strockyj und Dabkowski – die lebenslängliche Strafe beendet zu sein. Zumindest das Absitzen in einer deutschen Strafanstalt. Sie sollten abgeschoben werden in ihr Heimatland, nach Polen. Es ist nicht mehr zu rekonstruieren, wessen Idee dies gewesen war, aber der Wunsch, sie »loszuwerden« war wohl bei den deutschen Behörden größer als bei der Besatzungsmacht. Die hatte im ersten wie im zweiten Prozess schnell und schonungslos verurteilt und vier der Ver-

103 STAB, 4,89/2 -776.

urteilten alsbald hingerichtet. Die Verwahrung der anderen, möglicherweise für Jahrzehnte, das war nun der Job der Deutschen.

Der Vorgang im Dezember wurde als »Repatriierung« ausgegeben, damals der übliche amtliche Begriff für die Rückführung von Displaced Persons, der ehemaligen Zwangsarbeiter und Kriegsgefangenen. Obwohl auch ein Verbindungsoffizier einbezogen wurde, sicherlich ein polnischer, drängt sich der Eindruck auf: Bei dieser Zwangsrepatriierung wurde nicht koordiniert, eher hemdsärmelig vorgegangen. Als Godlewski, Strockyj und Dabkowski aus ihren Zellen geholt wurden und die Rückführungsgruppe sich in Bremen auf den Weg machte, gab es noch gar keine Aufnahmezusage polnischer Behörden. Die kam auch nicht. Nie, weder 1946 noch in späteren Jahren. Ob der polnische Staat formell gefragt worden war oder nicht, ob seine Weigerung gegen das Völkerrecht verstieß oder nicht – er verhielt sich schlicht und einfach nicht wie erwartet. Oder erhofft. Er betrachtete Godlewski, Strockyj und Dabkowski – und später auch Oboza – nicht mehr als seine Staatsbürger. Diese offizielle Warschauer Haltung war jetzt auch für Jakub Prawin und seine Berliner Militärmission unantastbar. Somit waren die drei Gefangenen auf einen Transport geschickt worden, der in einer Sackgasse enden musste. Im bayerischen Straubing war Schluss. In der dortigen Strafanstalt wurden sie kurzfristig einquartiert, um nach wenigen Tagen in ihre alten Zellen zurückzukehren. Repatriation impossible.

Czeslaw Godlewski, aufgenommen in den 1950er Jahren

In den folgenden Jahren saßen also wieder vier oder fünf Blockland-Verurteilte hinter den unbezwingbaren Mauern Oslebshausens. Und sie zählten nicht gerade zu den unauffälligen Häftlingen. Die Krankenakten schwollen an, aber auch Arreststrafen wurden gegen sie verhängt. So ist bei Dabkowski beispielsweise festgehalten: »4 Wochen Arrest ... Tätlicher Angriff und Widerstand«.[104] Über Godlewski ist zu lesen, er habe einmal »ohnmächtig vor seinem Bett gelegen«[105]. Häufig klagte er über Brust- und Magenschmerzen und wurde vom Arzt verdächtigt, Haarwasser getrunken zu haben: »Im Zusammenhang mit dem späteren Besuch eines Landsmannes von Godlewski, gleichfalls alkoholisches Haarwasser zu bekommen, tauchte bei uns sogleich der Verdacht auf, dass die Möglichkeit, dass das ca. 100 % alkoholische Haarwasser als Trinkbranntwein Verwendung gefunden hatte, bestand.«

Zudem geht aus einem Meldebuch des Zuchthauses hervor, Godlewski habe sich im Juni 1949 in einem Hungerstreik befunden. »Verweigert die Annahme sämtlicher Mahlzeiten«, und damit wolle er erreichen, »einen anderen Arbeitsplatz zu bekommen (Maurer oder Schmelze)«, heißt es in dem Gefängnisdokument. Er wollte nicht mehr als Schuhmacher arbeiten. Ein Beruf, den er nie erlernt, in Wilno nie ausgeübt hatte. Doch seit seiner Zwangsarbeit in einer deutschen Schuhfabrik hatte Godlewski eben als Schuster zu gelten, auch in den Akten der bundesrepublikanischen Strafanstalten wurde er als solcher geführt.

104 H.-J. Kruse, S. 107.

105 Dieses Zitat und die folgenden zu Godlewski: H.-J. Kruse, S. 107/108.

Das weitere Schicksal der Gefangenen sollte im Übrigen noch stärker bestimmt werden durch die sich verändernde politische Großwetterlage (vor allem die Westintegration der noch jungen Bundesrepublik und den sich verstärkenden Ost-West-Konflikt). Aber auch behördliche Anordnungen und gerichtliche Entscheidungen, heute kaum noch nachvollziehbar, wirkten sich aus. Aus der Sicht der Gefangenen war vieles undurchschaubar, beruhte auf Zufall oder Willkür. Das mag das Gefühl des Ausgeliefertseins verstärkt haben – konnte aber auch in die Freiheit führen.

So sind auch die vorzeitige Entlassung von Waclaw Dabkowski und das »Verschwinden« von Clemens Matejko kaum rational zu erklären. Dabkowskis lebenslängliche Strafe wurde bald auf 15 Jahre reduziert, dann auf zehn Jahre, so dass sich im Dezember 1955 das Zuchthaustor für ihn öffnete. Warum gerade für diesen Mann? Dazu schweigen die Akten. Es gibt weder Hinweise auf eine Wiederaufnahme noch auf eine Begnadigung mit anschließendem Repatriierungsversuch. Der entlassene Dabkowski wurde allerdings in Bremen nicht geduldet, so viel wissen wir. Sein Verbleiben in der Stadt, wo die Blocklandmorde noch längst nicht vergessen waren, wollte man der Bevölkerung keinesfalls zumuten. Dabkowski wurde nach Düsseldorf gebracht, wo ihn der Katholische Männer-Fürsorge-Verein aufnahm und betreute, eine soziale Institution mit langer Erfahrung in der Straffälligen- und Strafentlassenenhilfe.

Matejkos Entlassung – eine Flucht können wir ausschließen – stellt ein noch größeres Rätsel dar. Auch er, von dem in Oslebshausen keinerlei Spuren zu finden sind, dürfte noch in den 1950er Jahren in Freiheit gelangt sein. So lässt sich aus Dokumenten des Internationalen Suchdienstes in Bad Arolsen (International Tracing Service, ITS) rekonstruieren, dass Matejko Anfang der 1980er Jahre in Hannover lebte und seit 1961 verheiratet war. In archivierten handschriftlichen Schreiben aus den Jahren 1981/82 gibt Matejko an, dass er »politisch inhaftiert war« und während seiner Zeit als Zwangsarbeiter auch zeitweilig in den Konzentrationslagern Groß-Rosen und Bergen-Belsen inhaftiert war. ITS bescheinigt ihm zudem einen Aufenthalt im KZ Mittelbau-Dora. Was bedeuten könnte, dass er zwei Lagerevakuierungen mitmachen musste und die damit verbundenen Todesmärsche überlebte. Seine Jahre in Bremen-Oslebshausen oder einem anderen deutschen Nachkriegsgefängnis werden nicht erwähnt. Der Schluss liegt nahe, nur aufgrund seines Alters sei Clemens Matejko zu einer Gefängnisstrafe verurteilt und dann vorzeitig entlassen worden. Am 15. Mai 1926 geboren, war er zum Zeitpunkt des Überfalls auf den Hof Kapelle 19 Jahr alt – und bei seiner Verbringung zur Zwangsarbeit erst 14 oder 15. Doch wir wissen ja auch, dass sich nicht bei jedem der Verurteilten das jugendliche Alter strafmildernd auswirkte: Nikolay Czupowski war 20 Jahre alt, als er hingerichtet wurde. Und bei der Tat im November 1945 wahrscheinlich auch erst 19.[106]

Nach der Freilassung von Dabkowski und Matejko war logischerweise immer nur noch von drei Verurteilten die Rede, deren Strafen zu vollstrecken waren. Für sie brachte das Jahr 1955 eine einschneidende Veränderung. Nach fast einem Jahrzehnt in der Bremer Strafanstalt wurden Godlewski, Strockyj und Oboza am 27. Oktober in die Strafanstalt Hamburg-Fuhlsbüttel überführt. Dies jedoch hatte weder mit Willkür noch mit einem amtlichen Irrtum zu tun, sondern entsprach einer seit 1952 bestehenden Vereinbarung beider Länder. Ein gemeinsamer Vollzugsplan (im Laufe der Jahre mehrmals verändert) sah vor, dass Bremer »Zuchthäusler« in »Santa Fu« untergebracht wurden, die Bremer Staatsanwaltschaft jedoch die verantwortliche Vollstreckungsbehörde blieb. Das betraf sowohl erwachsene Männer und Frauen wie auch Jugendliche. Es ist

106 ITS Archives, Bad Arolsen, Archivnummer 3925, Copy of 6.3.3.2 / 100572281 – 93.

zu vermuten, dass so manch einer in Oslebshausen aufatmete, als die drei Blockland-Verurteilten den Gefangenenbus nach Hamburg bestiegen. Sie selbst hatten dazu keine Veranlassung.

Es sollte eine lange Zeit werden, die Godlewski, Strockyj und Oboza noch im Hamburger Zuchthaus zu verbringen hatten. Es lagen Jahre vor ihnen, in denen die Hoffnung auf vorzeitige Entlassung wiederbelebt wurde – um sich dann wieder in Hoffnungslosigkeit zu verwandeln. Sie sollten Gnadenbescheide erhalten, die im Endeffekt nichts anderes waren als Dokumente ohne Wert.

»Weil die Ostblockstaaten auf Godlewski keinen Wert legen«

Schlussstrich-Mentalität und großzügige Gnadenakte öffnen NS-Tätern die Zuchthaustore. Auch die Blockland-Verurteilten werden begnadigt – und bleiben hinter Gittern.

Auch in den Zuchthausbetrieb von Hamburg-Fuhlsbüttel wurde Czeslaw Godlewski wie selbstverständlich als Schuhmacher eingegliedert. Aber hier reparierte er ohne Protest und Widerstand die abgetretenen Schuhe seiner Mitgefangenen, nähte Fußbälle und wurde auch noch als Korbmacher beschäftigt. Seine Arbeitsleistungen seien gut, bescheinigte ihm der Anstaltsleiter im Dezember 1957, und er habe »bislang im Großen und Ganzen keine Schwierigkeiten gemacht, so dass ihm Hausstrafen nicht ausgesprochen werden brauchten«. Was den Anstaltsleiter – ein Verwaltungsamtmann, kein Psychologe – veranlasste, seinen grundsätzlich positiven Führungsbericht mit einer etwas grobschlächtigen charakterlichen Bewertung abzuschließen, begründete er nicht: »Der nunmehr 35-Jährige gibt sich nach außen ruhig und besonnen. Hinter dieser Fassade lauern jedoch Hinterhältigkeit und Aggressivität. Außerdem ist der Gefangene unwahrhaftig und undankbar.«[107]

Störte Godlewski den Anstaltsbetrieb, weil er in Fuhlsbüttel begonnen hatte zu schreiben? Mit seiner bald umfangreichen Korrespondenz beschäftigte er jedenfalls die Zuchthausverwaltung und noch viele andere Stellen. Handschriftlich auf Schreibpapier der Strafanstalt, anfangs in ungelenkem Deutsch, aber unermüdlich – so formulierte er seine manchmal schwer verständlichen Texte. Der Häftling Godlewski begann um seine Freiheit zu kämpfen – mit Eingaben und Bitten, Anfragen und Anträgen. Dies unterschied ihn von Marjan Oboza und vor allem von Michael Strockyj, der mehr und mehr resignierte, apathisch wurde und sich schließlich völlig verschloss.

Ende 1956 landete ein Schreiben Godlewskis auf dem Schreibtisch des Generalstaatsanwaltes beim Hanseatischen Oberlandesgericht in Bremen. Laut Unterschrift des folgenden Schriftverkehrs war es ein Dr. Dünnebier, der diesen Brief nicht ignorierte, vielmehr als Wiederaufnahmeantrag ansah. Wer ist dafür zuständig? Wo sind die Prozessakten aus dem Jahre 1946 abgeblieben? Solche Fragen waren es, die den Staatsanwalt erst einmal beschäftigten und dann ein monatelanges postalisches Hin und Her in Gang hielten. Die Justizsenatoren in Bremen und Hamburg waren ebenso involviert wie der Bundesminister für Justiz in Bonn. Schließlich lagen die Akten in Bremen vor – in deutscher Übersetzung inklusive Kopien von Originaldokumenten – und wurden dann Ende September zum Bundesministerium zurückgeschickt (heute in Berlin, wo das Konvolut aber nicht mehr im Archiv aufzu-

107 STAB, 4,89/2-940.

finden ist). Ein paar Tage zuvor, am 16. September 1957, hatte ein Bremer Oberstaatsanwalt mitzuteilen: »Das Wiederaufnahmeverfahren ist erledigt.«[108] Was war passiert?

Es hatte sich herausgestellt, dass weder die Bundesjustiz noch Staatsanwälte und Senatoren in Bremen und Hamburg in diesem Fall entscheidungsbefugt waren. Eine Wiederaufnahme nach geltendem Recht war ausgeschlossen. Dieses Recht war seinerzeit noch relativ neu. Es handelte sich genau genommen um einen Vertrag, den sogenannten Überleitungsvertrag, abgeschlossen zwischen der Bundesrepublik Deutschland und den drei Westmächten USA, Großbritannien und Frankreich.[109] Er trat am 5. Mai 1955 in Kraft und gab unter anderem der deutschen Justiz viele ihrer Kompetenzen zurück, legte aber auch fest, an was sie nicht zu rütteln hatte. Man könnte auch sagen: Der Überleitungsvertrag zeigte dem deutschen Justizwesen gewisse Grenzen auf.

So hatten alle besatzungsgerichtlichen Urteile und Entscheidungen in Strafsachen rechtskräftig zu bleiben. Eine erneute Verfolgung von Verurteilten, aber auch eine Wiederaufnahme der Verfahren durch deutsche Gerichte oder Behörden war nicht möglich. Für die Vollstreckung der Haftstrafen in deutschen Anstalten waren indes die deutschen Behörden verantwortlich – und zwar »nach den Grundsätzen eines humanen Strafvollzuges«[110], wie es ausdrücklich formuliert war. Wenigstens die einstigen Gegner hatten noch nicht vergessen, was Menschen vor gar nicht allzu langer Zeit in deutschen Kerkern und Lagern zu erleiden hatten.

Gleichzeitig unterstrich der Überleitungsvertrag, dass die Gewährung von Straferleichterungen und Begnadigungen weiterhin Sache der drei Westmächte war – sofern sie die Strafen auch verhängt hatten. Ob Briten, Franzosen oder US-Amerikaner: In ihrer jeweiligen Zone hatten sie für die von ihren Gerichten Verurteilten »das ausschließliche Recht, in allen Angelegenheiten der Beendigung oder Herabsetzung der Strafe, der Entlassung auf Ehrenwort, der Begnadigung und sonstiger Gnadenmaßnahmen endgültig zu entscheiden«[111]. Davon hatten sie schon vor Inkrafttreten des Überleitungsvertrages Gebrauch gemacht. Nun, ab 1955, war dafür jedoch ein genau definiertes Prozedere zu beachten. Und damit auch die Tätigkeit einer neugeschaffenen Institution, des Gemischten Beratenden Gnadenausschusses.

Dieses Gremium war paritätisch zusammengesetzt – »aus mindestens drei von der Bundesregierung ernannten Mitgliedern und mindestens je einem von der Regierung jeder der Drei Mächte ernannten Mitglied«[112]. Getagt wurde in Unterausschüssen, wo sich nur die deutschen Mitglieder und die der jeweiligen Besatzungsmacht, die fürs Begnadigungsverfahren zuständig war, gegenübersaßen. Mit dem Inkrafttreten des Überleitungsvertrages war es Pflicht, den Gnadenausschuss zu konsultieren und dessen Empfehlung einzuholen.

Obwohl die Gnadenentscheidung an sich die jeweilige Westmacht zu treffen hatte, waren deutsche Juristen jetzt also offiziell involviert. Im Vorfeld war ihre Meinung gefragt, als empfehlungsgebende Mitglieder der Gnadenausschüsse. Hat diese Partizipation die Zahl der ausgesprochenen Begnadigungen signifikant erhöht? Der Schluss mag naheliegend sein. Unstrittig jedenfalls ist: In den 1950er Jahren standen Begnadigungen ohnehin schon hoch im

108 STAB, 4,89/2-940.

109 Überleitungsvertrag in der Langform: Vertrag zur Regelung aus Krieg und Besatzung entstandener Fragen (in der gemäß Liste IV zu dem am 23. Oktober 1954 in Paris unterzeichneten Protokoll über die Beendigung des Besatzungsregimes in der Bundesrepublik Deutschland geänderten Fassung), Amtlicher Text, BGBl. 1955 11, S. 405.

110 Überleitungsvertrag, Erster Teil, Artikel 7 (3).

111 Überleitungsvertrag, Erster Teil, Artikel 7 (7).

112 Überleitungsvertrag, Erster Teil, Artikel 7 (5).

Kurs. Robert Kempner, einer der Ankläger im Nürnberger Prozess gegen die Hauptkriegsverbrecher, soll ein regelrechtes »Gnadenfieber« diagnostiziert haben. Doch wenn die Alliierten mittlerweile bereit waren, den Daumen häufiger nach oben zu recken als ihn zu senken, dürfte der Überleitungsvertrag dazu nur das überfällige Regelwerk gewesen sein. Er entsprach den realen Veränderungen der politischen Großwetterlage in Europa und weltweit.

Die neuen Frontstellungen des Kalten Krieges waren bereits sichtbar, die Karten neu gemischt. Die Westintegration der Bundesrepublik verfestigte sich, der junge Halbstaat wuchs so langsam in die Rolle des Juniorpartners »seiner« Alliierten hinein. Es setzte eine Entwicklung ein, die sich nicht nur in der bundesdeutschen Regierungspolitik niederschlug, sondern auch in weiten Teilen der westdeutschen Bevölkerung als Meinungsbild auszumachen war: Es war halt Krieg gewesen, und in einem Krieg passieren Dinge, die keiner will, aber kaum jemand verhindern kann. Nun aber ist es an der Zeit, zu vergessen und zu vergeben. Vor allem natürlich die eigenen Taten und den eigenen Leuten. Auch wenn das ironisierend und zugespitzt formuliert ist, die Schlussstrich-Mentalität war en vogue in jenen Jahren. Sie war der Unterbau für das, was Robert Kempner als Gnadenfieber bezeichnete.

Nicht nur den deutschen Mitgliedern der Gnadenausschüsse, auch den Alliierten musste es schwerfallen, diese Stimmung innerhalb der Bevölkerung, in Parteien und Kirchen zu ignorieren. Und der neuen politischen Gemengelage war ohnehin Rechnung zu tragen.

Wem aber kam das zugute? Allen voran den NS-Tätern, KZ-Schergen und Wehrmachtsangehörigen, die wegen Verbrechen gegen die Menschlichkeit oder Kriegsverbrechen bereits verurteilt worden waren. Ein prägnantes Beispiel dafür – aber beileibe nicht das einzige – ist der Nürnberger Einsatzgruppen-Prozess von 1947/48. Hier war es um systematisch durchgeführte Massenmorde in der Sowjetunion gegangen. Hunderttausende waren den Killer-Kommandos der Einsatzgruppen hinter den Frontlinien zum Opfer gefallen: Juden, Partisanen, kommunistische Funktionäre, die Bewohner ganzer Dörfer und viele andere Menschen mehr. 24 hochrangige SS-Führer saßen anfangs auf der Anklagebank, Suizid oder Erkrankung reduzierten die Zahl auf 21. Von denen verurteilte das amerikanische Gericht 14 Angeklagte zum Tode, die anderen erhielten lebenslange oder zumindest lange Freiheitsstrafen. Doch: Lediglich vier Todesurteile wurden bestätigt und vollzogen, zehn recht bald in Freiheitsstrafen umgewandelt, diese dann verkürzt und die Verurteilten vorzeitig und auf Bewährung entlassen. Noch im Lauf der 50er-Jahre waren auch die letzten der Delinquenten, alle schuldig gesprochen wegen ungeheuerlicher Kriegsverbrechen, wieder auf freiem Fuß. Unterstützt und regelrecht gefordert wurde die Begnadigungsserie, die schon fast an Amnestierung heranreichte, unter anderem von Bundestags- und Landtagsabgeordneten sowie durch eine Demonstration in Landsberg am Lech, dem Ort des damaligen Kriegsverbrechergefängnisses.

Was aber war mit den ehemaligen Zwangsarbeitern, den Displaced Persons, die sich in der Besatzungszeit etwas zuschulden hatten kommen lassen und von ihren Befreiern verurteilt worden waren? Nur noch wenige von ihnen saßen zehn Jahre nach Kriegsende in westdeutschen Gefängnissen oder Zuchthäusern. Zu den wenigen gehörten Godlewski, Oboza und Strockyj. Aber öffentlichkeitswirksame Appelle von draußen, doch auch bei diesen Verurteilten endlich Gnade vor Kriegsrecht ergehen zu lassen, gab es zunächst so gut wie gar nicht. Den Deutschen, die sich für NS-Verbrecher einsetzten, war die Existenz der nichtdeutschen Strafgefangenen in Fuhlsbüttel und anderswo unbekannt beziehungsweise egal. Aber vielen anderen wohl auch.

Aber immerhin, der neue Überleitungsvertrag galt auch für diese Gruppe der Verurteilten. Und so erreichte 1957 ein Schreiben Godlewskis einen Unterausschuss des Gemischten

Beratenden Gnadenausschusses. Möglicherweise war es genau die Eingabe, die vorher den Bremer Generalstaatsanwalt beschäftigt hatte und schließlich von ihm weitergereicht worden war. Hier beim Gnadenausschuss war Godlewskis Post an der richtigen Stelle. Sein Antrag auf Wiederaufnahme hatte sich ja erledigt, jetzt war sein Begnadigungsgesuch zu bescheiden.

Der Gnadenausschuss befürwortete das Gesuch. Er sprach sich dafür aus, Godlewskis lebenslängliche Zuchthausstrafe in eine Gefängnisstrafe von neun Jahren und elf Monaten umzuwandeln. Der amerikanische Botschafter in Bonn zog nach und entschied am 28. Juni 1957: So soll es sein. In der Verfügung von David K. E. Bruce, dem »Gnadenträger« laut Beamtensprache, war allerdings festgehalten, dass Godlewski Fuhlsbüttel nicht vor dem 1. April 1958 verlassen dürfte. Legt man als Datum seines Strafantritts den 27. Februar 1946 zugrunde, wäre schon 1957 seine reduzierte Haftzeit überschritten gewesen. Man hätte man ihn nach Aushändigung der »Clemency Board« sofort gehen lassen müssen.

Einen derartigen Strafgefangenen jedoch von heute auf morgen und bedingungslos zu verabschieden, genau das war nicht vorgesehen. Vielmehr war die Freilassung an eine zentrale Bedingung geknüpft: Repatriierung nach Polen. Und damit musste nicht nur Godlewski einverstanden sein, selbstverständlich auch die Volksrepublik Polen. Von entscheidender Stelle, der polnischen Militärmission in Berlin, kam allerdings schnell das Nein. Eine Haltung, die sich seit dem ersten Abschiebeversuch Ende 1946 nicht geändert hatte und an sich bekannt war. Umso grotesker wirkt der Hinweis auf der Verfügung des Botschafters, diesmal sei dem Abschiebekandidat bewaffnetes Geleit mitzugeben.

Ein völlig unnötiger Befehl. Im Gegensatz zu 1946 wurde diesmal gar nicht erst versucht, den begnadigten Godlewski irgendwo auf direktem Wege anzubieten und abzuliefern. Dafür erhielt er einige Zeit später eine zweite Fassung des Gnadenbriefes. Diese ist mit »Corrected Copy« überschrieben, als Abschrift erhalten und soll mit der ersten Version völlig übereinstimmen. Bis auf ein Wort: Polen ist durch »UdSSR« ausgetauscht worden.[113] Die Sowjetunion war jetzt als Godlewskis neuer Aufnahmestaat vorgesehen.

Erinnern wir uns: Czeslaw Godlewski, 1922 in einer Stadt geboren, die zu jener Zeit Wilno hieß und gerade ein polnischer Verwaltungssitz geworden war. Dann wurden Stadt und Region kurzzeitig von der Roten Armee eingenommen, anschließend kam die Heimsuchung durch die deutschen Truppen, dann rollten wieder die Panzer Stalins ein. Heute heißt die Stadt nicht mehr Wilno (oder Wilna), sondern Vilnius, ist die Hauptstadt Litauens und eine europäische Destination ersten Ranges. Bis zum Zerfall der UdSSR gehörte Litauen und somit Godlewskis Geburtsstadt zum sowjetischen Großgebilde.

Um es kurz machen: Auch die UdSSR formulierte ein deutliches Njet. Und ihre Behörden – wie auch die polnischen – sollten die Ablehnung noch mehrmals wiederholen. Denn Godlewski selbst bemühte sich nicht nur 1957, sondern auch in späteren Jahren wiederholt um Aufnahme in eines der beiden Länder. Da ihn die Sowjetunion mit der Begründung abwies, er sei nie Bürger des Landes gewesen, beantragte er sogar förmlich die sowjetische Staatsbürgerschaft. Vergeblich.

Zehn Jahre später resümierte der Leitende Oberstaatsanwalt beim Landgericht Bremen ganz lapidar: »Der Gnadenbescheid vom 28.06.1957 ist damit bislang nicht wirksam geworden und wird in der augenblicklichen Fassung auch nicht wirksam werden können, weil die Ostblockstaaten auf Godlewski keinen Wert legen.«[114] Wobei »nicht wirksam geworden« be-

---

113 Corrected Copy, Verfügung über eine bedingte Strafherabsetzung, 28.06.1957, Abschrift, STAB, 4,89/2-776.

114 STAB, 4,89/2-940.

deutete: Godlewski saß auch noch 1967 in seiner Zelle im Zuchthaus Hamburg-Fuhlsbüttel, arbeitete in den Werkstätten als Schuhmacher und verfasste Eingaben.

Auch für Michael Strockyj und Marjan Oboza waren 1957 ähnliche Gnadenerlasse ergangen. Haftverkürzung, Freilassung ausschließlich zum Zwecke der Repatriierung. Strokkyj, geboren am 31. (oder 21.) Oktober 1919, stammte aus dem damaligen polnischen Lwów (Lemberg). Lwów, heute die ukrainische Stadt Lwiw, kam in der Nachkriegszeit unter sowjetische Herrschaft. So sollte auch er zuerst nach Polen, dann in die UdSSR repatriiert werden. Von Strockyj, dem Verschlossenen, sind Reaktionen auf die Ablehnungen nicht bekannt, auch er verblieb in Fuhlsbüttel. Für den 1924 in Kraków geborenen Oboza konnte nur Polen als Aufnahmeland in Betracht kommen. Doch Oboza verlangte eine Freilassung ohne Ausweisung, was aber auch sein Gnadendokument nicht zuließ.

Eine bedingungslose Begnadigung für ehemalige polnische Zwangsarbeiter, ihre Entlassung aus dem Zuchthaus ohne die sofort folgende Repatriierung, ob freiwillig oder gezwungenermaßen, das war 1957 und noch Jahre später undenkbar. Jedenfalls für deutsche Staatsanwälte und Behörden wie auch für US-amerikanische Gnadenträger.

»Ich komme als Freund«

Wilhelm Hamelmann fährt nach Hamburg-Fuhlsbüttel, bietet zwei Inhaftierten seine Fürsprache an und reicht ihnen die Hand.

Godlewski schrieb weiter. Ungeduldig, ungebrochen. Die bevorzugten Adressaten seiner Briefe waren immer noch die polnische Militärmission in Berlin, die Botschaft der UdSSR in Bonn, Gerichte in Hamburg und Bremen und mittlerweile auch die Geschäftsstelle des Gemischten Beratenden Gnadenausschusses. Hinzu kamen dann noch das Flüchtlingskommissariat der Vereinten Nationen, die Europäische Kommission für Menschenrechte, der Petitionsausschuss des Bundestages, Auswärtiges Amt, Bundesjustizministerium und einige mehr. Ein Auszug aus einem dieser vielen Briefe, Empfänger das Hamburger Hanseatische Oberlandesgericht:

»Sehr verehrter Hoher Oberlandesgericht!! Ich als Ausländer glaube auch darf meine bitte Antrag vorlegen zu dürfen. Ich bin seit 1942 in Deutschland und bemühe mich seit 1945 das Land zu verlassen, hinder Eisernen Vorhang. Repatriierung Ausweisung Abschiebung. Die Ausländische Gemischte Gesellschaft hat im Jahre 1957 entscheidung gemacht, ich kann Deutschland verlassen, es ist für Sie besser aber leider kann nicht zustande kommen, es ist Unrecht in Ihre Sache so sagt man mir… Wenn das Hoher Gericht wirt von mir Geld fordan für Gerichtskosten, bitte, es tut mir sehr leid, ich bin seit 1945 in Haft, ich weis nicht wie das Geld aussit…«[115]

Godlewski erhielt Besuch von Rechtsanwälten und auch Mitgliedern des Gnadenausschusses. Und immerhin, sie brachten ein wenig an neuer Hoffnung mit. Ja, im Ausschuss werde über seinen Fall weiterhin gesprochen. Und, ja, es werde über einen neuen, einen anderen Gnadenakt für ihn nachgedacht.

115 C. Godlewski, Brief 28.07.1965, STAB, 4,89/2-777.

Doch wenn sich im Laufe dieser Jahre überhaupt etwas veränderte, dann war es die Bewertung seiner Tatbeteiligung. Ein typisches Beispiel dafür ist eine Stellungnahme der Justizbehörde Hamburg, Strafvollzugsamt, vom 30. November 1967. Dort lagen – wie auch anderen Stellen – die Prozessakten nicht mehr vor, und es war unklarer denn je, wo und bei wem sie angefordert werden konnten. Und so formulierte man ein wenig ins Hamburger Blaue hinein: Godlewski sei »am 27.04.1946 wegen gemeinschaftlichen besonders schweren Raubes und unerlaubten Waffenbesitzes«[116] verurteilt worden. Nicht nur das Datum war falsch, auch die Delikte stimmten nicht mit dem überein, was auf seinem Einlieferungsbefehl ins Zuchthaus Bremen-Oslebshausen festgehalten war (unter anderem der unerlaubte Gebrauch von Feuerwaffen, was zwölf Personen den Tod brachte). Dort der tödliche Einsatz von Waffen, hier nur ihr Besitz. Behördliche Schludrigkeit? Oder vielmehr das Gegenteil? Sollte sich wirklich die Erkenntnis durchgesetzt haben – stillschweigend und diskussionslos –, dass das, was Godlewski seinerzeit im Prozess ausgesagt hatte, doch der Wahrheit entsprach? Im Keller sei er gewesen, ja, aber nicht zum Zeitpunkt des Mordens, vorher. Geschossen habe er nicht. Von dieser Aussage wich er selten wieder ab. Und wenn, dann war er bemüht, seine Tatbeteiligung noch geringer, quasi als null und nichtig darzustellen.

Die Hamburger Justizbehörde jedenfalls legte sich mit ihrer Stellungnahme vom November 1967 eindeutig fest: »Godlewski selbst gehörte nicht zu den Schützen.« Es sieht so aus, als ob diese Sichtweise schon vorher kursiert war und nun allgemein akzeptiert wurde.

Erheblich dazu beigetragen hatte ein Artikel im Hamburger Abendblatt, erschienen im März 1967, Sonnabend vor Ostern. In der Bundesrepublik war allmählich eine vielfältige Medienlandschaft erblüht. Es gab etliche Zeitschriften und Zeitungen, die vor investigativem und kritischem Journalismus nicht mehr zurückschreckten. Und nicht nur das. Auch Studenten, Bürger und eine außerparlamentarische Opposition versuchten, durch Kritik und Provokationen Überkommenes infrage zu stellen, Diskussionen zu initiieren, gesellschaftliche Veränderungen zu erzwingen. Ein noch ungewohnter wind of change frischte auf, erreichte sogar die eine oder andere staatliche und gesellschaftliche Institutionen, machte selbst vor der Justiz nicht Halt. So wurde beispielsweise 1969 mit einer Strafrechtsreform die Zuchthausstrafe abgeschafft.

Den Artikel im Abendblatt hatte die Journalistin Ursula Weiner verfasst. Sie verstand sich auf klare Worte, und sie sollte noch mehrmals über diesen Fall berichten, die weitere Entwicklung mit dezidierter Meinung begleiten. In ihrem ersten Text fokussierte sie allein auf Czeslaw Godlewski. Schon mit der Überschrift (»Ein Staatenloser wartet in seiner Zelle auf Gnade«[117]) war ausschließlich er gemeint. Weiner beschönigte keinesfalls, was vor gut 20 Jahren im Bremer Blockland geschehen war. Eine »grauenvolle Tat« – aber zu berücksichtigen sei: Es war eine außergewöhnliche, eine hasserfüllte Zeit. In einem besetzten Land, in dem Chaos herrschte und in das Godlewski gegen seinen Willen gebracht worden war. Sie erwähnte das Vorgehen der Besatzungsmacht, die in den ersten Nachkriegsmonaten »mit besonders harten Strafen Exempel statuieren« wollte und auch einen wie Godlewski nicht verschonte. Obwohl er, »das ist erwiesen, an der Schießerei nicht beteiligt« war. »Er gibt an, schwer betrunken gewesen zu sein und von dem Massaker nichts gewusst zu haben. Was geschehen sei, habe er erst begriffen, als er vor Gericht stand.« Und nun warte Godlewski »ver-

116 Dieses und folgendes Zitat STAB, 4,89/2-776.
117 Dieses Zitat und die folgenden Hamburger Abendblatt, 25.03.1967.

Ein Staatenloser wartet in seiner Zelle auf Gnade

Vom Militärgericht 1946 verurteilt Kein Land will ihn aufnehmen

Im Zuchthaus Fuhlsbüttel sitzt der 45jährige Czeslaw Godlewski. 1946 in Bremen von einem amerikanischen Militärgericht wegen besonders schweren Raubes zu lebenslang Zuchthaus verurteilt, büßt er jetzt 21 Jahre. Längst wäre er begnadigt, wenn er nach seiner Freilassung sofort in die UdSSR repatriiert werden könnte. Aber die Russen lehnten seine Aufnahme bislang ab.

Czeslaw Godlewski erhielt die Strafe, weil er in der Nacht vom 20. zum 21. November 1945 mit einer Bande Polen einen Bauernhof in der Nähe von Bremen überfallen hat. Dabei wurden neun Menschen im Keller erschossen, ein Bauer und seine ganze Familie.

Godlewski war, das ist erwiesen, an der Schießerei nicht beteiligt. Er gibt an, schwer betrunken gewesen zu sein und von dem Massaker nichts gewußt zu haben. Was geschehen sei, habe er erst begriffen, als er vor Gericht stand.

Zwischen der Tat und heute liegen 22 Jahre und geben Abstand. Blicken wir von der sicheren Warte geordneter Verhältnisse zurück. November 1945. Chaos herrschte in Deutschland, Willkür regierte, Haß kannte keine Grenzen, fegte Vernunft und Menschlichkeit beiseite und löschte Leben aus wie Kerzenflammen.

Exempel statuiert

Zum Schutz der deutschen Bevölkerung wollten die Amerikaner damals dem Bandenunwesen ein Ende bereiten und mit besonders harten Strafen Exempel statuieren. Vier Mitglieder der Bande, die den Überfall bei Bremen beging, wurden zum Tode verurteilt und hingerichtet, die anderen erhielten lebenslang Zuchthaus. Unter ihnen Godlewski. Er war, als sich die Tore des Zuchthauses hinter ihm schlossen, 24 Jahre alt.

Über seinen Fall würde hier nicht geschrieben, hätte er seinen Ausgangspunkt nicht in den Wirren einer beispiellosen Zeit und hätte Godlewski jetzt die gleichen Chancen, begnadigt zu werden, wie andere auch. Diese Chancen hat er nicht. Zweifel um seine Staatsangehörigkeit und internationale Zuständigkeit verhindern, daß hier der Grundsatz der Gleichheit aller vor dem Recht praktiziert werden kann.

Godlewski wurde am 11. November 1922 in einem Dorf bei Wilna (Litauen) geboren. Er gibt an, er sei polnischer Staatsangehöriger, denn 1920 kam, mit dem Wilna-Gebiet, ein Teil Litauens an Polen. 1942 wurde er, wie er sagt — und es gibt keinen Grund, daran zu zweifeln — von den Deutschen deportiert. Er arbeitete zunächst bei Frankfurt (Main), dann in der Nähe von Bremen. Wo dann, wenige Monate nach Kriegsende, die grauenvolle Tat geschah.

Im Februar 1946 stand die Bande vor dem Militärgericht, im April desselben Jahres wurde das Urteil rechtskräftig. Godlewski blieb zunächst in der Strafanstalt Bremen und wurde später, nachdem der Staatsvertrag über die gemeinsame Vollstreckung von Strafen zwischen Bremen und Hamburg abgeschlossen war, nach Fuhlsbüttel überführt.

Führung ist gut

Dort sitzt er seit elf Jahren. Er reparierte Schuhe und Wäsche, arbeitete als Korbmacher, nähte Fußbälle und ist jetzt in der Buchbinderei beschäftigt. Seine Führung wird als gut bezeichnet.

Besuch bekommt er kaum. Seine Eltern sind gestorben, seine Geschwister nicht auffindbar. Freunde und Bekannte hat er nicht. Einmal kam eine polnisch-amerikanische Kommission, um nach ihm zu sehen, einmal besuchte ihn der Flüchtlingsbeauftragte der Vereinten Nationen, um zu prüfen, ob eine Repatriierung Godlewskis mit dessen Einverständnis geschehen würde. Dann und wann erschien ein Anwalt, der Gnadengesuche für ihn verfaßte.

Godlewski büßt jetzt 21 Jahre. Eine lange Zeit. Deutsche Gerichte sind für seine Begnadigung nicht zuständig. Denn er wurde von einem amerikanischen Militärgericht verurteilt, er ist Ausländer. Die für ihn zuständige Gnadeninstanz ist Washington, in der Bundesrepublik vertreten durch den amerikanischen Botschafter. Vor einer Begnadigung muß eine aus einem Amerikaner und einem Deutschen bestehende gemischte Kommission den Fall juristisch vorprüfen und dem Botschafter Vorschläge machen.

Das ist bereits geschehen. Am 28. Juli 1957 setzte die Kommission die lebenslängliche Strafe auf neun Jahre und elf Monate Zuchthaus herab, knüpfte daran aber die Auflage, daß Godlewski sofort in die Sowjetunion repatriiert wird, zu der Litauen jetzt gehört.

Wieder abgelehnt

Godlewski selbst will repatriiert werden. Er wäre auch bereit, nach Polen zu gehen. Beide Staaten aber wollen ihn nicht haben. Der amerikanische Botschafter in Bonn erklärte sich erst im Dezember vergangenen Jahres erneut außerstande, unter diesen Umständen eine Begnadigung auszusprechen.

Und so bleibt Godlewski weiter im Zuchthaus, ein Mann ohne Heimat. Seit zehn Jahren, seit die Kommission sich mit seinem Fall noch einmal beschäftigte und ihn positiv entschied, wartet er vergeblich auf Gnade, die einem anderen als ihm längst gewährt worden wäre. Er muß hinter Gittern bleiben, weil niemand ihn haben will. URSULA WEINER

»Ein Staatenloser wartet in seiner Zelle auf Gnade«, Hamburger Abendblatt, 25.03.1967

geblich auf Gnade, die einem anderen als ihm längst gewährt worden wäre. Er muss hinter Gitter bleiben, weil niemand ihn haben will.«

Seit den Verurteilungen und den vier Hinrichtungen im Jahre 1946 war nie wieder ein längerer Pressetext über diesen Fall erschienen. Und nun dieser hintergründige Beitrag in einer renommierten Tageszeitung mit hoher Auflage. Ein Artikel, der ein tragisches Schicksal ausbreitete, Zusammenhänge herstellte und Unrecht anprangerte. Ein Artikel, der auch in Bremen gelesen wurde.

Wilhelm Hamelmann bekam ein Exemplar der Zeitung am Ostersonntag nach dem Gottesdienst von einer Schwester seiner Gemeinde überreicht. Und gleich beim Durchlesen des Weiner-Textes »stand meine Aufgabe und mein Vorhaben sofort fest: Ich hatte mich für sie einzusetzen, und zwar mit Gottes Hilfe.«[118] Obwohl nur Godlewski erwähnt war, wusste er anscheinend, es sind noch drei der seinerzeit Verurteilten hinter Gittern. Und um alle drei wollte er sich kümmern. Er, Wilhelm Hamelmann, der einzige Überlebende des Massakers, der in dieser Novembernacht seine gesamte Familie verloren hatte, wollte drei der Täter alsbald in Fuhlsbüttel aufsuchen. Das 13. Opfer wollte den Verurteilten nicht nur Auge in Auge gegenübersitzen. Er wollte ihnen die Hand reichen.

Eine Entscheidung, die ihm in Wirklichkeit nicht so ganz leicht gefallen sei, erinnerte sich einer seiner Freunde im Gespräch mit dem Autor. Würde er diese Begegnung überhaupt durchstehen, körperlich wie seelisch?

Hamelmann stand in seinem 65. Lebensjahr, und er hatte gleich nach dem Überfall ein neues, sein zweites Leben begonnen. Er war wieder verheiratet, mit der 20 Jahre jüngeren Edeltraud Pretor, die den Schwerverletzten seinerzeit als Krankenschwester gepflegt hatte. Die Trauung hatte bereits im Juni 1946 stattgefunden, eine Haustrauung auf dem Hof Kapelle, vollzogen vom schon mehrmals erwähnten Pastor Penzel. Viele Blocklander dürften nicht eingeladen gewesen sein, möglicherweise gar keine. Der frühe Termin – sieben Monate nach Auslöschung Hamelmanns erster Familie – und auch der Ort sollen für Irritationen und Unmut gesorgt haben. Die ohnehin schon vorhandene Distanz zu seiner Person war noch größer geworden.

Wilhelm Hamelmann war auch wieder Vater von vier Kindern geworden. Drei hatten die Vornamen der Kinder aus erster Ehe bekommen, der Ermordeten. Ein paar Jahre hatte er versucht, den geerbten Hof Kapelle zu bewirtschaften, ihn schließlich Ende der 1940er Jahre verkauft.[119] Seit einigen Jahren arbeitete er wieder in seinem angestammten Beruf, 1967 als angestellter Apotheker der Bremer Bismarck-Apotheke. Zudem waren er und seine Frau in dieser Zeit damit beschäftigt, zwei Betreuungseinrichtungen für ältere Menschen auf- und auszubauen. Die größere in der niedersächsischen Kreisstadt Wildeshausen (wo sie immer noch vorhanden ist), die kleinere im Lindenweg des gediegenen Bremer Ortsteils Oberneuland. Die zuerst gegründete Bremer Einrichtung trug eine Zeitlang den Namen »Haus Salem« und war über Jahre auch das Wohnhaus der Familie Hamelmann.

---

118 W. Hamelmann, 3. Auflage 1995, S. 35.

119 Zu dem Verkauf und dem Auszug der Familie Hamelmann gibt es unterschiedliche Daten, wahrscheinlich war es im Jahre 1949. Danach hatte der Hof Kapelle wechselnde Besitzer, Pächter und Mieter. Spätestens in den 1990er Jahren machten die leerstehenden Gebäude einen heruntergekommenen Eindruck. 1997 wurden sie besetzt, unter anderem von Studenten der Universität Bremen. Sie wollten die Bausubstanz erhalten und eine ökologische Landwirtschaft aufbauen. Die Antwort des Besitzers war der Abriss aller Gebäude. Heute stehen auf dem Grundstück noch einige der alten Bäume, das Tor ist zumeist verschlossen und mit Stacheldraht bewehrt. Die dahinter liegenden Flächen werden als Wiesen und Weiden genutzt (Stand September 2018).

Jedwede politische Betätigung kam für Wilhelm Hamelmann nicht mehr in Frage. Dafür spielte in seinem jetzigen Leben der Glaube eine noch stärkere Rolle. Bereits 1950 hatte er die Bremische Evangelische Kirche verlassen, sich der Christlichen Gemeinschaft Bremen angeschlossen, die sich seit 1993 Paulus-Gemeinde nennt. Die wiederum gehört zum Mülheimer Verband freikirchlich-evangelischer Gemeinden (MV), der historisch mit der Pfingstbewegung verbunden ist und sich heute »als Freikirche mit einer lebendigen, evangelikal-charismatischen Ausrichtung«[120] versteht. Von 1957 bis zu seinem Tode im Jahr 1979 war Hamelmann, der zutiefst überzeugte und engagierte Christ, Erster Vorsitzender der Gemeinde.

Etwa 15 Jahre nach dem Überfall – er war also bereits als der »erste Gemeindediener« im Amt – hatte er das Büchlein »Vergeben statt Vergelten« verfasst. Es wäre ohne seine neue christliche Heimat wahrscheinlich nie geschrieben und veröffentlicht worden. Der Verlag war Teil der Freikirche, in der schon mehrmals zitierten 3. Auflage aus dem Jahr 1995 heißt er »Missionsverlag«.[121] In diesem Sinne ist das Traktätchen auch zu verstehen. Mit ihm soll bezeugt werden: Menschen, die sich der göttlichen Liebe bewusst sind, haben die Fähigkeit und Verpflichtung, diese weiterzugeben – und das auch in außergewöhnlicher Weise.

Aber war das Drama seines Lebens tatsächlich verarbeitet? War 1967 für ihn längst »alles vergeben und alles vergessen«[122], wie in den späteren und ergänzten Auflagen seiner schriftlichen Erinnerungen zu lesen ist?

Diejenigen, die Hamelmann in jener Zeit kannten, antworten darauf häufig mit der Charakterisierung eines Menschen, der mit sich und seinem Leben im Reinen war. Ein gutsituierter älterer Herr, der Zufriedenheit ausstrahlte, das sind die vorherrschenden Erinnerungen. »Ein hilfsbereiter, positiver, fröhlicher Mitmensch mit Freude am Leben«, so erfuhr es der Autor von einem seiner Freunde. Also kein Getriebener, dem die Erinnerungen ans Geschehene zu schaffen machten? Nein, das sei er bestimmt nicht gewesen. Nichts spricht also dafür, dass Wilhelm Hamelmann den Besuch in Fuhlsbüttel nutzen wollte, um sich selbst zu befreien. Sein Motiv war es sicherlich nicht, manchmal doch aufkommende Vergeltungsphantasien endgültig zu überwinden.

»Wenn Gewalt die Verletzung der Integrität eines Menschen darstellt, dann bedeutet ›Vergebung‹, dass dieser in seinem Kern beschädigte Mensch seine Integrität zurückgewinnt«, meint der Theologe Geiko Müller-Fahrenholz. Und so, mittels Vergebung, könne es dann gelingen, diejenigen, die ihm Gewalt angetan haben, »nicht länger nur als die abscheulichen Monster zu sehen, ...sondern als Menschen mit ihrer eigenen, oftmals entsetzlichen Leidensgeschichte«.[123]

1967, mehr als 20 Jahre nach dem Überfall, hatte Hamelmann seine Integrität und Souveränität längst zurückgewonnen. Von Rachegelüsten und Vergeltungsphantasien war er offensichtlich vollkommen frei, und die Täter hatte er höchstwahrscheinlich nie als Monster verdammt. Wenige Tage vor seinem Besuch in Fuhlsbüttel äußerte er sich den Bremer Nachrichten gegenüber ähnlich wie in »Vergeben statt Vergelten«: Als er schwerverletzt aus dem Keller kroch, doch, da habe er an Gott gezweifelt. Aber alsbald, noch in der Mordnacht, ha-

---

120 Website der Paulus-Gemeinde Bremen, www.paulusgemeinde.de.

121 Heute sitzt der Verlag in Bremen im Gebäude der Paulus-Gemeinde und gehört zum Mülheimer Verband.

122 W. Hamelmann, 3. Auflage 1995, S. 37.

123 G. Müller-Fahrenholz, Versöhnung statt Vergeltung, Wege aus dem Teufelskreis der Gewalt, Neukirchen-Vluyn 2003, S. 161/162.

be er verspürt, dass etwas mit ihm geschah. »Gott schenkte mir die Liebe. Schon damals habe ich den zehn Polen vergeben.«[124]

Für Hamelmann, den Vorsitzenden einer Gemeinde mit evangelikal-charismatischem Sendungsbewusstsein, war es ohne Zweifel erstrebenswert, andere vom Sinn des Glaubens zu überzeugen. Warum also sollte er dazu nicht auch die Verbreitung der Tageszeitungen nutzen? Konnte er doch jetzt allein mit den Bremer und Hamburger Blättern bedeutend mehr Menschen erreichen als mit den bescheidenen Auflagen seiner eigenen Schrift. Und so nahm Hamelmann Kontakt zu Ursula Weiner auf. Bereits am 8. April, Sonnabendvormittag, traf er die kritische Journalistin in Hamburg. Zusammen mit einem Fotografen fuhren sie nach Fuhlsbüttel, zur Strafanstalt. Sie waren angekündigt, der Anstaltsleiter und die Gefangenen Godlewski und Oboza erwarteten sie. Michael Strockyj hingegen wollte Hamelmann nicht sehen, weigerte sich, mit ihm zu sprechen.

Der Besucher aus Bremen war mit weißem Hemd und Krawatte für diesen Ort mehr als korrekt gekleidet. Als er den Innenhof betrat, die hohen Mauern im Rücken, war seine Nervosität zu spüren, so Weiner im Hamburger Abendblatt. Hamelmann sprach zuerst mit dem Anstaltsleiter, dann mit den Gefangenen hintereinander. Immer anwesend war ein Vollzugsbeamter, und offensichtlich durfte sich auch die Journalistin im Sprechzimmer aufhalten. Ein kleiner Raum mit Tisch, vier Stühlen und vergitterten Fenstern. Vor allem Godlewski, der erste Gesprächspartner, war anfangs misstrauisch und abwehrend. Das also war der Mann, den er vor 21 Jahren das letzte Mal gesehen hatte, von der Anklagebank aus. Warum sollte gerade dieser Wilhelm Hamelmann helfen können, die Zellentüren zu öffnen? »Sie können ein Gnadengesuch unterschreiben, aber dann gibt es wieder Gründe und Gründe … Ich habe doch keine Aufenthaltsgenehmigung in der Bundesrepublik.«[125] So gibt Ursula Weiner die Skepsis Godlewskis wieder. »Was ich ihnen anbiete, ist meine Fürsprache«, soll Hamelmann geantwortet haben. Nach einer halben Stunde begann das Eis zu schmelzen, und am Schluss bedankte sich der Häftling für das Gespräch.

Hamelmann begrüßte auch Marjan Oboza mit dem Satz: »Ich komme als Freund.« Doch Oboza zeigte sich besonders niedergeschlagen, nahezu ängstlich. Zwar habe auch er nicht zu den Todesschützen gehört, so Wilhelm Hamelmann. Doch: »Er hatte sich in jener Nacht nach der negativen Seite besonders hervorgetan und sein Wissen über diese Handlungsweise bedrückte ihn sehr.«[126] Ursula Weiner registrierte, wie der Mann um seine Fassung rang und dann hervorbrachte: »Die letzten vier Tage vor Ihrem Besuch haben mich mehr mitgenommen als die ganzen 21 Jahre.«[127] Hamelmann schaffte es, auch ihn zu beruhigen. Und nicht nur das: Ob der Anstaltsleiter oder andere Beamte des Gefängnisses, alle waren von ihm und seinem Auftreten beeindruckt – so stellt es Hamelmann in seiner Broschüre dar. Zwei Männer des Wachpersonals hätten ihm sogar bekannt, »dass ihnen durch das Gehörte eine andere Richtung für ihren Lebensweg angezeigt worden war«.[128]

Als er nach zwei Stunden die Anstalt verließ, will er vernommen haben, wie aus vielen vergitterten Fenstern sein Name gerufen wurde. Ursula Weiner, die kritische Beobachterin,

---

124 Bremer Nachrichten, 04.04.1967.
125 Dies Zitat und die beiden folgenden Hamburger Abendblatt, 10.04.1967.
126 W. Hamelmann, 3. Auflage 1995, S. 37.
127 Hamburger Abendblatt, 10.04.1967.
128 W. Hamelmann, 3. Auflage 1995, S. 38.

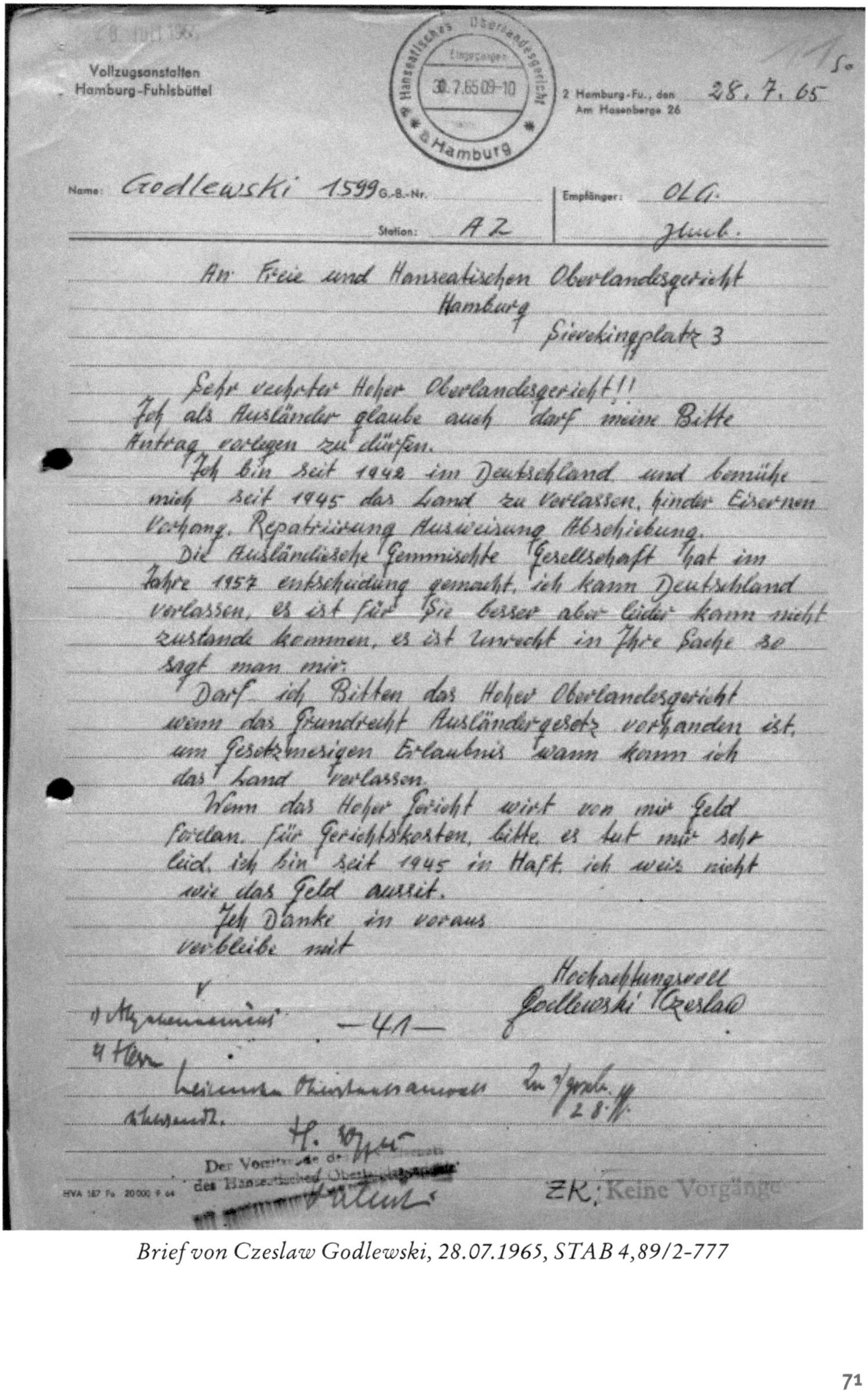

Vollzugsanstalten
Hamburg-Fuhlsbüttel

Hanseatisches Oberlandesgericht
Eingegangen
30.7.65 09–10
Hamburg

2 Hamburg-Fu., den 28. 7. 65
Am Hasenberge 26

Name: Godlewski 1599 G.-B.-Nr.
Station: A 2
Empfänger: OLG. Hmb.

An Freie und Hanseatischen Oberlandesgericht
Hamburg
Sievekingplatz 3

Sehr verehrter Hoher Oberlandesgericht!!
Ich als Ausländer glaube auch darf meine Bitte Antrag vorlegen zu dürfen.
Ich bin seit 1942 im Deutschland und bemühe mich seit 1945 das Land zu verlassen, hinder Eisernen Vorhang. Repatriirung Ausweisung Abschiebung.
Die Ausländische Gemmischte Gesellschaft hat im Jahre 1957 entscheidung gemacht, ich kann Deutschland verlassen, es ist für Sie besser aber leider kann nicht zustande kommen, es ist Unrecht in Ihre Sache so sagt man mir.
Darf ich Bitten das Hoher Oberlandesgericht wenn das Grundrecht Ausländergesetz vorhanden ist, um Gesetzmesigen Erlaubnis wann kann ich das Land verlassen.
Wenn das Hoher Gericht wirt von mir Geld fordan. für Gerichtskosten, bitte es tut mir sehr leid, ich bin seit 1945 in Haft. ich weis nicht wie das Geld aussit.
Ich Danke in voraus
verbleibe mit
Hochachtungsvoll
Godlewski Czeslaw

–41–
Leitenden Oberstaatsanwalt
übersandt.
28.

Der Vorsitzende des Hanseatischen Oberlandesgerichts

HVA 187 Fu 20000 9.64

ZK: Keine Vorgänge

Brief von Czeslaw Godlewski, 28.07.1965, STAB 4,89/2-777

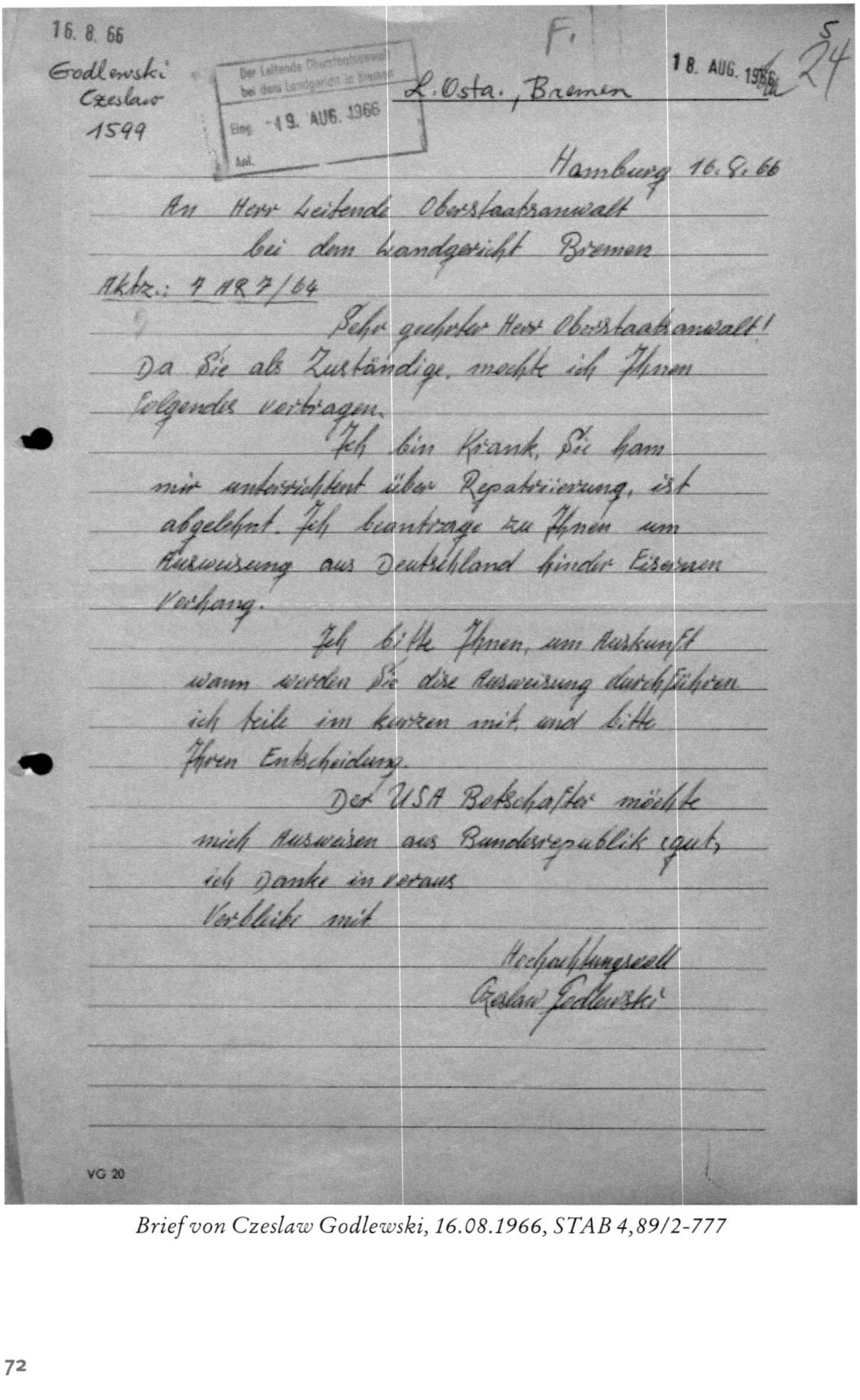
16. 8. 66

Godlewski
Czeslaw
1599

Der Leitende Oberstaatsanwalt
bei dem Landgericht in Bremen
Eing. -19. AUG. 1966
Anl.

F.

18. AUG. 1966

5
24

L. Osta., Bremen

Hamburg 16.8.66

An Herr Leitende Oberstaatsanwalt
bei dem Landgericht Bremen

Aktz.: 7 AR 7/64

Sehr geehrter Herr Oberstaatsanwalt!

Da Sie als Zuständige, möchte ich Ihnen Folgendes vortragen.

Ich bin Krank, Sie ham mir unterrichtent über Repatriierung, ist abgelehnt. Ich beantrage zu Ihnen um Ausweisung aus Deutschland hinder Eisernen Vorhang.

Ich bitte Ihnen, um Auskunft wann werden Sie dise Ausweisung durchführen ich teile im kurzen mit und bitte Ihren Entscheidung.

Der USA Botschafter möchte mich Auswesen aus Bundesrepublik egut, ich Danke in voraus

Verbleibe mit

Hochachtungsvoll
Czeslaw Godlewski

VG 20

Brief von Czeslaw Godlewski, 16.08.1966, STAB 4,89/2-777

will nur eine einzige Stimme gehört haben, die da sprach: »Das ist Herr Hamelmann aus Bremen.«[129]

Hamelmanns Besuch in Fuhlsbüttel – eine Missionierung? Sein eigener Text liest sich beinahe so. Aber hatte er nicht auch das Recht dazu, das so zu sehen? Durch Gottes Gnade – davon war er felsenfest überzeugt –war es ihm vergönnt zu vergeben. Das wollte er zeigen. Er wollte Menschen zum Nachdenken bringen, sie mit seiner Haltung beeindrucken. Und wenn es sich dabei um Angehörige einer anderen Glaubensrichtung handelte, scheute er sich nicht, dies hervorzuheben. Das illustriert auch das in seinem Büchlein erwähnte Vieraugengespräch mit dem Staatsanwalt während des Prozesses im Februar 1946. Der Mann war ein Jude, lesen wir bei Hamelmann. Warum ist es ihm wichtig, das zu betonen? Entlarvt er sich hier als Antisemit? Das wäre eine äußerst abwegige Annahme. Wir sollten es vielmehr als den Versuch deuten, seinen Wunsch nach Mäßigung in den Kontext einer religiösen Auseinandersetzung zu stellen: Er, der Christ, disputierte mit dem Staatsanwalt des ersten Prozesses, dem Juden, über Gnade, bat um milde Urteile. Und der Christ konnte überzeugen, setzte sich durch. So immerhin ließe sich Hamelmanns Schilderung interpretieren. (Dass allerdings der von ihm dargestellte Erfolg dieses Gesprächs, wie in Teil 1 berichtet, nicht den Tatsachen entspricht, darf aber auch nicht verschwiegen werden.)

Auch in Fuhlsbüttel gab es amtliche Vertreter anderer Glaubensrichtungen, so einen evangelischen und einen katholischen Seelsorger. Im Gegensatz zu dem damaligen Staatsanwalt oder dem Wachpersonal des Zuchthauses zogen sie es vor, Hamelmann zu ignorieren. Zumindest können wir seinem Text entnehmen, dass er deshalb mit »den Anstalts-Geistlichen beider Konfessionen« etwas haderte. Nach seiner Meinung dürfte denen nicht entgangen sein, dass er das Zuchthaus aufsuchte, um ein Zeichen zu setzen. Die Diensträume der beiden Seelsorger lagen dem Sprechzimmer direkt gegenüber. Aber: »Es war während der beiden Termine keiner der Pfarrer zu sehen. Anscheinend maßen sie der ganzen Sache keine Bedeutung bei und hat sie infolgedessen nicht interessiert.«[130]

Da drängt sich schon das Bild auf, wie Wilhelm Hamelmann beim Schreiben dieser Sätze ein wenig den Kopf schüttelte. Ein Treffen mit Vertretern der beiden großen christlichen Konfessionen, einen Meinungsaustausch unter Christen, vielleicht ein Belehrungs- und Bekehrungsgespräch – das hätte sich der ältere freundliche Herr zum Abschluss seines Gefängnisbesuchs wohl auch noch zugetraut.

»Kriminelle Akte, die sie in normalen Zeiten nie verübt hätten«

Ein erneutes Gnadengesuch macht neue Hoffnung. Bremer Bauern halten davon gar nichts – und Wilhelm Hamelmann für verrückt.

Drei Wochen nach seinem Besuch in Fuhlsbüttel schickte Wilhelm Hamelmann zwei Briefe nach Bad Godesberg, adressiert an den »Botschafter der Vereinigten Staaten von Amerika Herrn Botschafter McGhee«. Das Gnadengesuch für Godlewski – darum handelte es sich –

129 Hamburger Abendblatt, 10.04.1967.
130 W. Hamelmann, 3. Auflage 1995, S. 38.

befindet sich im Bremer Staatsarchiv. Ein handschriftlicher Vermerk besagt, das zweite für Oboza sei gleichlautend.

Hamelmann umriss mit wenigen Worten das Drama der Mordnacht, stellte sich als »das einzige überlebende Opfer des Überfalls« vor und betonte: »Godlewski war an der Schießerei selbst nicht beteiligt. Er hat lediglich geplündert.« Dann folgte sein zentrales Anliegen: »Ich bitte um Gnade, weil ich meine, dass man vergessen und nicht vergelten soll... Ich will ihn, wenn er begnadigt werden sollte, bei mir aufnehmen und als Hausmeister in einem privaten Altersheim, das mir gehört, beschäftigen. Godlewski will gern zu mir kommen.«

Ein Opfer verwendete sich für die Täter, das allein war schon ungewöhnlich. Spektakulär. Und in besonderem Maße galt das für Hamelmanns Bitte um eine bedingungslose Freilassung, »um Begnadigung ohne Auflagen der Repatriierung«.[131] Damit stand er mittlerweile nicht ganz allein, wie sich zeigen sollte. Aber von denen, die so etwas zu entscheiden hatten oder zumindest initiieren konnten, hatte es bis dahin noch niemand gewagt, das zu erwägen, geschweige denn öffentlich vorzuschlagen. Hamelmann, der sich die Freiheit nahm, kannte indes das Prozedere nicht: Bevor der US-Botschafter, den Hamelmann direkt und unverblümt angeschrieben hatte, seine Entscheidung treffen konnte, war ja erst der Gemischte Beratende Gnadenausschuss zuständig. Erst nach dessen Empfehlung würde sich der Botschafter mit dem Vorgang beschäftigen. Die Botschaft machte Hamelmann auf diesen Sachverhalt aufmerksam, reichte die Gesuche aber auch gleich an den Ausschuss weiter. Wo im Übrigen schon einiges an Aktenmaterial zu den Fällen Godlewski und Oboza vorhanden war.

Durch Hamelmanns Intervention wurden mehr und mehr Zeitungen und Zeitschriften auf die Geschichte der unvollendeten Begnadigung aufmerksam – inklusive ihrer mörderischen Vorgeschichte. Nun berichteten auch Wochenblätter wie der Rheinische Merkur und Illustrierte wie der Stern oder die Quick, seinerzeit die beiden auflagenstärksten deutschen Zeitschriften. Womit sich der Tenor veränderte. Der Mann, der den Mördern seiner Familie vergibt – das war nun die Story, bei der Fakten und Hintergründe manchmal durch das Sensationelle verdrängt wurden.

Anfang Mai 1967 meldete sich per Brief eine Sue Ryder bei Hamelmann. Sie habe nicht nur in der deutschen Presse über ihn und sein Handeln gelesen, auch in englischen Zeitungen. Sue Ryder: eine Britin aus Cavendish, Suffolk, Gründerin der Vereinigung The Sue Ryder Forgotten Allies Trust. Diese wiederum war verbunden mit dem Verein St. Christopherus Kreis Straffälligenhilfe für Nichtdeutsche e. V. Weder die Existenz dieses Vereins noch Sue Ryders Aktivitäten dürften der deutschen Öffentlichkeit bekannt gewesen sein, auch Wilhelm Hamelmann nicht.

Ryder teilte mit, sie habe unmittelbar nach Kriegsende mit Besuchen von Gefangenen begonnen, »die meistens Opfer des Krieges waren, nach Deutschland verschleppt, gegen ihren eigenen Willen und brutal in den KZ, Zwangsarbeits- und Kriegsgefangenenlagern behandelt« worden waren. Und nach »der Befreiung, in dem chaotischen Nachwehen des Krieges haben sie sich krimineller Akte zuschulden kommen lassen, die sie in normalen Zeiten, in ihrer gebürtigen Umgebung, nie verübt hätten«.[132] Von all diesen Gefangenen, verurteilt in der Besatzungszeit von Gerichten der drei Westmächte, säßen nur noch fünf in Strafanstalten der Bundesrepublik, darunter die drei in Hamburg-Fuhlsbüttel. Gerade diese habe

131 Dieses Zitat und die vorigen: W. Hamelmann, Brief 29.04.1967, STAB, 4,89/2-779.

132 S. Ryder, Brief 04.05.1967, STAB, 4,89/2-776.

sie, Sue Ryder, in den letzten 20 Jahren regelmäßig besucht, um ihre Freilassung gebeten und angeboten, sie in der vom Straffälligenhilfe-Verein unterhaltenen St. Christopher Siedlung in Großburgwedel aufzunehmen. Erfolglos. Die Siedlung war Ende der 1950er Jahre entstanden und Ryders erstes in Deutschland verwirklichtes Hilfsprojekt. Im Ort hieß es »Polensiedlung«. Gedacht war St. Christopher als neue Heimat für heimatlose Displaced Persons, die nicht mehr in ihre alte Heimat zurückkehren konnten oder wollten.[133]

Auch Polen kontaktierten Hamelmann. Allerdings waren es nicht legitimierte Vertreter des Staates, vielmehr oppositioneller Kreise, die im Westen ihre Büros unterhielten. Verbände polnischer Immigranten und ehemaliger polnischer Soldaten, die die prosowjetische Volksrepublik ablehnten und die Exilregierung in London unterstützten. Wie sich herausstellte, hatten einige ihrer Sprecher schon seit Längerem Kontakt zu den Landsleuten in Fuhlsbüttel, andere waren erst durch die Presse auf diesen Fall gestoßen. Zu denen zählte der in München lebende Kazimierz Wlad, nach eigenem Bekunden Oberstleutnant und Präsident der Polish Ex Soldiers' Association in Germany Ltd. Mehrmals forderte er bei Hamelmann Informationen über die Gefangenen in Fuhlsbüttel an, damit er endlich »die Sache scharf anpacken«[134] könne. Nebenbei hatte er erfahren, dass Hamelmann Apotheker war, und so nutzte er die Gelegenheit, eine Großpackung Tabletten zum Rabattpreis zu erbitten. Seine beiden Tiere, Hund und Katze, seien ständig krank. Hamelmann schickte ihm die gewünschten Medikamente, ohne Rechnung.

Man könnte sagen, für einige Zeit existierte ein kleines soziales Netzwerk. Seine Mitglieder tauschten sich mittels Brief und Päckchen aus. Durchaus unterschiedlich, aber doch gemeinsam arbeiteten sie daran, dass die Schicksale von Czeslaw Godlewski, Marjan Oboza und auch Michael Strockyj im Gespräch blieben, Begnadigungsbitten und -forderungen nicht unbeantwortet abgeheftet wurden. So war es nicht verwunderlich, dass der US-amerikanische Botschafter George C. McGhee, als er im Oktober 1967 das Bundesland Bremen besuchte, von Journalisten auch auf die Gnadengesuche angesprochen wurde. Er soll die Schultern gezuckt haben, nein, da gäbe es nichts Neues. Worauf einer seiner Gastgeber, Bürgermeister Hans Koschnick, erklärte, er wolle sich nun selbst darum kümmern und die Bemühungen Hamelmanns unterstützen[135].

Wer immer wen angestoßen haben mochte, McGhee war recht bald als Entscheider gefordert. Denn der Gemischte Beratende Gnadenausschuss rang sich zu einer neuen Empfehlung durch. Wie sie konkret ausgefallen war, ist unbekannt, doch vermutlich entsprach sie dem, was McGhee anschließend mit Datum vom 1. Dezember 1967 verfügte: Marjan Obozas Lebenslänglich wurde in eine Freiheitsstrafe von 25 Jahren umgewandelt. Verurteilt im September 1946, hätte Oboza aufgrund dieser Verfügung noch knapp vier Jahre Fuhlsbüttel vor sich gehabt.

Und welche Verfügung wurde Czeslaw Godlewski ausgehändigt? Gar keine. Godlewski wurde eine ähnliche Strafumwandlung und damit eine zweite Begnadigung zunächst verweigert. Ursula Weiner berichtete im Hamburger Abendblatt, jetzt gebe sich auch Godlewski auf, er weigere sich »mit Menschen zu sprechen, die glauben ihm helfen zu können«. Er habe resigniert. »Godlewski zerbricht sich in seiner Zelle vergeblich den Kopf, weshalb nicht auch er be-

---

133 Sue Ryder (Margaret Susan Ryder), geb. 1924, gest. 2000, baute zusammen mit ihrem Mann eine weitverzweigte private Hilfsorganisation auf. Sie erhielt für ihre philanthropische Arbeit mehrere Auszeichnungen und Würdigungen, wurde von Elizabeth II. geadelt. Die Sue Ryder Foundation unterhält und fördert heute in einer Vielzahl von Ländern Heim- und Sozialeinrichtungen.

134 K. Wlad, Brief 14.10.1967, STAB, 4,89/2-779.

135 Siehe Bremer Nachrichten, 11.10.1967.

gnadigt wurde.« Auch Weiner kann keinen plausiblen Grund finden. Will man ihn womöglich nur deshalb nicht begnadigen, »weil es bequemer ist, ihn im Zuchthaus zu lassen?«, so fragt die Journalistin. »Das wäre unmenschlich.«[136]

Doch der offensichtlich häufig tagende Gnadenausschuss konnte sich von den Akten Oboza / Godlewski nicht trennen. Er formulierte weitere Empfehlungen, und die aktivierten den amerikanischen Botschafter erneut. Seit Ende Mai 1968 bekleidete Henry Cabot Lodge Jr. das Amt, und der gewährte Oboza alsbald eine bedingte Begnadigung. Soll heißen, seine Reststrafe wurde unter »Auflagen bedingt ausgesetzt«. Das hörte sich zunächst nach einer Wiederholung der Begnadigung von 1957 an – das war es aber überhaupt nicht. Auf den damaligen Repatriierungszwang wurde jetzt verzichtet. Es wurde Oboza erlaubt, nach Haftende, terminiert auf den 15. Oktober 1968, in Deutschland zu bleiben. So wie es auch Hamelmann für ihn und Godlewski erbeten hatte. Für eine Begnadigung ungewöhnlich war indes die Bewährungsfrist von fünf Jahren. Sie war verknüpft mit zwei Bedingungen: Unterstellung unter die Aufsicht eines Bewährungshelfers, »dessen Anordnungen Oboza zu befolgen hat«. Und außerdem seine Unterbringung in einer Siedlung der v. Bodelschwinghschen Anstalten in Bielefeld-Bethel, »die er ohne Genehmigung des Bewährungshelfers nicht verlassen darf«.[137]

Botschafter Lodge Jr. vergaß auch Godlewski nicht. Für ihn verfügte er mit gleichem Datum eine Strafumwandlung, aus der lebenslänglichen Freiheitsstrafe wurden auch hier 25 Jahre. Und so stand für Godlewski ebenfalls ein Entlassungsdatum fest: Februar 1971. Unter Umständen sogar früher, denn denkbar war nun plötzlich wieder, dass der neue Botschafter auch für Godlewski eine gleichlautende Strafaussetzung nachreichen würde.

Um die Entlassung sowohl von Oboza als auch von Godlewski ranken sich bis heute Mythen und Gerüchte. Was genau passierte, als sie ihre Zellen verlassen durften? Wer holte sie ab, wo wurden sie hingebracht, untergebracht? Mussten sie gar versteckt werden? Für Letzteres sprachen die Darstellungen in verschiedenen Blättern, die nicht nur von unterstützenden Briefen an Hamelmann zu berichten wussten, sondern auch von der aufgebrachten Bevölkerung im Bremer Blockland: »Sie nennen Hamelmann schlichtweg einen ›Verrückten‹ und drohten ihm bereits einen Protestmarsch an.«[138] Der »Stern« verbreitete, was einige der Bauern für den Fall einer Freilassung sonst noch vorhätten: »Wir werden die Kerle lynchen.«[139]

Auch Wilhelm Hamelmann hat zu der Entstehung der Legenden und Gerüchte beigetragen. Aus den ersten Stunden nach der Entlassung macht er in den späteren Auflagen seiner Broschüre »Vergeben statt Vergelten« eine nahezu filmreife Szene, anrührend und romantisierend, in der er selbst eine tragende Rolle spielt: »Ich hatte dann die einmalige, wunderbare Aufgabe, nachdem sich die schweren Gefängnistore hinter ihnen geschlossen hatten, die beiden begnadigten Polen persönlich zu ihren Entlassungsorten zu bringen. Ich vermag es nicht in Worte zu kleiden, was ich mit ihnen auf der Hinfahrt erlebt habe. Unterwegs machte ich mit ihnen Halt in einer Autobahnraststätte. Es fiel ihnen sehr schwer, sich in der neuen Umgebung zurechtzufinden. Auch für dieses Erlebnis schenkte mir Gott Gnade, mich taktvoll zu benehmen. 20 Jahre eingeschlossen – jetzt frei. Alles war für sie jetzt eine andere Welt.«[140]

Da Hamelmann nicht sagt, wohin die Reise ging, lediglich einen namenlosen Bewährungshelfer erwähnt, der die Entlassenen irgendwo erwartete, war es für die »Bild-Zeitung« noch

136 Hamburger Abendblatt, 16.03.1968.

137 Verfügung über eine bedingte Strafaussetzung für Oboza vom 25.09.1968, STAB, 4,89/2-776.

138 Rheinischer Merkur, 14.04.1967.

139 Zeitschrift Stern, Nr. 17, 23.04.1967.

140 W. Hamelmann, 3. Auflage 1995, S. 39.

Ende der 1990er Jahre möglich, daraus ein nie aufgeklärtes Geheimnis zu destillieren. »Der gütige Bremer«, gemeint ist Wilhelm Hamelmann, »brachte sie an einen Ort, den er bis zu seinem Tode geheim hielt.«[141]

Heute sind diese Vorgänge rekonstruierbar aus Dokumenten, die sich im Bremer Staatsarchiv befinden. Es gibt Namen, Daten und Adressen, und so sieht man: Es handelte sich in Wahrheit um schlichte, bürokratisch korrekt abgewickelte Vorgänge – und zwar um zwei. Denn Oboza wurde eindeutig mehrere Monate vor Godlewski entlassen. Schon allein deshalb kann die bewegende Geschichte von den beiden Entlassenen, die Hamelmann eines schönen Tages erst zu einer Autobahnraststätte und dann weiter in die Freiheit fährt, nicht stimmen.

Die reale Entlassung des Marjan Oboza lief so ab: Da er aufgrund der Ländervereinbarung zwischen Bremen und Hamburg zwar in Hamburg-Fuhlsbüttel einsaß, die Bremer Staatsanwaltschaft jedoch für ihn verantwortlich war, wurde er am 10. Oktober 1968 mit einem Gefangenentransport wieder der Untersuchungshaftanstalt Bremen »zugeführt«. Dort blieb er einige Tage, um dann am 15. Oktober an der Seite des hauptamtlichen Bewährungshelfers Reinhard Plitt endgültig die Gefängniswelt hinter sich zu lassen. Noch am gleichen Tag ging es weiter nach Bielefeld-Bethel. Das indes wusste Wilhelm Hamelmann. Also hatte er bei der Staatsanwaltschaft angefragt, ob er wenigstens auf dieser zweiten Etappe dabei sein dürfe. Nein, so die amtliche Antwort. Und dennoch gelangte Hamelmann nach Bethel. Mitteilung eines Leitenden Oberstaatsanwalts: »Herr Hamelmann ist am Entlassungstage ebenfalls – getrennt von Herrn Plitt und dem Begnadigten – nach Bethel gefahren, um sich über dessen zukünftigen Lebensbereich zu informieren.«[142]

Warum sollte man Hamelmanns stark abweichende Version nicht positiv werten? Könnte sie doch seinen Herzenswunsch offenbaren, die zwei, für die er sich so außergewöhnlich eingesetzt hatte, auch auf ihren ersten Schritten in eine ganz andere Welt persönlich begleiten zu können. Wäre es so, sind ihm an dieser Stelle seines Textes halt nur die christlichen Pferde durchgegangen. Und immerhin, auf seine ausgeschmückte Erzählung dürfte bestens ein Satz des Giordano Bruno passen: Wenn es nicht wahr ist, ist es doch gut erfunden.

»Wird nichts anderes übrig bleiben, als die Entlassung in die Bundesrepublik hinzunehmen«

Nach Oboza kann auch Godlewski das Zuchthaus verlassen. Der ehemalige Zwangsarbeiter soll sich in einer Arbeiterkolonie bewähren.

Nach der für ihn verfügten Strafumwandlung konnte auch Godlewski wieder hoffen. Eine Aussetzung der Reststrafe, wie sie schon Oboza gewährt worden war, darum kreisten jetzt seine Gedanken. Und diese Strafaussetzung – sie kam bald und wie erhofft. Ein Interimsbeamter der amerikanischen Botschaft (Henry Cabot Lodge war schon nach kurzer Zeit in die USA zurückgekehrt) unterzeichnete am 14. Februar 1969 eine entsprechende Verfügung. Die Auflagen entsprachen denen, die schon für Oboza formuliert worden waren: fünfjäh-

141 Bild, 16.04.1998.
142 STAB, 4,89/2-779.

rige Bewährungszeit, Bewährungshelfer sowie das Verbot, den zukünftigen Aufenthaltsort ohne Genehmigung zu verlassen.

Auch Godlewskis Entlassung aus der Strafanstalt verlief nach dem gleichen Muster. Am 27. März 1969 wurde er zunächst in die Bremer Untersuchungshaftanstalt »verschubt«, so der Behördenterminus, um dort vier Tage später seine 23 Jahre währende Zuchthauszeit endgültig zu beenden. Wobei er am 31. März keinesfalls in die völlige Freiheit verabschiedet, sondern dem Bewährungshelfer Dietrich Seefeldt übergeben wurde. Mit der Bundesbahn fuhren beide zum festgesetzten Aufenthaltsort. Eine Bahnfahrt ohne Komplikationen. Diesmal war kein Oberstaatsanwalt oder irgendjemand anderes mit der Bitte des »Störenfrieds« Hamelmann konfrontiert, den Entlassenen zum Bestimmungsort begleiten zu dürfen. Und der Bestimmungsort war: Ebenfalls eine Einrichtung der v. Bodelschwinghschen Anstalten. Warum gerade diese Anstalten?

Fragen dieser Art wurden seinerzeit kaum gestellt. Den verantwortlichen Behörden konnte das nur Recht sein. Sie hätten unter Umständen zugeben müssen, dass kaum jemand eine derart lange Zeit im Zuchthaus unversehrt übersteht. Vor allem nicht Gefangene, die vorher schon zehrende Jahre als Zwangsarbeiter durchlitten hatten. Nicht nur Michael Strockyj, den selbst Hamelmann in seinen Erinnerungen als »geisteskrank« beschreibt, auch Godlewski und Oboza waren seit Jahren körperlich wie psychisch angeschlagen, um es gelinde auszudrücken. Mal davon abgesehen, dass ein Zuchthaus alles andere als ein Ort der Resozialisierung war. Selbst wer vorher zu sozialen Beziehungen halbwegs fähig gewesen war, lief in einer Strafanstalt wie Hamburg-Fuhlsbüttel Gefahr, in die völlige Desozialisierung abzustürzen. Und nun sollten also zwei dieser Langzeitgefangenen in einer Welt zurechtkommen, die ihnen in jeder Beziehung fremd geworden war. Kein Schutt mehr auf den Straßen, dafür eine Menge Autos. Ordentlich gekleidete Menschen. Läden mit bunt verpackten Lebensmitteln. War das für die Entlassenen nicht alles zu verwirrend, würden diese Eindrücke sie nicht überwältigen? Das fragten sich viele, und so dachten auch manche, die mit dem Fall näher befasst waren und sorgenvoll dem Tag der Entlassung entgegensahen. Einer der Wenigen, die das öffentlich machten, war der Leiter des Hamburger Strafvollzugs. Bereits zwei Jahre zuvor, gleich nach Hamelmanns Besuch in Fuhlsbüttel, hatte er sich mit unüberhörbarer Skepsis geäußert: »Ob sie den Sprung aus dem Chaos von 1945 ins Jahr 1967 überwinden werden, das kann allerdings auch der beste Psychologe nicht voraussagen.«[143]

So gesehen, schien die Entscheidung für die v. Bodelschwinghschen Anstalten (heute: Bodelschwinghsche Stiftungen Bethel) nicht grundlos gewesen zu sein. Schon damals waren die Anstalten eine diakonische Großinstitution, in ganz Deutschland und darüber hinaus bekannt für ihren umfassenden sozialen Anspruch: Nicht nur Kranken und Pflegebedürftigen zu helfen, nicht nur behinderten und älteren Menschen, sondern auch den sozial gefährdeten und ausgegrenzten. Und schon damals wurde dieser Anspruch umgesetzt mit einer großen Zahl von unterschiedlichen Heimen, stationären Pflegeeinrichtungen, Krankenhäusern.

Um auf die kriegsbedingte Not adäquater reagieren zu können, verwirklichten die v. Bodelschwinghschen Anstalten in der Nachkriegszeit neue, spezialisierte Projekte, etwa die 1958 eingeweihte Beckhofsiedlung in Sennestadt-Dalbke (heute ein eingemeindeter Ortsteil Bielefelds). Eine Wohnanlage mit dörflichem Charakter für Displaced Persons unterschiedlicher Nationalitäten (oder auch »heimatlose Ausländer« im damaligen Sprachgebrauch).

143 Weser-Kurier, 10.04.1967.

Dazu zählten in erster Linie ehemalige Zwangsarbeiter und andere Opfer des Faschismus, die nicht in ihre Herkunftsländer zurückkehren konnten oder wollten. Sie galten als schwer integrierbar in die bundesrepublikanische Gesellschaft, waren in hohem Maße marginalisiert. Viele waren älter oder vorzeitig gealtert, arm und krank. Für diese Klientel war die Beckhofsiedlung aufgebaut worden, zu der neben kleineren Wohnhäusern auch Werkstätten zählten, später auch Gemeinschaftszentrum, Kirche und Minigolfanlage. Im Oktober 1968 zog Marjan Oboza dort ein.

Für Czeslaw Godlewski hingegen, der sechs Monate später das Zuchthaustor hinter sich lassen konnte, war eine andere Einrichtung der v. Bodelschwinghschen Anstalten vorgesehen. Eine Arbeiterkolonie.

Bevor wir uns mit dieser Art von Einrichtung näher befassen, sollten wir uns noch einmal vor Augen führen, wie der Entscheidungsprozess abgelaufen, wer daran beteiligt war. Mitzureden und mitzuentscheiden, wer wo untergebracht wird, hatte neben der deutschen Vertretung des Flüchtlingskommissariats der Vereinten Nationen (United Nations High Commissioner for Refugees, UNHCR) vor allem die Bremer Vollstreckungsbehörde, der Leitende Oberstaatsanwalt beim Bremer Landgericht. Und wenn man irgendwo eisern und jahrelang an dem Junktim von Entlassung und Ausweisung festgehalten hatte, dann in Bremen. So dürften die frühen Angebote von Sue Ryder und ihrer Straffälligenhilfe, die Entlassenen in der St. Christopher Siedlung in Großburgwedel aufzunehmen, wahrscheinlich lange ignoriert worden sein. Sofern sie die Verantwortlichen in Bremen überhaupt erreicht hatten. Mit Hamelmanns Gnadengesuch vom April 1967 war das schon anders. Er wollte Godlewski ja sogar in seinem Haus aufnehmen und ihm einen Arbeitsplatz in seinem Altersheim anbieten. Das war aufsehenerregend, stand in vielen Zeitungen und musste schlechterdings zur Kenntnis genommen werden. Dazu musste man sich äußern.

Doch erst relativ spät, Anfang Januar 1968, als es kaum noch zu negieren war, dass zumindest Oboza und Godlewski ohne Repatriierungszwang entlassen werden könnten, schienen sich auch einige höhere Bremer Beamten mit eben dieser Lösung einigermaßen anzufreunden. Aus einem Brief des Senatsdirektor Dr. Coenen an den Bremer Generalstaatsanwalt: »Ich teile Ihre Auffassung, dass man sich nicht auf den Standpunkt stellen kann, die Amerikaner möchten ein Land benennen, das bereit ist, die drei staatenlosen Begnadigten aufzunehmen. Wenn diese seinerzeit – wofür alles spricht – von deutschen Behörden in das Deutsche Reich verschleppt worden sind, können sie heute nicht des Landes verwiesen werden, da sie kein anderes Vaterland haben. Es wird daher nichts anderes übrig bleiben, als die Entlassung in die Bundesrepublik hinzunehmen.«[144]

Was man jedoch in Bremen keinesfalls wollte: die Unterbringung der Entlassenen in der Hansestadt oder auch nur in der Umgebung. Hatte die Bevölkerung des Blocklandes für diesen Fall nicht handfesten Widerstand angekündigt? War nicht gar die Lynchjustiz angedroht worden? So jedenfalls hatte man es doch in der Presse lesen müssen. Und noch schlimmer: Kämen die Entlassenen nach Bremen, wären möglicherweise nicht nur sie selbst gefährdet, sie wären dann auch eine Gefahr für die Bremer Bevölkerung. Potenzielle Rückfalltäter. Gefährder, wie man heute sagen würde. Da gab es für Dr. Coenen nur eines: Unterbringung in einem Heim, »in dem sie für längere Zeit unter Kontrolle stehen«.[145]

144 Senatsdirektor Dr. Coenen, Brief 08.01.1968, STAB, 4,89/2-776.
145 Ebenda.

Konsequenterweise konnte dafür kein Altersheim des Ehepaars Hamelmann in Frage kommen. Dies hatte ein Oberstaatsanwalt bereits im Juni 1967 in einem umfassenden Papier unmissverständlich zum Ausdruck gebracht. Er hatte nämlich herausbekommen, in Hamelmanns Oberneulander Altersheim lebten »sechs Damen, die 67, 73, 75, 76, 80 und 90 Jahre alt sind.« Sein Fazit: »Ich glaube, dass es für diese Heiminsassen kaum zumutbar wäre, wenn man zu ihnen ins Haus jetzt zwei langjährige Strafgefangene legte, die bei der Tötung einer großen bäuerlichen Familie mitgewirkt haben.«[146]

Um diese Ansicht zu untermauern, griff der Oberstaatsanwalt zum Telefon und erweiterte seine Recherchen höchstselbst. Eine seiner Kontaktpersonen war Anfang Januar 1968 die Sekretärin des Ortsamtes Bremen-Oberneuland. »Eine Unterbringung der drei Verurteilten im Altersheim Hamelmann in Oberneuland kommt nach Ansicht des Ortsamtes nicht in Betracht.«[147] Dies hielt er als Aussage der Sekretärin fest. Mit wohl noch größerer Befriedigung protokollierte er dann, was die »Krankenschwester« der Seniorenpension ihm zu erklären hatte. Habe sie doch geäußert »dass eine Unterbringung der drei Verurteilten in der Alterspension Oberneuland entgegen anders lautender Zeitungsmitteilungen niemals beabsichtigt gewesen sei.«[148]

Wilhelm Hamelmann wurde um einen Besuch gebeten, und er erschien auch umgehend beim Oberstaatsanwalt. Seine Einlassung ist in den Akten so wiedergeben: »Herr Hamelmann stellte nochmals klar, dass er nicht beabsichtigte, Godlewski, Oboza oder Strockyj in seinem Altersheim in Oberneuland aufzunehmen. Nach seiner Ansicht müssten die Entlassenen zunächst in einem Heim untergebracht werden, in dem sie sich langsam wieder an das Leben in Freiheit gewöhnen könnten. Eventuell könne er später einmal einen der Begnadigten aufnehmen und beschäftigen.«[149] Godlewski als Hausmeister eines Altersheimes inmitten des gutbürgerlichen Bremer Ortsteils Oberneuland – eine Vorstellung, die immer unwahrscheinlicher wurde.

Auch bei der Ablehnung der St. Christopher Siedlung in Großburgwedel bei Hannover, die sich ja schon seit Längerem angeboten hatte, dürften ähnliche Bedenken eine Rolle gespielt haben. Zu wenig Überwachung, zu wenig Kontrolle, auch die gar nicht so große Distanz zwischen Siedlung und Bremen wurde anscheinend negativ bewertet. Und die Britin Sue Ryder, die St. Christopher initiiert hatte, war damals in Deutschland noch eine unbekannte Frau.

Was im Umkehrschluss bedeuten würde: Die Einrichtungen der v. Bodelschwinghschen Anstalten wurden nicht nur favorisiert ob ihrer Betreuungskompetenz und der Möglichkeiten, die sie entwurzelten und abhängten Menschen anzubieten hatten. Wohl auch deshalb, weil zu dem v. Bodelschwinghschen Imperium immer noch Anstalten gehörten, die sich diese Bezeichnung redlich verdienten. Etwa die »Betheler Arbeiter-Kolonien«, wo die sozialen Hilfen verbunden waren mit strenger Hausordnung und harter Arbeit.

Der Aufbau von Arbeiterkolonien Mitte des 19. Jahrhunderts war eine Antwort des Bürgertums und der Kirchen auf die Verelendung des Proletariats. Die organisierte Arbeiterbewegung stand dieser Art von Sozialhilfe im Großen und Ganzen ablehnend gegenüber. Tatsächlich war es das Ziel der Kolonien, arbeits- und wohnungslose Menschen – zumeist als Vagabunden, Landstreicher oder auch Zigeuner bezeichnet – nicht nur ein Bett und tägliches

146 Verfügung des Leitenden Oberstaatsanwalts bei dem Landgericht Bremen v. 20.06.1967, unterschrieben von Oberstaatsanwalt Fricke, STAB, 4,89/2-776.

147 Der Leitende Oberstaatsanwalt bei dem Landgericht Bremen, Aktenvermerk v. 15.01.1968, STAB, 4,89/2-776.

148 Ebenda.

149 Ebenda.

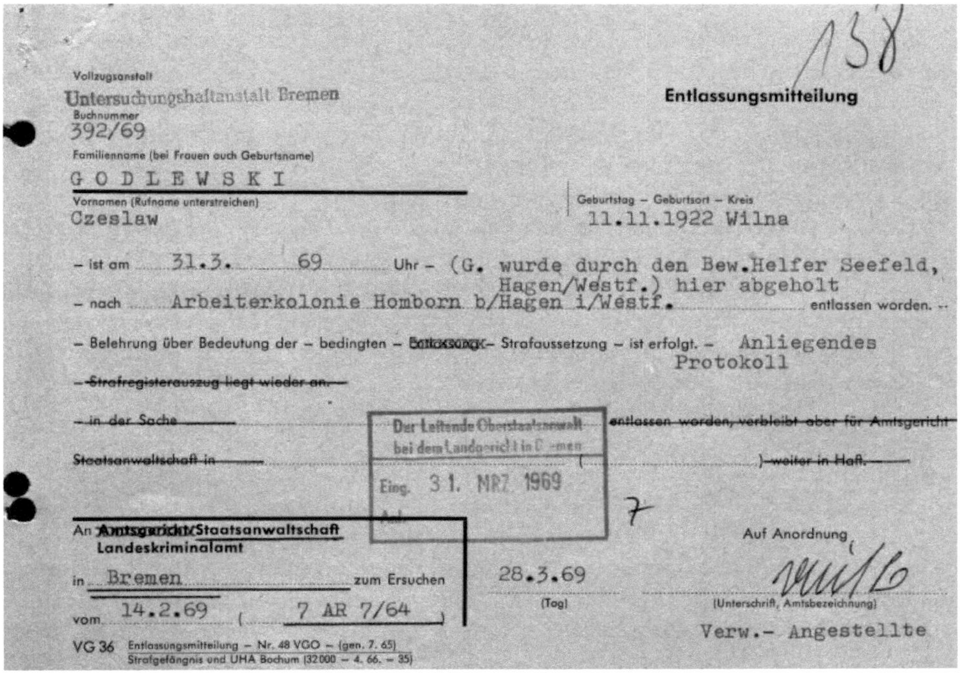

138

Vollzugsanstalt
Untersuchungshaftanstalt Bremen
Buchnummer
392/69

Entlassungsmitteilung

Familienname (bei Frauen auch Geburtsname)
G O D L E W S K I
Vornamen (Rufname unterstreichen)
Czeslaw
Geburtstag – Geburtsort – Kreis
11.11.1922 Wilna

– ist am 31.3. 69 Uhr – (G. wurde durch den Bew.Helfer Seefeld, Hagen/Westf.) hier abgeholt
– nach Arbeiterkolonie Homborn b/Hagen i/Westf. entlassen worden. –

– Belehrung über Bedeutung der – bedingten – ~~Strafaussetzung~~ – Strafaussetzung – ist erfolgt. – Anliegendes Protokoll

~~– Strafregisterauszug liegt wieder an. –~~

~~– in der Sache entlassen worden, verbleibt aber für Amtsgericht~~
~~Staatsanwaltschaft in)weiter in Haft. –~~

Der Leitende Oberstaatsanwalt bei dem Landgericht in Bremen
Eing. 31. MRZ 1969

7

An ~~Amtsgericht~~/Staatsanwaltschaft
Landeskriminalamt
in Bremen zum Ersuchen
vom 14.2.69 (7 AR 7/64)

28.3.69
(Tag)

Auf Anordnung
(Unterschrift, Amtsbezeichnung)
Verw.- Angestellte

VG 36 Entlassungsmitteilung – Nr. 48 VGO – (gen. 7. 65)
Strafgefängnis und UHA Bochum (32000 – 4. 66. – 35)

Entlassungsmitteilung der Untersuchungshaftanstalt Bremen vom 28.03.1969, für Czeslaw Godlewski, in STAB 4,89/2-777

Essen anzubieten, sondern auch zu erziehen. Wenn nötig, mit harter Hand. Arbeiterkolonien waren insofern auch die Berücksichtigung der Sichtweise und der Forderungen von Bürgern, Bauern und städtischen wie staatlichen Verwaltungen: Holt diese umherschweifenden Menschen von der Straße. Ein Autor der damaligen Zeit schürte die Ängste der Bevölkerung mit »Stimmen aus Westfalen«, die ihm berichtet hätten: »Das Vagabundentum hat seit etwa zehn Jahren nicht allein quantitativ, sondern auch qualitativ zugenommen. Ich sage, auch qualitativ, weil das Vagabundentum sich systematisch ausgebildet hat. Der heutige richtige Vagabund ist nicht mehr wie ehedem der harmlos Bummler und Müßiggänger, der arbeitsscheue Handwerksbursche, sondern der raffinierte Strolch, Wegelagerer und Spitzbube. Verfolgte Verbrecher, Schwindler, Deserteure usw. finden sich darunter.«[150]

Angesichts des Elends der Nachkriegszeit hielten es die v. Bodelschwinghschen Anstalten offenbar für notwendig, weiterhin – oder wieder – Einrichtungen zu unterhalten, die im Einklang standen mit althergebrachten Anschauungen und nach autoritären Mustern funktionierten. Eben Arbeiterkolonien, zu denen auch die in Homborn zählte. Ein umgebautes und abseitig gelegenes Gut (der damalige Standort liegt heute auf dem Gebiet der nordrhein-westfälischen Kleinstadt Breckerfeld, etwa zwölf Kilometer Luftlinie von Hagen entfernt). Diese Einrichtung firmierte seinerzeit auch als »Heimathof« für »Nichtsesshafte«.

---

150 H. Stursberg, Die Vagabundenfrage, Düsseldorf 1882, zitiert nach K. H. Höfele, Geist und Gesellschaft der Bismarckzeit, Göttingen 1967, S. 121.

Dass man ausgerechnet für Czeslaw Godlewski eine derartige Arbeiterkolonie bestimmte, lässt ahnen, wie zumindest einige der Entscheidungsträger ihn einschätzten. Als einen verstockten Menschen, von dem mehr an Renitenz zu erwarten war als von Marjan Oboza. Im Grunde hielt man ihn für einen unverbesserlichen Vagabunden alter Prägung, immer auf dem Sprung zum nächsten Verbrechen. Bestimmt war man ja in seinen Akten auf den Führungsbericht aus dem Jahre 1957 gestoßen, in dem der Anstaltsleiter von Hamburg-Fuhlsbüttel ihm unter anderem »Hinterhältigkeit und Aggressivität« bescheinigt hatte.

Czeslaw Godlewski traf in Homborn erst am 9. April 1969 ein, neun Tage nach seiner Zuchthausentlassung in Bremen. Sein Bewährungshelfer und ein Anstaltsarzt hatten durchgesetzt, dass ihm vor der Koloniezeit ein paar Tage zur Eingewöhnung – mit leichterer Arbeit und ärztlicher Betreuung –in einem dafür eher geeigneten Heim gegönnt waren. Das war der Quellenhof direkt in Bielefeld-Bethel, ein modernes, erst 1966 eröffnetes Heim (heute eine stationäre Einrichtung der Altenhilfe).

In der Arbeiterkolonie Homborn, in der 1969 ungefähr hundert Männer lebten, erwarteten Godlewski dann Gemeinschaftsschlafräume für mehrere Personen, Arbeitszwang und das Führerprinzip, verkörpert durch einen »Hausvater«. Die Hausordnung hatte er schon vorher unterschreiben müssen. Darin stand, dass »die Aufnahme aus fürsorgerischen Gründen« erfolge und den Zweck habe, »arbeits-, obdach- und mittellosen Männern, Unterkunft, Verpflegung und Beschäftigung zu gewähren«. Gleichzeitig hieß es in § 1: »Der Eintritt in die Kolonie verpflichtet zu korrekter Haltung und Ordnung. Die Insassen haben den Anordnungen des Hausvaters sowie seiner Mitarbeiter pünktlich zu folgen, jede ihnen übertragene Arbeit anzunehmen und sie nach besten Kräften auszuführen. Den Arbeitsplatz darf niemand ohne Erlaubnis verlassen.« Außerdem mussten sich die Insassen zur »Kameradschaftlichkeit« und »Sauberkeit« sowie zur Abstinenz verpflichten. »Bei guter Führung und fleißiger Arbeit« winkte den Kolonisten hingegen eine Prämie. Wobei das vom »Urteile des Hausvaters« abhängig und ein gesetzlicher Anspruch auf Auszahlung ausgeschlossen war.[151]

Nicht zuletzt diese seinerzeit gültige Hausordnung der Arbeiterkolonien zeigt unmissverständlich: Der wind of change, der mit den späten 1960er Jahren gern in Verbindung gebracht wird, war an diesen Einrichtungen der v. Bodelschwinghschen Anstalten noch vorbeigeweht.

Czeslaw Godlewski hielt es keine 24 Stunden in Homborn aus. Schon am nächsten Tag war er verschwunden. Abgehauen. Sein Bewährungshelfer hatte am 11. April zu vermelden: »Am 10.4.1969 verließ er jedoch die Arbeiterkolonie wieder, und bis heute kehrte er nicht zurück.«[152]

»Die Deutschen sind fremdenfeindlich«

Godlewski macht sich auf den Weg – und bleibt in der Isolation.

Das Erstaunliche an Godlewskis Flucht war, dass sie so gut wie sanktionslos blieb. Und dass er sich wie selbstverständlich in Deutschland bewegen und ungehindert mehr als tausend Kilometer zurücklegen konnte. Vergessen wir nicht: Die Behörden und selbst Wilhelm Hamelmann hatten für ihn und die beiden anderen Probanden nach der Entlassung einen kon-

151 »Hausordnung der Betheler Arbeiter-Kolonien«, STAB, 4,89/2-776.

152 D. Seefeldt an den Leitenden Oberstaatsanwalt an dem Landgericht Bremen, 11.04.1969, STAB, 4,89/2-776.

trollierten Übergang für unbedingt notwendig erachtet. Man wollte sie nicht völlig unvorbereitet nach draußen schicken, in das komplizierte Leben des Jahres 1969.

Und dann gab es ja auch die noch schärferen Meinungen, nach denen die frisch Entlassenen für das Leben draußen eine Belastung darstellten. Eine Gefahr für die Bevölkerung. Schließlich kann die Gnade für den Verbrecher doch Grausamkeit für die Menschen sein – ein Sprichwort aus dem arabischen Sprachraum. Der Wortlaut mag weder bei der Bremer Staatsanwaltschaft noch sonst wo bekannt gewesen sein, aber seine archaische, unversöhnliche Botschaft hätten sicherlich viele unterschrieben. Möglicherweise auch die Bauern aus dem Bremer Blockland, über die berichtet worden war, für den Fall einer Begnadigung und damit einer Entlassung würden sie sich vor solch einer »Grausamkeit« schon zu schützen wissen. Mit rabiaten Methoden der Selbstjustiz. Was im Übrigen nicht passierte, auch die angekündigte Protestdemonstration fand nicht statt.

Der angeblich so gefährdete und so gefährliche Czeslaw Godlewski verabschiedete sich innerhalb kürzester Zeit von der »korrekten Haltung und Ordnung« der Arbeiterkolonie, die für ihn nichts anderes als ein »Lager« war. Er verstieß damit gegen die Bewährungsauflagen – und nichts passierte? Wurde nach dem Entflohenen überhaupt polizeilich gefahndet? Davon ist nichts bekannt. Erklärungen allerdings, die gab es schon.

So meldete sich alsbald die Fürsorgeabteilung der v. Bodelschwinghschen Anstalten zu Wort. Ihre Mitarbeiter hatten Godlewski während seines kurzen Aufenthaltes im Betheler Quellenhof betreut. Ja, schon da habe er die Absicht geäußert, nach Berlin zu fahren, um dort persönlich seine Rückkehr nach Polen zu erwirken. Vor allem aber habe man in diesen zehn Tagen festgestellt, »dass Herr Godlewski ein unzufriedener, anspruchsvoller, schwieriger Mensch ist, der einer geordneten Arbeit gerne aus dem Weg geht«. Er habe das Gemeinschaftsleben abgelehnt und »seine Kameraden als Unmenschen« bezeichnet. Offensichtlich betrachtete die Fürsorgeabteilung Godlewski als einen besonderen Problemfall, der sie herausforderte, womöglich sogar überforderte. So habe er auf ein Einzelzimmer bestanden – was ihm im Quellenhof noch ermöglicht werden konnte –, und dazu ständig über diverse Krankheitsbeschwerden geklagt. »Außerdem hatte er ständig das Bedürfnis, mit irgendwelchen Persönlichkeiten oder Behörden Kontakt aufzunehmen.«[153]

Sind solche Kontakte zustande gekommen, war Godlewski tatsächlich in Berlin? Nicht nur das. Zuvor reiste er nach Bonn, und nach dem Berlinaufenthalt ging es weiter nach Bremen. So ist es unter anderem festgehalten in einer Aussage, die er bei der Bremer Staatsanwaltschaft machte. Demnach gelang es dem angeblich Desorientierten, dem so mancher noch nicht einmal eine Fahrt mit der Straßenbahn zugetraut hätte, vom abseitigen Gut Homborn aus problemlos die halbe Bundesrepublik zu durchqueren (und auch die DDR-Kontrollen hielten ihn nicht auf). Er war mit Bus und Bahn unterwegs, stieg mehrmals um und bezahlte die Fahrkarten mit dem Rest seines Entlassungsgeldes, das rund 440 D-Mark betragen hatte. Innerhalb Berlins wechselte er von West nach Ost und wieder zurück, und das alles mit einem Fremdenpass in der Tasche, der ihn als staatenlos auswies.

Vorm Bremer Staatsanwalt offenbarte er zunächst, was ihn aus der Kolonie getrieben hatte. Da es eine protokollierte Aussage war, ist Godlewskis Sprache in förmliches Beamtendeutsch übersetzt worden: »Der Empfang dort war für mich sehr niederschlagend. Man erklärte mir dort sofort, dass sie nicht verpflichtet seien, mich überhaupt aufzunehmen. Ich habe dann festgestellt, dass die Verhältnisse in diesem Lager schlechter sind, als ich es in den

153 Fürsorgeabteilung der v. Bodelschwinghschen Anstalten, 11.04.1969, STAB 4,89/2-776.

Gefangenenanstalten in Bremen und in Hamburg gehabt habe. Niemand kann mir zumuten, unter diesen Verhältnissen meine Bewährungszeit durchzustehen.« In Bonn und Berlin sei er damit beschäftigt gewesen, seine »Repatriierung nach Polen zu erreichen«. Er sprach vor in der sowjetischen Botschaft in Bonn, in Berlin dann besuchte er zuerst die polnische Militärmission in West-Berlin, die Villa im Ortsteil Grunewald. Er versuchte es anschließend in den Botschaften Polens und der Sowjetunion in Berlin-Ost, beide Unter den Linden. Überall wurde er ab- oder verwiesen. »Die Polen haben mir erklärt, dass ich wahrscheinlich nur als Spion in meine Heimat zurückkehren wolle, um dort für die Westmächte zu arbeiten. Ich habe vergeblich versucht, ihnen klarzumachen, dass ich unpolitisch bin und nur in meine Heimat zurückkehren möchte.«[154]

Was dann geschah, klingt noch unwahrscheinlicher, vor allem im Duktus eines Behördenprotokolls: Nach seinen Misserfolgen habe er »Fühlung aufgenommen mit Reportern der Zeitungen ›Bild am Sonntag‹ und ›BZ‹«. Und: »Sie haben mich von Berlin nach Bremen begleitet. Mit ihnen bin ich bei dem Apotheker Hamelmann gewesen. Er hat für mich bisher den Aufenthalt in Bremen bezahlt.«[155] So viel ist sicher: Czeslaw Godlewski war noch einmal nach Bremen zurückgekehrt – das staatsanwaltliche Protokoll, verfasst am 21. April 1969, lügt nicht. Und er wurde tatsächlich für kurze Zeit von Wilhelm Hamelmann betreut. Wie vorher angekündigt, brachte der ihn aber nicht in seinem Haus in Bremen-Oberneuland unter. Godlewski wurde in der zwei Jahre zuvor eröffneten Senioreneinrichtung in Wildeshausen-Aumühle einquartiert, 40 Kilometer von Bremen entfernt. Dort soll Godlewski auch mit Gartenarbeiten beschäftigt gewesen sein (so erzählte es ein Familienmitglied dem Autor).

Die Vermutung liegt nahe, Wilhelm Hamelmann ist durch den Besuch Godlewskis in seiner schon bekannten Meinungsänderung bestärkt worden: Diesen Mann in seinem Umfeld dauerhaft zu beschäftigen, ihm ab sofort eine feste Unterkunft im eigenen Hause anzubieten – das wäre für ihn, Hamelmann, dann doch eine Grenzüberschreitung gewesen. Außerdem hätten dazu die Bewährungsbedingungen geändert werden müssen – höchstwahrscheinlich ein Ding der Unmöglichkeit. Es ist also anzunehmen, dass Wilhelm Hamelmann seinem Gast innerhalb weniger Tage verdeutlichte, das Beste sei es, das Büro des Leitenden Oberstaatsanwalts in Bremen aufzusuchen. Godlewski zeigte sich einsichtig.

Und so wurde ihm offiziell nicht vorgeworfen, gegen seine Bewährungsauflagen verstoßen zu haben. Er wurde nicht festgenommen, die Bewährung nicht widerrufen. Man händigte ihm einen Freifahrtschein aus, und unverzüglich kehrte er nach Hagen zurück. Am dortigen Bahnhof nahm ihn sein Bewährungshelfer wieder in Empfang.

Dieser Bewährungshelfer, Dietrich Seefeldt, sorgte auch für eine neue Unterkunft. Ob im Vorgriff oder bereits mit dem Einverständnis aller anderen Beteiligten: Godlewski wurde der Neustart in der Arbeiterkolonie Homborn erspart, stattdessen erhielt er einen Schlafplatz im Hagener Heim des CVJM, Christlicher Verein Junger Männer (heute »Junger Menschen«). Für die erste Zeit teilte sich der Rückkehrer das Zimmer mit drei türkischen Gastarbeitern. Sein Betreuer Seefeldt war gleichzeitig um einen neuen Arbeitsplatz bemüht und konnte ihn bereits Ende April zu der ortsansässigen Firma Ruberg und Renner vermitteln, wo Antriebsketten hergestellt wurden. Als ungelernter Arbeiter verdiente Godlewski anfangs 600 D-Mark netto.

---

154 Protokoll, 21.04.1969, STAB, 4,89/2-776.
155 Protokoll, 21.04.1969, STAB, 4,89/2-776.

Wenn die Berichte, die Seefeldt über die Entwicklung seines Probanden schreiben musste, der Wahrheit entsprechen – und nichts spricht dagegen –, setzte jetzt ein allmählicher Änderungsprozess ein. Wenigstens versuchte Godlewski, die Bedingungen seiner Bewährung zu akzeptieren und die Möglichkeiten eines Lebens außerhalb des Zuchthauses zu erkennen. Aus einem Schreiben Seefeldts Anfang Juni 1969 an das Bundesjustizministerium: »Herr Godlewski sucht mich ein- bis zweimal mal in der Woche auf und bespricht alle Sorgen mit mir. So konnte ich ihn schon in mancherlei Hinsicht beraten. Insgesamt hat er sich nun etwas beruhigt und findet sich einigermaßen im freien Leben zurecht.« Seefeldt wies aber auch auf die »inneren Schwierigkeiten« hin, mit denen Godlewski weiterhin zu kämpfen hatte, auf seine Kontaktlosigkeit, seine Einsamkeit.[156]

Neben gesundheitlichen Problemen beklagte sich Godlewski in diesen Gesprächen immer wieder darüber, wie schwierig es für ihn sei, andere Menschen näher kennenzulernen. In einem Bericht aus dem Jahr 1970 ist er dazu ausführlich zitiert: »Die Deutschen sind fremdenfeindlich. Alle meine Versuche, Anschluss oder eine Frau zu finden, schlugen fehl. Immer wieder begegne ich Leuten, die durch die Presse von meiner Verurteilung wissen und das dann überall herumerzählen. Wenn ich mal Bekannte gefunden habe, brechen diese alle Beziehungen ab … Ich lebe wie in einem modernen Gefängnis.«[157]

Ein osteuropäisch klingender Namen und dazu Andeutungen, die Person habe wegen eines Überfalls auf einen deutschen Bauernhof im Zuchthaus gesessen – das konnte ohne Weiteres zur Stigmatisierung führen. Das zeigt auch ein Vorfall aus der zweiten Hälfte der 1950er Jahre, die der ehemalige Bremer Unternehmer Dirk Heinrichs dem Autor erzählte. Heinrichs war zu der Zeit Mitinhaber einer Firma der Bremer Hafenwirtschaft, als er aufgefordert wurde, einen seiner Arbeiter zu entlassen. Ein ehemaliger Zwangsarbeiter, vorbestraft, und es verbreitete sich das Gerücht, er sei seinerzeit in die Blocklandmorde verwickelt gewesen. Ein offensichtlich falscher Verdacht. Aber der Betriebsratsvorsitzende des Hafenbetriebs-Vereins, einer wichtigen Institution, kündigte an, Heinrichs Firma zu bestreiken. Sogar der Bremer Senator für Häfen, Schifffahrt und Verkehr, intervenierte, forderte ebenfalls die Entlassung. Der Arbeiter selbst erhielt Morddrohungen. Sein Chef, Dirk Heinrichs, widersetzte sich und ordnete an, dass der Mann für längere Zeit während der Arbeitszeit und auf dem Arbeitsweg von Kollegen beschützt und bewacht wurde.

Dermaßen lebensbedrohlich waren die Anfeindungen, denen Godlewski in Hagen ausgesetzt war, wahrscheinlich nicht. Seefeldt war zudem der Ansicht, dass die Isolation nicht nur aus den »Gegebenheiten« resultiere, sondern auch aus »der schwierigen Veranlagung des Probanden«. Es handele sich »hier um eine besonders problematische Bewährungsaufsicht«.[158] Der Bewährungshelfer konnte damit professionell umgehen. Sein Eingehen auf Godlewski, sein Kümmern trug erheblich dazu bei, dass sich der Betreute ein wenig mehr öffnete und sich psychisch stabilisierte. Es sind die Gespräche, die Dietrich Seefeldt mit ihm führte, die das Vorleben Godlewskis etwas aufgehellt haben. Dass er regelrecht in seiner polnischen Heimat entführt worden war, dass er nicht nur in Bremen, auch in Frankfurt Zwangsarbeit leisten musste, das alles war vorher nie ausführlich erfragt worden. Nur wenig davon war registriert in Akten und auf Karteikarten, hauptsächlich das, was für seine Verwendung als Arbeitskraft für wichtig erachtet wurde, wie eben seine (fälschliche) Berufsbezeichnung »Schuhmacher«.

---

156 D. Seefeldt an das Bundesjustizministerium, 02.06.1969, STAB 4,89/2-777.
157 D. Seefeldt an das Bundesjustizministerium, 30.09.1970, STAB 4,89/2-777.
158 D. Seefeldt, Berichte aus den Jahren 1969 und 1973, STAB 4,89/2-777.

Aber auch die »Gegebenheiten«, Godlewskis Wohn- und Arbeitsverhältnisse, veränderten sich in seiner Bewährungszeit. Wenn auch nie zu seiner vollen Zufriedenheit. So wurde ihm im CVJM-Heim gekündigt, er musste ausziehen und war eine Zeitlang wohnungslos. Dann aber erhielt er ein möbliertes Zimmer in Hagen. Noch 1969 konnte er die Arbeitsstelle wechseln, wurde vom Rhenania Plastikwerk in Gevelsberg eingestellt. So stieg sein Nettomonatslohn im Laufe der nächsten Jahre auf circa 850 Mark. Gevelsberg ist eine Kleinstadt, 15 Kilometer von Hagen entfernt. Insofern war es für ihn günstig, dass ihm der Arbeitgeber auch gleich eine Unterkunft vor Ort besorgte und Godlewski sich den längeren Arbeitsweg ersparen konnte. Allerdings: Es handelte sich lediglich um »einen Raum im Erdgeschoss eines alten Gebäudes«, der zudem »einen lagerähnlichen Charakter« hatte.[159]

Anfang 1974: Die fünfjährige Bewährungsprobe Godlewskis neigte sich dem Ende zu. Sein Bewährungshelfer verfasste seinen Abschlussbericht. Darin schildert er seinen Probanden als immer noch einsamen Menschen, der »angeblich keinerlei Freunde oder Bekannte und auch keine Freundin« habe. Mit dem Alkohol gäbe es keine Probleme, im Arbeitsleben habe er »Beständigkeit bewiesen«. Godlewski habe gezeigt, dass er gewillt ist, »ein geordnetes Leben zu verwirklichen«. Seefeldt kommt zu dem Schluss: »Vieles spricht dafür, dass er künftig keine Straftaten mehr begehen wird. Czeslaw erkennt klar, dass man die Rechte anderer Menschen respektieren muss.«[160]

Wie könnte es anders sein: Auch Godlewski selbst wandte sich noch einmal an die Bremer Staatsanwaltschaft. Das war Ende Oktober 1974, als ihm schon seit einiger Zeit ein überaus wichtiges Dokument vorlag: Mit Datum vom 30. April 1974 hatte ihm der amerikanische Botschafter Martin J. Hillenbrand den Rest seiner Strafe erlassen. In Kraft getreten war die Verfügung bereits am 30. März – seitdem war Czeslaw Godlewski formaljuristisch ein freier Mann. Aber weiterhin ein Staatenloser mit Fremdenpass und dazu einer, der sich als Outsider fühlte und das wohl auch war. Und genau dies teilte er der Staatsanwaltschaft mit. Er beschwerte sich über die Ausgrenzung, mit der er nach wie vor zu kämpfen hätte, über Beleidigungen und Beschimpfungen wie »Schwein, Polak, Verbrecher«. Er müsse in einer »schmutzigen Unterkunft« zusammen mit Ratten hausen. Und seltsamerweise stellte er auch seinem ehemaligen Bewährungshelfer kein gutes Zeugnis aus. Mit Seefeldt habe er »von Anfang an nur soweit wie möglich gesprochen«.[161]

1979 zog er noch einmal um. Es sollte seine letzte Unterkunft werden, wohl auch nicht sehr viel größer und wohnlicher als die vorige. Sie befand sich im selben Gewerbegebiet von Gevelsberg, nur ein paar Häuser weiter.

Es ist schwer vorstellbar, dass Czeslaw Godlewski jemals zu einem glücklichen Menschen geworden ist. Er verstarb am 14. März 1997, mit 74 Jahren.

---

159 D. Seefeldt, 18.12.1974, STAB 4,89/2-777.

160 D. Seefeldt, Abschlussbericht v. 28.02.74 an die Staatsanwaltschaft Bremen, STAB 4,89/2-777.

161 C. Godlewski an die Staatsanwaltschaft Bremen, 28.10.1974, STAB 4,89/2-777.

172

EMBASSY OF THE
UNITED STATES OF AMERICA

53 Bonn-Bad Godesberg

April 30, 1974

Order of

Remission of the Remainder of a Sentence

In the exercise of the right held by the United States of America under paragraph 7 of Article 7 of Chapter One of the Convention on the Settlement of Matters Arising out of the War and the Occupation, as amended by Schedule IV to the Paris Protocol of October 23, 1954, and after consideration of the recommendation of the Mixed Clemency Advisory Board,

It is hereby ordered: In connection with the Order of Commutation of Sentence of September 25, 1968 and the Order of Conditional Release on Parole of February 14, 1969, the remainder of the sentence imposed on Czeslaw GODLEWSKI (born November 11, 1922) by a United States General Military Government Court at Bremen on February 27, 1946, is hereby remitted with effective date of March 30, 1974.

Verfuegung ueber den Erlass einer Reststrafe

In Ausuebung des Rechtes der Vereinigten Staaten von Amerika nach Artikel 7 Absatz (7) des Ersten Teiles des Vertrages zur Regelung aus Krieg und Besatzung entstandener Fragen, in der gemaess Liste IV des Pariser Protokolles vom 23. Oktober 1954 geaenderten Fassung, und nach Pruefung der Empfehlung des Gemischten Beratenden Gnadenausschusses

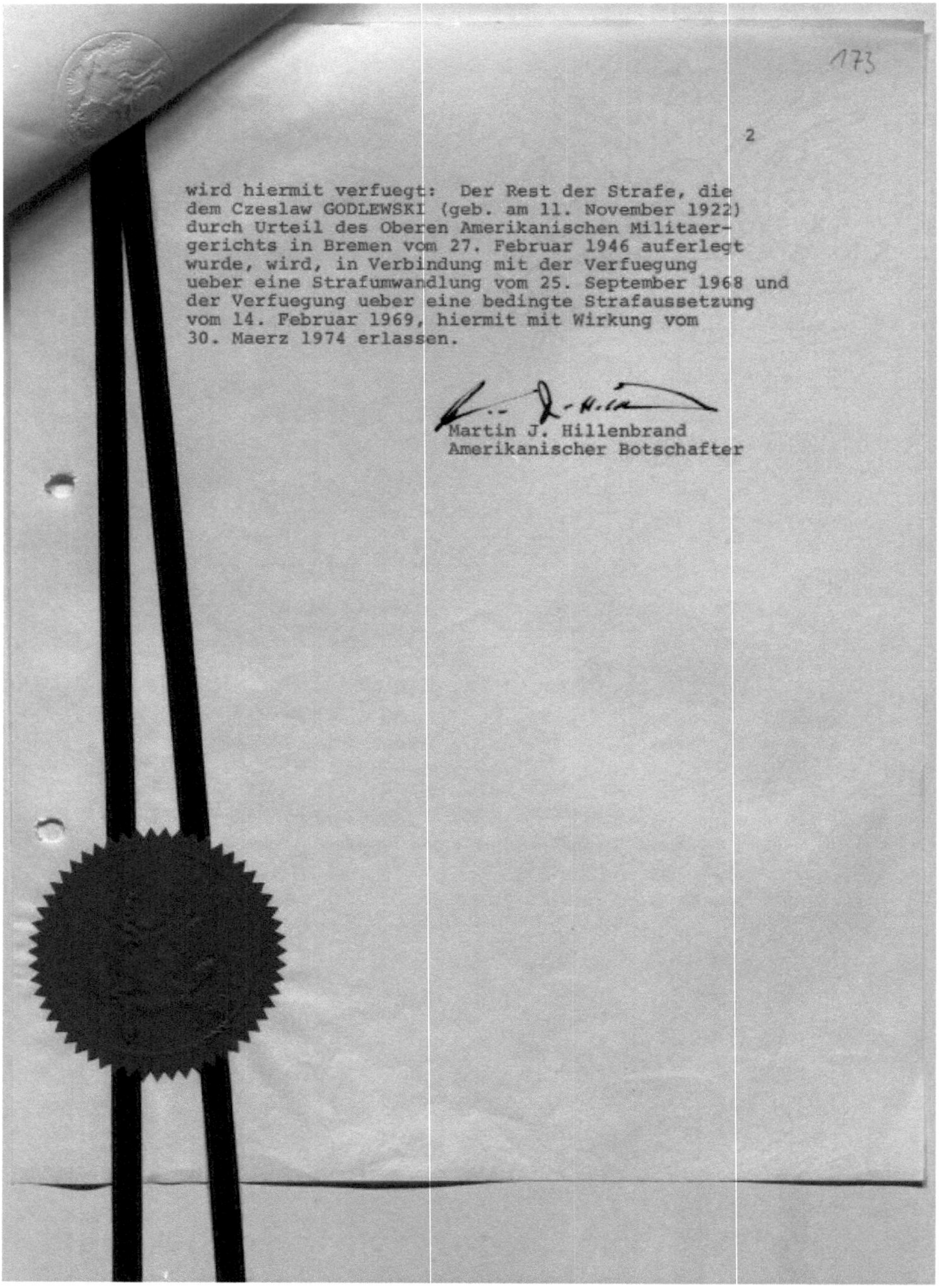

173

2

wird hiermit verfuegt: Der Rest der Strafe, die dem Czeslaw GODLEWSKI (geb. am 11. November 1922) durch Urteil des Oberen Amerikanischen Militaergerichts in Bremen vom 27. Februar 1946 auferlegt wurde, wird, in Verbindung mit der Verfuegung ueber eine Strafumwandlung vom 25. September 1968 und der Verfuegung ueber eine bedingte Strafaussetzung vom 14. Februar 1969, hiermit mit Wirkung vom 30. Maerz 1974 erlassen.

Martin J. Hillenbrand
Amerikanischer Botschafter

Verfügung für Godlewski über den Erlass seiner Reststrafe, 30.04.1974, STAB 4,89/2-777

182

Staatsanwaltschaft Bremen
Eing 28. OKT. 1974
Anl.

Gevelsberg 28.10.74

Staatsanwaltschaft Bremen
Geschäfts Nr. 7AR 7/64 VH

Sehr geehrte Herr Staatsanwalt!
Ich bedanke mich für Ihren Antwort, so meinen Sie di ~~dammit~~ damit zusammenhängenden Fragen erledig. Meinen Sie, das der zuständige Botschaft sagt ja, leider, mein eigenes Land hat mir erklärt, ich will zurück deshalb weil ich für die Bundesrepublik spionieren will weiter heiss es, für Heimat haben Sie nicht gearbeit. und Verbrecher wolen wir nicht.
Wissen Sie überhaupt unterwelchem bedingung und wie ich ausgesetzt bin nicht nur von Firmeleitung sondern von Ausländer auch werde angegrifen und mit Schwein bezeichnet. Sie wissen wie weit zwischen die beider Länder noch bestehe, also ich bin auf grund Verurteilung und die polnische Staatsangehörigkeit Schwein polak Verbrecher.
Ich habe mit Herrn Sefeld von anfang an nur soweit wie möglich gesprochen. und hier ist seine erklärung. Sie mussen aber

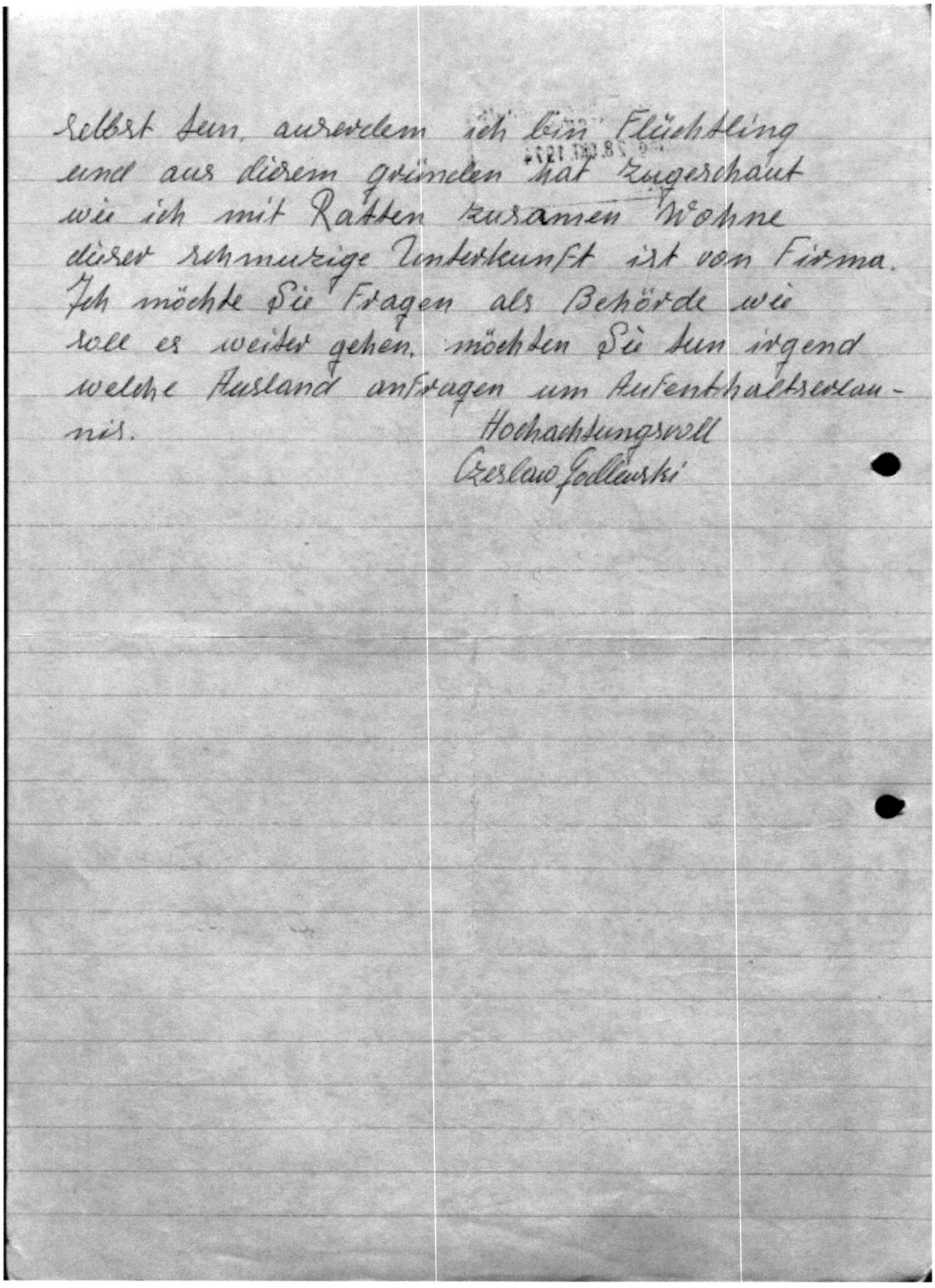

selbst tun, außerdem ich bin Flüchtling
und aus diesem gründen hat zugeschaut
wie ich mit Ratten zusammen Wohne
dieser schmutzige Unterkunft ist von Firma.
Ich möchte Sie Fragen als Behörde wie
soll es weiter gehen. möchten Sie tun irgend
welche Ausland anfragen um Aufenthaltserlaubnis.

Hochachtungsvoll
Czeslaw Godlewski

Godlewskis Brief an die Staatsanwaltschaft Bremen, 28.10.1974, STAB 4,89/2-777]

»Mit Herrn Strockyj ist es nach wie vor nicht einfach«

Ein Entlassener lebt so unauffällig wie möglich und ist doch integriert. Ein anderer gilt als sozialer Pflegefall.

Was aber geschah mit den beiden anderen ehemaligen »Bandenmitgliedern« (wie sie damals nicht nur von den Medien genannt wurden)? Wie verlief das weitere Leben von Marjan Oboza und Michael Strockyj?

Oboza war ja ein knappes halbes Jahr vor Godlewski aus dem Zuchthaus entlassen worden. Ein paar Tage zuvor hatte der Weser-Kurier noch geraunt: »Wo er leben wird, soll geheim gehalten werden. Jedenfalls wird es nicht in Bremen sein.«[162] Wie schon berichtet, kam er im Oktober 1968 in ein Wohnheim der Beckhofsiedlung in Sennestadt-Dalbke. Die war zu dieser Zeit eine noch relativ neue Einrichtung der v. Bodelschwinghschen Anstalten. Aufgrund von Konzeption, Bauweise und Betreuungsmöglichkeiten konnte sie – anders als die Arbeiterkolonie Homborn – als fortschrittlich gelten. In der Beckhofsiedlung lebte Oboza unbehelligt nahezu zwei Jahren, arbeitete von Anfang an in der angegliederten Werkstatt.

Schon in seinem ersten Bericht konnte Bewährungshelfer Reinhard Plitt mitteilen, die Betriebsleitung habe ein positives Bild von ihm, sie halte ihn für »besonders geschickt, arbeitswillig und anstellig«. Und auch der Leiter seines Wohnheimes habe ihn als »bescheiden, zurückhaltend, hilfsbereit und einordnungswillig« bezeichnet. Man merkt den Formulierungen an: Der Bewährungshelfer war schon nach kurzer Zeit und im Großen und Ganzen mit seinem Probanden zufrieden. Er übersah aber auch nicht, »dass es sich bei ihm um einen sensiblen, unsicheren und zur Zeit noch kontaktgestörten Menschen«[163] handle, der von der langen Haftzeit gezeichnet sei. Formulierungen, die immer wieder in Plitts Berichten auftauchen. Doch vornehmlich lassen sie erkennen, dass Oboza fähig war, ein neues Leben zu beginnen. Er probierte die Selbstständigkeit im vorgegebenen Rahmen aus – und wurde dabei in Ruhe gelassen und auch gefördert.

Im Juli 1970 konnte er die Beckhofsiedlung verlassen. Er zog nach Borgholzhausen, in eine gut zwanzig Kilometer von Bielefeld entfernte Kleinstadt. Ein möbliertes Zimmer (laut Bewährungshelfer »mit Familienanschluss«) wurde sein neues Zuhause. Im Ort fand er auch eine Arbeitsstelle bei dem damals schon prosperierenden Unternehmen Heinz Schürmann & Co. (Schüco) und wurde dort bald zu einem stellvertretenden Vorarbeiter ernannt. Auch als sein Produktionsbereich nach Bielefeld umsiedelte, blieb er in Borgholzhausen wohnen und pendelte.

Obozas fünfjährige Bewährungszeit endete ordnungsgemäß und ohne negative Zwischenfälle am 15. Oktober 1973. Die rückwirkende Verfügung über den Erlass einer Reststrafe unterschrieb der US-Botschafter Martin J. Hillenbrand aber erst am 7. Februar 1974. Im Abschlussbericht vom 26. November 1973 bescheinigte Bewährungshelfer Plitt seinem Probanden eine quasi wunschgemäße Entwicklung. Nach seinem Aufenthalt in der Beckhofsiedlung habe Oboza »in fast völliger Eigenständigkeit und Freiheit nahtlos den Anschluss an das Leben in der ländlichen Umgebung gefunden, ... und er wird von den Menschen, die mit ihm zusammenleben, geachtet und gern gesehen«. Doch trotz der betrieblichen Anerkennung seiner Arbeitsleistungen und der Wertschätzung seiner Nachbarn lebte

---

162 Weser-Kurier, 09.10.1968.
163 R. Plitt, 16.04.1969, STAB, 4,89/2-779.

er nach wie vor allein. Noch immer sei er auf Rückzug bedacht. Er verkrieche sich in sein Zimmer, wolle in Ruhe gelassen werden und lege »peinlich Wert darauf, mit niemanden Differenzen zu bekommen«.[164]

Bis zu seinem Lebensende galt Marjan Oboza als fleißiger Mensch, aber doch auch als ein verschlossener Einzelgänger. Immerhin, der Mann, dessen Vorgeschichte mehr oder weniger bekannt war, profitierte von seiner Integration in überschaubare und ihm Sicherheit gebende Verhältnisse. Wahrscheinlich auch aus finanziellen Gründen hat er Borgholzhausen nicht mehr verlassen, gab sein möbliertes Zimmer nicht mehr auf. Ein einsamer Mensch. Und so starb er wohl auch einsam, kurz vor seinem 56. Geburtstag, am 5. November 1980.

Michael Strockyj: Ein anderer Charakter, ein vollkommen anderes Leben nach der Strafanstalt. Ob er seine Zelle überhaupt noch einmal verlassen könnte, war lange Zeit erheblich unsicherer gewesen als bei Godlewski und Oboza. Ob bei der Bremer Staatsanwaltschaft oder im Zuchthaus Hamburg-Fuhlsbüttel – überall hatte er den Ruf, psychisch wie sozial völlig degeneriert zu sein. Da gab es zum Beispiel den Begriff »geisteskrank«, mit dem ihn Wilhelm Hamelmann beschrieb. Und auch die Britin Sue Ryder, die sich um vergessene Häftlinge kümmerte und im Gegensatz zu Hamelmann die Gelegenheit hatte, mit Strockyj zu sprechen, sah es nicht anders: Bedingt durch die lange Haft befände sich Strockyj in »geistiger Umnachtung«, was er benötige, sei »psychiatrische Behandlung«.[165] Ja, wahrscheinlich, meinte unter anderem der Gemischte Beratende Gnadenausschuss. Aber das müsse ordnungsgemäß erst einmal ein fachliches Gutachten bestätigen. Da Strockyj eine Untersuchung seines Geisteszustandes verweigerte, wurde sie nie durchgeführt. So wenigsten ist es mehrmals in den Akten zu lesen.

Der Eindruck drängt sich auf, dass die Verantwortlichen zu lange der offensichtlichen Haftunfähigkeit Strockyjs gleichgültig oder ratlos gegenüberstanden. Man fragte noch ein paar Mal bei sowjetischen Stellen an, ob die UdSSR ihn nicht doch noch aufnehmen könnte, was aber erwartungsgemäß abgelehnt wurde. Schließlich rang sich der Gnadenausschuss zu der Empfehlung durch, auch Strockyj ohne Repatriierungsauflage zu begnadigen. Und so reduzierte US-Botschafter Hillenbrand am 10. Juli 1973 die lebenslängliche Haftstrafe auf 30 Jahre. Die dreijährige Bewährungszeit begann am 1. Oktober 1973. Das war der Tag, an sich auch Michael Strockyj, der von den Blockland-Verurteilten am längsten einsaß, von der Gefängniswelt endgültig verabschieden konnte.

Als sein neues Lebensumfeld hatte der Hohe Flüchtlingskommissar der Vereinten Nationen die Beckhofsiedlung in Sennestadt-Dalbke vorgeschlagen. Was für Marjan Oboza die richtige Lösung gewesen war, könnte das nicht auch für Michael Strockyj förderlich sein? Doch am Tag der Entlassung – die wie üblich in Bremen erfolgte – holte ihn nicht Reinhard Plitt ab, der auch sein Bewährungshelfer geworden war. Stattdessen nahm ihn Martin Braune, der Hausvater des Quellenhofs, in Empfang, begleitete ihn nach Bielefeld-Bethel. Warum das? »Der Proband konnte nicht, wie ursprünglich vorgesehen, in der Beckhofsiedlung untergebracht werden, da er aufgrund der während der langen Haftzeit erlittenen psychischen Schäden einer besonderen Behandlung bedarf, die ihm im Quellenhof gewährt werden kann.«[166] So erklärte es der Leitende Oberstaatsanwalt in Bremen schriftlich. Psychische Schäden – die standen nun fest. Auch ohne fachliche Untersuchung.

164 R. Plitt, 26.11.1973, STAB, 4,89/2-779.
165 S. Ryder, Briefe vom 04.05.1967 und 11.02.1968.
166 Leitender Oberstaatsanwalt in Bremen, 11.10.1973, STAB, 4,89/2-780.

Der Quellenhof in Bethel, den auch Czeslaw Godlewski vier Jahre zuvor für ein paar Tage kennengelernt hatte, firmierte 1973 bereits als eine »Sozialtherapeutische Einrichtung mit Wohn- und Altenheim«. Und Martin Braune war ein Leiter, der dafür sorgte, dass seine Einrichtung diesem Anspruch auch gerecht wurde. Er zählte zu denen, die angesichts all der Schwierigkeiten, die es mit Strockyj geben sollte, offensichtlich nie die Geduld verloren. Um welche Probleme es sich handelte, umriss Reinhard Plitt bereits nach ein paar Monaten Betreuung so: »Im Quellenhof zeigt der Proband ein Verhalten, dass, wenn die Sozialarbeiter, die dort tätig sind, nicht auf besonders schwierige und einordnungsunfähige Menschen eingestellt wären, er schon das Heim hätte verlassen müssen.« In diesem Bericht an die Bremer Staatsanwaltschaft vermeldete Plitt »infantile Regressionen« und »Arbeits- und Essensverweigerung«.[167] »Mit Herrn Strockyj ist es nach wie vor nicht einfach«,[168] so Hausvater Braune kurz und vielsagend an die gleiche Adresse.

Doch etwa ein Jahr nach seinem Einzug in den Quellenhof unterschrieb Strockyj eine schriftlichen Erklärung: Nein, in die Heimat will ich nicht mehr, eine Rückführung lehne ich endgültig ab. Auch wenn das Statement von anderen formuliert worden war, so war es jetzt amtlich: Michael Strockyj akzeptierte die weitere Betreuung in einer Einrichtung der v. Bodelschwinghschen Anstalten. Und somit waren noch während seiner Bewährungszeit die ohnehin sinnlosen Bemühungen um Übersiedlung in die Sowjetunion ein für alle Mal einzustellen. Am 1. Oktober 1976 endete seine Bewährungszeit, dies bestätigte ihm im März 1977 Hillenbrands Nachfolger, der amerikanische Botschafter Walter J. Stoessel.

Dass der mittlerweile 57-jährige Strockyj auch anschließend im Quellenhof am besten aufgehoben sei, hatte sein Bewährungshelfer schon im letzten seiner archivierten Berichte verdeutlicht. Für das Arbeitsamt sei er weiterhin nicht vermittelbar, immerhin trete er in seiner Betreuungseinrichtung »immer weniger störend in Erscheinung«. Aber schließlich habe er ja auch die meiste Zeit »unter einem ›Sonderrecht‹ gelebt, anders hätte man ihn dort nicht behalten können.« Plitts Kernaussage: »Nach Aussagen der Heimleitung des Quellenhofes wird Strockyj weiterhin auf den Schutz und die Hilfe einer ihn betreuenden Einrichtung angewiesen bleiben, da die haftbedingten Schäden oder die vielleicht auch schon in seiner Persönlichkeitsstruktur vorhandenen Absonderlichkeiten nicht mehr zu reparieren sein werden.«[169]

Und tatsächlich, Michael Strockyj blieb, trotz gewisser Anpassungsfortschritte, bis zu seinem Tode ein Betreuungsfall. Er starb als Bewohner des Quellenhofs am 11. September 1999 im 81. Lebensjahr.

---

167 R. Plitt, 11.02.1974, STAB, 4,89/2-780.
168 M. Braune, 15.08.1974, STAB, 4,89/2-780.
169 R. Plitt, Brief an die Staatsanwaltschaft Bremen, 01.09.1976, STAB, 4,89/2-780.

110

DER HOHE FLÜCHTLINGSKOMMISSAR
DER VEREINTEN NATIONEN

Amt des Vertreters in der Bundesrepublik Deutschland

UNITED NATIONS
HIGH COMMISSIONER FOR REFUGEES

Branch Office for the Federal Republic of Germany

Telegrams: HICOMREF, BAD GODESBERG
Telephone (02229) 84 011

5300 BONN-BAD-GODESBERG 1
Rheinallee 18

Our Ref.: IC/Strockyj

Your Ref.:

27. August 1973

An die
Staatsanwaltschaft
z.Hd. Herrn Schilberg

28 B r e m e n
Postfach

Eilboten!

Betr.: S t r o c k y j , Wasyl, z.Zt. in Strafhaft in Hamburg-Fuhlsbüttel
Aktenzeichen: 7 AR 9/64 - VH III

Sehr geehrter Herr Schilberg,

Wir nehmen Bezug auf die zwischen Ihnen und dem Eingliederungsberater der Arbeiterwohlfahrt Bremen, Herrn Dachan, am 23. August 1973 geführte telephonische Unterredung, den Strafgefangenen Wasyl Strockyj betreffend, der am 27. Februar 1946 vom Oberen Amerikanischen Militärgericht zu lebenslänglichem Freiheitsentzug verurteilt worden war. Wie uns das Bundesministerium der Justiz am 17. Juli 1973 mitteilte, hat der Botschafter der Vereinigten Staaten von Amerika in der Bundesrepublik Deutschland auf Empfehlung des gemischten Gnadenausschusses die lebenslängliche Freiheitsstrafe in 30 Jahre umgewandelt und die Reststrafe mit Wirkung vom 1. Oktober 1973 mit einer Bewährungsfrist von 3 Jahren unter gewissen Auflagen bedingt ausgesetzt. Eine dieser Auflagen besteht darin, daß unser Amt dem Oberstaatsanwalt Bremen als Vollstreckungsbehörde einen Aufenthaltsort für die Unterbringung von Strockyj vorschlägt, den dieser nicht ohne Genehmigung des Bewährungshelfers verlassen darf.

Unser Amt möchte als Unterbringungsort den Beckhof der Bodelschwingh'schen Anstalten in Bethel bei Bielefeld vorschlagen. Wir hatten dieserhalb am 27. Juli 1973 an den Leiter der Beckhofverwaltung, Herrn Dipl.-Ing. Stanko, geschrieben und, wie uns Herr Dachan am 14. August 1973 mitteilte, ist Herr Stanko bereit, Strockyj im Beckhof aufzunehmen. Der Bewährungshelfer, Herr Reinhard P l i t t , in Bielefeld, Gütersloherstraße 2, ist ebenfalls bereit, die Bewährungshilfe zu übernehmen.

- 2 -

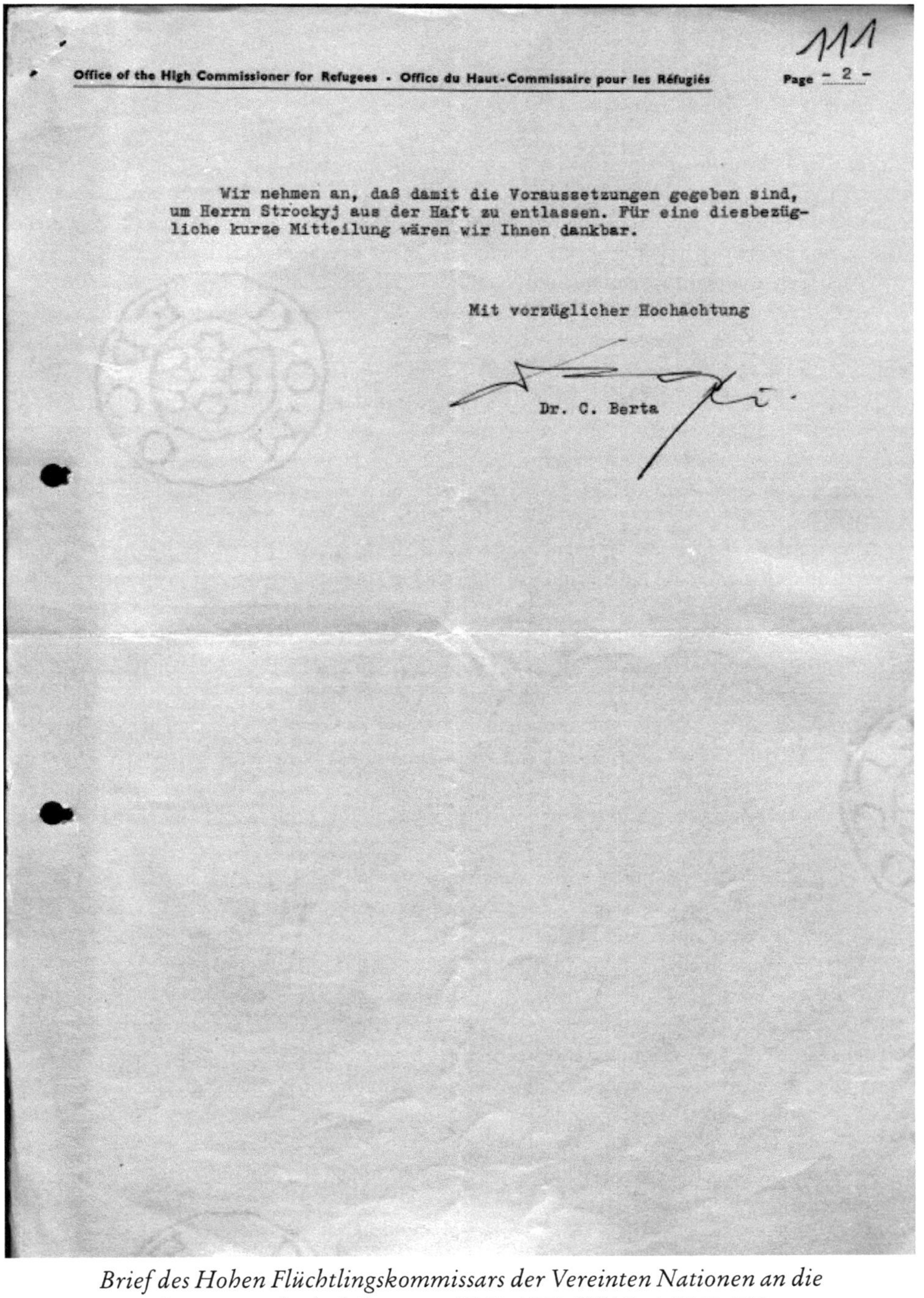

Office of the High Commissioner for Refugees - Office du Haut-Commissaire pour les Réfugiés

111

Page - 2 -

Wir nehmen an, daß damit die Voraussetzungen gegeben sind, um Herrn Strockyj aus der Haft zu entlassen. Für eine diesbezügliche kurze Mitteilung wären wir Ihnen dankbar.

Mit vorzüglicher Hochachtung

Dr. C. Berta

Brief des Hohen Flüchtlingskommissars der Vereinten Nationen an die Staatsanwaltschaft Bremen, 27.08.1973, STAB, 4,89/2-780

»An der Tat bin ich überhaupt nicht beteiligt gewesen«

Vergebung ist möglich – aber nur unter bestimmten Bedingungen, so heißt es häufig. Warum vergibt Wilhelm Hamelmann bedingungslos?

Ob ein Überfall auf einen Bauernhof, dem zwölf Menschen zum Opfer fallen, oder ein militärischer Angriff auf ein Nachbarland, der einen monströsen Krieg mit Millionen von Opfern entfesselt: Geschehenes lässt sich nicht ungeschehen machen und zeitigt nachhaltige Folgen. Neuer Hass entsteht. Überlebende Opfer, verwundet an Körper und Seele, verlangen nach Rache oder auch nach Gerechtigkeit. Vergebung und Versöhnung scheinen undenkbar.

Aber reicht denn nicht allein die Zeit, um über alles Geschehene hinwegzukommen, heilt sie nicht alle Wunden? Das behauptet ein geläufiges Sprichwort, das immerhin auf Voltaire, den großen Aufklärer, zurückzuführen ist. Eine Trösterin, so hat er die Zeit auch genannt. Und passt das nicht auch auf Wilhelm Hamelmann? Eingetaucht in den Fluss der Zeit und aufgetaucht als neuer Mensch? In seinem Büchlein »Vergeben statt Vergelten« finden wir die Beteuerung, dass er nicht nur in der Lage war, alles zu vergeben, sondern auch alles zu vergessen. Formulierungen, die er auch gegenüber den Gefangenen bei seinem Besuch im April 1967 in Fuhlsbüttel benutzt haben will.

Aber mittlerweile wissen wir ja auch, dass mit dem »Vergessen« Hamelmann nicht gemeint haben kann: Ich kann mich nicht erinnern, und ich will auch nicht mehr daran erinnert werden. Erinnerungen sind ohnehin immun gegen Befehle, ob die nun von außen kommen oder vom eigenen Bewusstsein gesteuert sind. Erinnerungen lassen sich zur Not verdrängen. Als Wilhelm Hamelmann 21 Jahre nach dem Prozess im Februar 1946 erfuhr, drei der damals Verurteilten sitzen immer noch im Zuchthaus, entschied er sich innerhalb kürzester Zeit, ihnen zu helfen. Das zeigt: Er hatte nichts vergessen und nichts verdrängt. Er hatte das Geschehene, die Tragödie seines Lebens, aufgearbeitet. Und zwar auf seine Art, mit der Hilfe seines Glaubens. Eine Haltung, die ihm geradewegs zur Vergebung führte. Zu einer Vergebung, die bei ihm sprachlich mit dem Vergessen gekoppelt war – was aber in Wirklichkeit alles andere als Erinnerungsschwund bedeutete.

Doch sowohl im persönlichen wie auch im öffentlich-politischen Leben ist die Gewährung von Vergebung und die Bereitschaft zur Versöhnung immer an Menschen gerichtet, an die Schuldiger, wie sie im Vaterunser heißen. Und somit treten jetzt noch mal die drei in den Vordergrund, denen Hamelmann die Hand gereicht hat: Czeslaw Godlewski, Marjan Oboza und Michael Strockyj. Vom weltlichen Gericht schuldig gesprochen der Beteiligung an einem Schwerbrechen. Und genau das, ewige Schwerverbrecher, Mörder waren sie für so manche von jenen Menschen, die erst 1967 durch die Presse von ihrer Existenz erfuhren. Es gab nicht wenige, die da meinten, diese Strafgefangenen hätten keine Gnade und niemals wieder die Freiheit verdient. Auch für Hamelmann waren sie Schuldiger – und somit Sünder, denen gemäß seiner christlichen Überzeugung zu vergeben war.

Nur: Ist eine Vergebung ohne Schuldeingeständnis, ohne Reue und ohne die Bitte um Vergebung überhaupt machbar? Ist so etwas sinnvoll?

Wenn es sich um Verbrechen handelt, die ganze Nationen, Ethnien oder politische Gruppierungen zu erleiden hatten – Kriegsverbrechen, Menschenrechtsverletzungen Völkermord, Vertreibung –, dann werden die Erinnerungen daran häufig von Generation zu Generation weitergereicht und der Hass auf die Täter und ihre Nachkommen konserviert. Unter solchen Bedingungen wäre es absurd, wenn man verlangte, ehemals Verfolgte (und vielleicht immer noch Ausgegrenzte) hätten den ersten Schritt zur Annäherung machen. Die Einleitung eines Versöhnungsprozesses, der dann auch noch langwierig und schwierig sein dürfte, muss von denen ausgehen, die für die Verbrechen verantwortlich waren. Beziehungsweise von denen, die in einem neuen System die Verantwortung übernehmen und nun stellvertretend um Entschuldigung bitten. So wie es der Bundeskanzler Willy Brandt mit seinem Warschauer Kniefall 1971 getan hatte.

Ein anderes der wenigen Beispiele für die Entschuldigung eines Politikers ist jüngeren Datums: Dabei ging es »nur« um ein Fehlverhalten der Polizei, das im »Gladbecker Geiseldrama« mitursächlich war für den Tod von drei Menschen. Das war 1988. 30 Jahre später bat der nordrhein-westfälische Ministerpräsident Armin Laschet die Angehörigen um Vergebung, weil es dem Staat seinerzeit nicht gelungen war, seine Bürger zu schützen. Eine Entschuldigung mache nichts ungeschehen, sagte Laschet, aber er sah es als seine Pflicht an, diesen Schritt endlich zu gehen.

Nicht nur die Bitte um Entschuldigung oder Vergebung ist bei Verfeindungen zwischen Nationen oder größeren Gruppen unabdingbar. Ebenso notwendig sind auch die Benennung des Unrechts, für das man einstehen will, das Aufdecken der Wahrheit sowie die Bereitschaft, die Schuld wiedergutzumachen. Erst auf dieser Grundlage können Opfer entscheiden, ob sie der Bitte entsprechen und sich auf den Prozess der Versöhnung einlassen wollen.

Es ist ein Ablauf, der bekannt ist aus der historischen Bußtheologie des Christentums. Auch hier sind Schuldeingeständnis und Reue unerlässlich, um die Gnade der Vergebung zu erlangen. (Dass Geständnisse in den schlimmen Zeiten des totalen Christentums auch erfoltert wurden, sollte nicht unerwähnt bleiben.) In der heutigen politisch-philosophischen Diskussion wird neuerdings wieder verstärkt Hannah Arendt zitiert. Auch sie wertet das – selbstverständlich freie – Schuldeingeständnis als unverzichtbar – im Gegensatz zu anderen Theoretikern, die es nicht als Grundvoraussetzung betrachten.[170]

Den eigenen Schuldanteil darstellen und anerkennen, Bedauern und Mitgefühl zeigen und letztendlich um Vergebung bitten – waren Godlewski, Oboza und Strockyj dazu in der Lage? Was davon hat Wilhelm Hamelmann zu hören oder zu lesen bekommen? Wahrscheinlich gar nichts. Es hat sich kein schriftliches Dokument gefunden, das eine andere Antwort andeuten könnte. Selbst in den ausführlichen Berichten der Bewährungshelfer gibt es keine Bemerkung, aus der wir schließen könnten, der eine oder andere hätte irgendwann den Wunsch geäußert, dem überlebenden Opfer etwas mitzuteilen, sich wenigstens beim ihm nach der Freilassung zu bedanken. Auch nach den Bewährungszeiten wäre dafür noch Zeit gewesen: Wilhelm Hamelmann verstarb am 18. Oktober 1979. Obozas Bewährungszeit hatte sechs Jahre zuvor geendet, die von Godlewski und Strockyj fünf beziehungsweise drei Jahre zuvor. Aber bei keinem der drei Männer bestand offensichtlich noch nicht mal das Interesse, sich untereinander auszusprechen, sich überhaupt draußen in Freiheit nochmals wiederzusehen.

Zwar ist es nicht auszuschließen, dass es wenigstens zwischen Hamelmann und Godlewski eine versöhnliche Aussprache unter vier Augen gegeben hat. Godlewskis Flucht aus der Arbeiterkolonie Homborn hatte ihn ja auch zu Hamelmann geführt, der ihn im April 1969 ein paar Tage beherbergte. Es wäre eine passende Gelegenheit gewesen. Allein, so etwas passte nicht zu dem Godlewski, wie wir ihn anhand vieler Dokumente kennengelernt haben. Er hatte lange zu der Version gestanden, zwar am Plündern beteiligt gewesen zu sein, aber nicht geschossen zu haben. Ein Bekenntnis, durchaus. Später jedoch stritt er alles ab, stellte sich als völlig unschuldig dar, mit diesen von seinem Bewährungshelfer Dietrich Seefeldt wiedergegebenen Worten: »Ich

170 H. Arendt hat jedoch auch Grenzen fürs Verzeihen gezogen: Das »radikal Böse« – ein Begriff, der in ihren frühen Schriften vorkommt – ist davon ausgenommen. Dazu zählt sie vor allem den Holocaust und andere NS-Verbrechen.

erkenn das Urteil nicht an. An der Tat bin ich überhaupt nicht beteiligt gewesen. Man hat mich aus politischen Gründen da hineingezogen.«[171]

Godlewski sah sich in erster Linie oder sogar ausschließlich als Opfer. Bei Oboza und Strokkyj dürfte das ähnlich gewesen sein. Aber Opfer, das waren sie doch auch? Ja, das waren sie, genau genommen in mehrfacher Hinsicht. In der polnischen Heimat entführt, im Deutschen Reich zur Arbeit und zu einem menschenunwürdigen Leben gezwungen – das war der Anfang ihres Leidensweges. Es folgte eine erste Begnadigung, die aber keinesfalls in die Freiheit führte, vielmehr bei ihnen die Ansicht zementieren musste, dass sie für immer eingesperrt und aussortiert blieben. Und als endlich in der Bundesrepublik der 1970er und 1980er Jahre die Erkenntnis reifte, dass die Zwangsarbeit in der NS-Zeit ein massenhaftes Verbrechen war – was hatten sie davon? Die Gründung der Stiftung »Erinnerung, Verantwortung und Zukunft« im Jahr 2000 und die anschließende Auszahlung kleiner Geldbeträge als humanitäre Ausgleichsleistungen an ehemalige Zwangsarbeiter – das jedenfalls haben Czeslaw Godlewski, Marjan Oboza und Michael Strockyj nicht mehr erlebt.

Das alles wiederum ändert nichts daran, dass in dieser realen Geschichte Opfer auch zu Tätern geworden sind. Nach allem was wir erfahren haben und vermuten müssen, waren wenigstens zwei der drei Genannten – Godlewski und Oboza – am Raubüberfall auf den Hof Kapelle beteiligt. Nehmen wir nur an, sie sind in jener Novembernacht einem Anführer hinterhergestolpert, ohne zu ahnen, dass der und andere Beteiligte zu Schrecklichem fähig waren. Haben draußen Wache gestanden, waren lediglich im Keller, um Lebensmittel zu stehlen. Unabhängig davon, wie das juristisch zu bewerten und zu ahnden ist – sie haben sich damit schuldig gemacht. Sie sind zu Schuldigern geworden.

So sah sich Wilhelm Hamelmann konfrontiert mit der erbarmungslosen Verschränkung des einen Verbrechens mit dem anderen. Wenn wir davon ausgehen, dass er vor Kriegsende Zwangsarbeitern persönlich begegnet war, ihnen geholfen hatte, dann kannte er deren Schicksale aus erster Hand. Er wusste etwas, was viele seiner Zeitgenossen einfach nicht wissen wollten. Auch wenn er in seinem späteren Leben davon nichts und manches andere widerspruchsvoll erzählt hat: Die hier schon zitierten Einlassungen aus seinen Erinnerungen, dass man den »Vergeltungsdrang« der Täter »sehr wohl verstehen« könne, mögen die Vergesslichen der Nachkriegsära nachgerade als obszön empfunden haben. Für uns lassen sie den Schluss zu, dass er diese Zusammenhänge anerkannt, dass er dieses Faktum eben nicht vergessen hatte.

Vielleicht erinnerte er sich auch daran, dass er seinerzeit bei der Gegenüberstellung – direkt nach dem Überfall, als er sich zwischen Leben und Tod befand – wenigstens einen der Vorgeführten fälschlicherweise als Todesschützen identifiziert hatte: Czeslaw Godlewski. Das alles dürfte seinen Vergebungswillen, der fraglos in seinem Glauben gründete, zusätzlich gestützt haben. Und so vergab er bedingungslos. Er brauchte keinen Entschuldigungsbrief der Täter, verlangte kein Schuldeingeständnis, erwartete keine Offenbarung der konkreten Tatbeteiligung. Wichtig war für ihn, dass er überhaupt zur Vergebung fähig war und so mithelfen konnte, drei Menschen in Freiheit zu bringen. Insofern war er vielleicht noch nicht mal enttäuscht, als Godlewski nach seiner Freilassung, als er sich eigentlich zu öffnen schien, plötzlich jegliche Schuld von sich wies.

Falls das für Wilhelm Hamelmann dann überhaupt noch von Bedeutung war.

---

171 D. Seefeldt, Abschlussbericht v. 28.02.1974, STAB 4,89/2-777.

Teil 3 | Plädoyer für die Vergessenen

von Carsten Momsen

»Hier kommt die Strafgerechtigkeit gar sehr ins Gedränge«[172]

»Und nun, meine geduldigen Leser, bitte ich Sie, sich mit mir eine Zeitlang zu entfernen (...) ich bitte Sie, zeitlich und räumlich (...) zu reisen, damit ich Ihnen eine einzigartige und schreckliche Geschichte vorlegen kann – so einzigartig und schrecklich, dass es Ihnen möglicherweise schwerfallen wird, zu glauben, dass sie sich wirklich so zugetragen hat, wie ich sie Ihnen erzähle. Denken Sie nun nicht, ich schöbe gewaltsam eine Geschichte ein, bevor die andere zu Ende ist. Dass dem nicht so ist, werden Sie feststellen, wenn Sie weiterlesen.«[173]

Wilhelm Hamelmanns Geschichte ist so unwahrscheinlich, dass sie einfach wahr sein muss. Nur so kann es nach den Berichten und mündlichen Überlieferungen gewesen sein. Niemand würde sich eine derartige Geschichte ausdenken. Viel zu schlecht konstruiert, um von irgendjemand geglaubt zu werden. Aber kann ein historischer Bericht zutreffend sein, obwohl er so überzeichnet wirkt, dass er fast schon mit den Konventionen eines Tatsachenberichts zu spielen scheint, dass er stellenweise einer Kriminalsatire gleicht? Doch in den gerichtlichen Annalen gibt es eine Vielzahl auf den ersten Blick völlig unglaubwürdiger Geschichten, die sich nicht nur als real erweisen, sondern sich auch noch wiederholen können. Nehmen wir nur den berühmt-berüchtigten »Rose-Rosahl« Fall. Eine tragische Verwechselungskomödie mit tödlichem Ausgang und in jeder Hinsicht klischeehaft. Man reibt sich Augen, um dann festzustellen, dass sich dieselbe Geschichte Jahre später in Gestalt des sogenannten »Hoferben«-Falls fast identisch wiederholte.[174]

Üblicherweise gilt eine gerichtliche Überprüfung als eine relativ zuverlässige Methode, um einer Geschichte auf den Zahn zu fühlen und tatsächlich Geschehenes von Hinzugedichtetem zu trennen und die Lücken der Auslassungen zu füllen. So wird die Auseinandersetzung, die um ein Verbrechen im Schwurgerichtssaal stattfindet, häufig bildhaft umschrie-

172 I. Kant, AA VI : Die Religion innerhalb der Grenzen der bloßen Vernunft. Die Metaphysik der Sitten, 1973, S. 336.

173 Sir Arthur Conan Doyle, Das Tal der Angst, Zürich 1986, S. 101.

174 Im Rose-Rosahl Fall vesprach Holzhändler Rosahl dem Arbeiter Rose eine Belohnung, wenn er den Zimmermann Schliebe erschösse. Rose legte sich daraufhin am 11. September 1858 gegen 20 Uhr bei Halle in einen Hinterhalt, um Schliebe, den er genau kannte, aufzulauern. In der Dämmerung sah er einen Mann des Weges daherkommen, den er für Schliebe hielt. In Wirklichkeit war es der 17-jährige Gymnasiast und Kantorssohn Harnisch. Rose schoss Harnisch mit einer Schrotladung nieder; Preußisches Obertribunal, Goltdammer's Archiv für Strafrecht 7 (1859), S. 322. Der spiegelbildliche spätere »Hoferben« Fall wurde vom Bundesgerichtshof 1990 entschieden, BGHSt (amtliche Urteilssammlung), 37, 214.

ben als ein »Ringen um Wahrheit« oder ein »Ringen um Gerechtigkeit«.[175] Gerade indem ganz unterschiedliche Perspektiven miteinander abgeglichen werden, schält sich am Ende die Wahrheit heraus.

Dieser Prozess setzt das Aufeinandertreffen von Menschen mit unterschiedlichen Sichtweisen voraus, die um die Wahrheit miteinander ringen können – und solchen, die das wollen. Hierzu berufen sind die Staatsanwälte und die Verteidiger, deren Profession es ist, die Richter von ihrem jeweiligen Narrativ zu überzeugen. Zwar ist die Vorstellung vieler Menschen von einer strafrechtlichen Hauptverhandlung meist durch amerikanische Krimis und Serien geprägt, und vielfach erwartet man den großen Showdown vor Publikum und Jury, den es in deutschen Gerichtssälen in dieser Form gar nicht gibt. Aber hier schadet uns das nichts, denn im Fall der Blocklandmorde fand das Ringen um die Wahrheit (allerdings in kaum zu unterbietender Kürze), um das überzeugendere Narrativ zwar in einem Bremer Gerichtssaal statt, aber vor einem Gericht der amerikanischen Besatzungsmacht. Zuständig war der General Court der Militärregierung, die höchste Instanz der Military Government Courts, des nach der Kapitulation sehr rasch installierten dreistufigen amerikanischen Gerichtssystems. Damit war die Verhandlung in gewissem Sinne eine eigenartige – und vielleicht für die Angeklagten fatale – Mischung aus zwei einander sehr fremden Rechtssystemen.

Was wir kennen, ist die Erzählung der Staatsanwaltschaft, genannt Anklage, welcher das Gericht im Wesentlichen gefolgt ist und das Ganze in seinem Urteil übernommen haben muss. Dagegen kennen wir praktisch nichts von der anderen Seite. Wir wissen weder alle Namen der Verteidiger noch können wir uns ganz sicher sein, wie viele Fürsprecher die Angeklagten im Saal hatten. Ganz sicher waren es weniger Verteidiger als Angeklagte. Obwohl um die Gerechtigkeit in Gestalt der Todesstrafe gerungen wurde, hatte demnach nicht einmal jeder der Angeklagten – allesamt ehemalige polnische Zwangsarbeiter – einen eigenen Verteidiger. Nicht jeder hatte wenigstens eine Person im Gerichtssaal, der er vertrauen, sich anvertrauen konnte. Mit gutem Grund untersagt das heutige Recht sowohl in den USA als auch in der Bundesrepublik, dass ein Anwalt mehrere Angeklagte vertritt. Im existenziellen Kampf, der sich im Gericht abspielt, hier noch dazu unter dem Damoklesschwert der Todesstrafe, treten die Interessen der Angeklagten zu schnell und fast unvermeidlich in Widerspruch. Auch unser Verfahren macht hier keine Ausnahme, ganz im Gegenteil.

Wie würde die Geschichte, die die Angeklagten zu erzählen gehabt hätten, hätten sie ausreichende Gelegenheit gehabt, hätte man ihnen zugehört und es des Aufschreibens wert gehalten – wie also würde diese Geschichte lauten?

Wir kennen sie nicht, diese zweite Geschichte. Wenn man aber die offizielle Geschichte genauer untersucht, den Bericht Hamelmanns wie einen Filter darüberlegt und schließlich auf offene Fragen, Lücken und Widersprüche stößt, so finden sich Splitter einer möglichen anderen Deutung der Ereignisse, fast wie Scherben eines zerbrochenen Gefäßes. Um sie freizulegen, muss man sich in die Rolle eines Verteidigers eines der Angeklagten versetzen. Denn der Verteidiger ist Lektor seiner Geschichte, gelegentlich auch Historiograph, manchmal sogar ihr Autor. Die Geschichte, welche die Angeklagten im Gerichtssaal erzählen, weicht meistens von der Version der Staatsanwaltschaft ab, fast immer von der Version

---

175 Vgl. Max Alsberg, Justizirrtum und Wiederaufnahme, Berlin, 1913; Hans Dahs, Handbuch des Strafverteidigers, 8. Aufl. 2016, S. 1.

des Opfers und in der Regel auch von dem Sachverhalt, der im Urteil festgeschrieben wird und gleichsam die offizielle Geschichtsschreibung darstellt.

Häufig findet man in der kritischen historischen Diskussion die Aussage, die Geschichte werde von den Siegern geschrieben. Das ist so richtig wie falsch. Richtig, weil in vielen Auseinandersetzungen die obsiegende Partei die sozialen Strukturen der unterlegenen Partei prägt. Falsch wäre aber die Annahme, das kollektive Gedächtnis der unterlegenen Partei werde für immer ausradiert. Neben der daraus entstehenden offiziellen Geschichtsschreibung existieren die Versionen der anderen aber meistens weiter und sie sind es, die den Stoff zur Legende haben. Denken wir an Hannibal, die Kelten, die Trojaner, die Überlebenden der Resistance und des Widerstands gegen den Nazi-Terror. Und natürlich gilt dasselbe für die Überlebenden der Vernichtungslager, der Vernichtungsfeldzüge und eben diejenigen, die Zwangsarbeit und Verschleppung überlebten. Teilweise wird die zunächst nur unterschwellige Version einer Geschichte durch eine erneute Änderung der Machtverhältnisse auch wieder dominant. In vielen der oben genannten Fälle wird sie dies nicht, aber sie wird zumindest wieder hörbar. Dies lehrt uns vor allem eines: Geschichte ist subjektiv. Das gilt auch und erst recht für die Geschichte eines Verbrechens, die Geschichte von Unschuld, Schuld, Sühne und Bestrafung.

Jedoch sind wir, wenn wir die Geschichte des Überfalls auf den Blocklander Hof Kapelle erzählen wollen, mit einer Situation konfrontiert, welche die Archäologie und Rekonstruktion der historischen Wahrheit besonders schwierig macht. Zuständig war das Office of Military Government for Germany (U.S.), abgekürzt OMGUS, also die Verwaltung der Militärregierung der Vereinigten Staaten für Deutschland. OMGUS war die höchste Verwaltungseinrichtung der amerikanischen Besatzungszone Deutschlands und des amerikanischen Sektors von Berlin in den ersten vier Jahren nach dem Zweiten Weltkrieg. 1950 nach der Auflösung des OMGUS wurden seine Akten (laut Wikipedia circa 3.200 laufende Meter in 18 Schiffsladungen) in die USA gebracht und lagern heute als Bestand »Record Group 260« im Washington National Records Center in Suitland/Maryland. Nach Ablauf der generellen amerikanischen Sperrfrist von 30 Jahren wurden die Akten von 1976 bis 1983 in Zusammenarbeit mit den amerikanischen Archiven für Zwecke der historischen Forschung erneut aufgearbeitet und im Umfang von über sechs Millionen Blatt auf rund 100.000 Mikrofiches verfilmt.[176] Jedoch sucht man in den hervorragend aufbereiteten Online-Archiven vergeblich nach den Namen der Verurteilten oder auch dem Namen Hamelmanns. Das deutsche Ministerium für Justiz und für Verbraucherschutz sowie das Bundesamt für Justiz haben auf unsere Anfrage umfassend recherchiert und nichts zutage gefördert. Anfragen an das Archiv der US-amerikanischen Militärjustiz sowie der US-Army blieben erfolglos.

Aufgrund des Schweigens der US-amerikanischen Archive[177] fehlt uns bereits die offizielle Version der Geschichte, nämlich die sogenannten Feststellungen des Gerichts zu dem Sachverhalt, welcher der Verurteilung zugrunde gelegt wurde. Weiterhin fehlen uns Statements der Verteidigung sowie der Angeklagten selbst – mit Ausnahme einiger etwas unbefriedigender polizeilicher Vernehmungsprotokolle, mit denen wir uns noch befassen werden. Was wir haben sind in gewisser Weise Augenzeugenberichte. Zum einen von Wilhelm Hamelmann selbst. Auch wenn diese Berichte vermutlich nicht in erster Linie darum be-

176 Wikipedia, Stichwort: Office of Military Government for Germany (U.S.).

177 Auf den Antrag, die Akten der US-Militärgerichtsbarkeit für die US-Besatzungszone zu dem Verfahren um die Blocklandmorde einsehen zu dürfen, erhielten wir lediglich die lakonische Antwort, dass ein berechtigtes Interesse an der Einsicht in militärische Akten nicht erkennbar sei.

müht waren, die Angeklagten möglichst schlecht aussehen zu lassen, so sind sie doch – bedingt durch die Zeitpunkte und Umstände ihres Entstehens – geprägt von Wahrnehmungsdefiziten und Verzerrungen.

Zumindest anfangs war Wilhelm Hamelmann psychisch und physisch schwer durch das erlebte traumatische Ereignis beeinträchtigt. Die Umstände der entscheidenden Gegenüberstellung am Krankenbett werden uns noch beschäftigen. Spätere Aufzeichnungen sollten vermutlich gezielt ein Bild seiner Person zeichnen, dem die Fakten – und die Erinnerung – angepasst wurden. Auch die Verhöre der Beschuldigten sind schon in der sparsamen Protokollierung durch den vernehmenden Beamten ein Ausdruck der gezielten Bestätigung von Erwartungen, die offensichtlich schon lange vor der Vernehmung festgeschrieben waren. Schließlich die Presseberichte, die eine wesentliche Quelle der Geschichte bilden. Diese allerdings sind zum einen mit wenigen Ausnahmen Geschichten vom Hörensagen. Berichte über Wahrnehmungen, die andere gemacht haben, sind gekennzeichnet durch einfache und in der Regel sogar mehrfache Interpretationsakte, also immer ein gutes Stück weit von der unmittelbaren Wahrnehmung entfernt. Außerdem berichtete die Presse seinerzeit keineswegs neutral, sondern im Gegenteil absichtsvoll, aus einer bestimmten politischen Perspektive heraus und häufig mit bereits von Beginn an klar verteilten Sympathien für die Gruppen, denen Opfer und vermeintliche Täter entstammten.

Alles in allem ist das der ideale Nährboden für sogenannte »kognitive Dissonanzen« – eine der gefährlichsten Formen von Wahrnehmungsverzerrungen und Erinnerungsverfälschungen, insbesondere vor Gericht.[178] Ein Phänomen, das vermutlich in vielen Strafprozessen in Deutschland, aber auch den Vereinigten Staaten zu Fehlurteilen geführt hat. Darum geht es: Menschen haben vorgefasste Meinungen und Anschauungen. Unwillkürlich versucht man, Erlebtes und Wahrgenommenes mit diesen vorhandenen Einstellungen in Einklang zu bringen. Denn wenn alles Wahrgenommene im Widerspruch steht zu den eigenen Vorstellungen, wie die Welt sein sollte, im Großen wie im Kleinen, dann führt dies zu enormen psychischen Belastungen und permanenten Frustrationserlebnissen. Um diese »kognitiven Dissonanzen« zu glätten und den eigenen Seelenfrieden nicht dauerhaft aufs Spiel zu setzen, passt man das Wahrgenommene den Vorstellungen an. Wahrnehmung und Interpretation oder Deutung verschmelzen zu einem Akt. Später ist es kaum noch möglich, beides zu trennen und eine Falschaussage, die hierauf beruht, zu identifizieren und zu korrigieren. Natürlich gibt es auch bewusst verfälscht wiedergegebene Wahrnehmungen oder Erinnerungen, klassische Falschaussagen – etwa um sich selbst oder nahestehende Personen zu entlasten oder um unsympathische Personen zu belasten. Auch ohne große forensische Erfahrung lässt sich erkennen, wie hoch das Risiko ist, dass die Quellen unserer Geschichte unzuverlässig sind.

Dies lehrt uns: Nicht nur Wahrnehmungen sind subjektiv, vor allem die Wiedergabe des Wahrgenommenen ist subjektiv und manipulativ für denjenigen, der glaubt, Augen- und Zeitzeugen mit objektiven Berichten gleichsetzen zu können.[179] Für die Zeugen, die nur über Hörensagen berichten, gilt dies erst recht. Es ist unabdingbar, sorgfältig zu interpretieren und zu bewerten, bevor wir uns über das, was gewesen ist, ein Urteil erlauben können. Besser wäre es von vornherein einzusehen, dass wir uns nur einem Geschehensablauf nähern

---

178 Kahneman, Schnelles und langsames Denken, 2012, S. 69 ff., 247 ff.; Momsen/Washington, Wahrnehmungsverzerrungen im Strafprozess, in: Goeckenjan u.a. (Hrsg.), Festschrift für Ulrich Eisenberg, 2019.

179 Hier liegt im Übrigen die große Gefahr der sog. »Geschichtsberichterstattung«, die vor allem in TV-Formaten versucht, Geschichte durch aneinandergereihte Zeitzeugen als scheinbar objektiv zu vermitteln«.

können, der uns plausibel erscheint. Allerdings: Anders als in der Welt der Geschichtsschreibung dürfen wir vor Gericht nicht einfach die relativ wahrscheinlichste Version zugrunde legen. Bleiben verschiedene Versionen in zentralen Punkten ähnlich überzeugend, so gilt die Unschuldsvermutung. Wir sind als gleichsam historisch-analysierendes Gericht den Angeklagten gegenüber verpflichtet, ihre Verurteilung und Erschießung als nicht gerechtfertigt zu bewerten, wenn substanzielle Zweifel bleiben, dass die Belastungszeugen die Wahrheit sagen. Dabei dürfen wir natürlich berücksichtigen, dass seinerzeit das Oberste Gericht für die US-amerikanische Besatzungszone glaubte, keine solchen Zweifel zu haben. Da uns die Erwägungen der zeitgenössischen Richter aber nicht zur Verfügung stehen, müssen wir auch berücksichtigen, welche Umstände auf ihrer Seite dazu geführt haben können, dass sie beispielsweise aufgrund kognitiver Dissonanzen Zweifel gar nicht erst aufkommen lassen konnten – oder wollten.

Wenn nun die Verteidigung die Bühne betritt, um ihre Version der Geschichte zu erzählen, dann muss sie auch und gerade an diesen Wahrnehmungsverzerrungen und den Risiken, dass einige oder viele der Quellen mehr oder weniger ausgeprägte Falschaussagen sein könnten, ansetzen. Das ist eine elementare Strategie professioneller Verteidigung. Wer die Glaubwürdigkeit der Belastungszeugen erschüttert, ist ein großes Stück vorangekommen. Selten nur wird daraus ein Freispruch resultieren, aber es bereitet den Boden für die Geschichte, welche die Verteidigung erzählen wird.

Wiederum müssen wir unterscheiden zwischen der Funktion, die ein amerikanisch geprägter Prozess den Verteidigern im Jahre 1946 zugewiesen haben müsste, und dem Verständnis von Strafverteidigung in der deutschen Strafrechtstradition. Glücklicherweise kann man an die Rolle des Strafverteidigers[180] anknüpfen, welche sich in der Weimarer Zeit besonders positiv entwickelte, auch und gerade unmittelbar vor dem Nazi-Terror, der auch Justiz-Terror war. Das Bild der herausragenden Strafverteidiger in der Zeit nach dem Ersten Weltkrieg, in Deutschland und europaweit, prägt hierzulande und bis heute Idee und Anspruch der Strafverteidigung.

Diese Ethik müsste den Strafverteidigern im Prozess Ende Februar 1946 gegen acht Angeklagte (und auch im späteren gegen Marjan Oboza im September 1946) eigentlich sehr genau vor Augen gestanden haben, wenigstens bekannt gewesen sein. (Wobei bei deutschen Strafverteidigern, die aber in dem hier ausgebreiteten Prozess nicht direkt beteiligt waren, noch am ehesten damit zu rechnen war, dass ihre Haltung und ihre Kenntnisse durch die Perversion des Rechts im NS-Staat deformiert und ihre Erinnerungen daran ausgelöscht worden waren.)

US-amerikanische Verteidiger hingegen sind seit jeher dem Ethos des Wettstreits und der aktiven Auffindung von Beweisen verpflichtet, begründet durch ein System, in dem sie und die Staatsanwaltschaft als Parteien auftreten, das Gericht aber nur als Schiedsrichter, der allein über die Einhaltung der Spielregeln zu wachen hat. Dass heutzutage sowohl in Amerika wie auch in Deutschland Verteidigung vielfach auf das Aushandeln des besten Deals beschränkt ist, ist Gegenstand vieler zu Recht kritischer Betrachtungen. Es muss uns bei unserem Unternehmen aber nicht bekümmern, da wir uns in einen kampfbereiten und streitlustigen Verteidiger der alten Schule hineinversetzen müssen, um durch seine Brille zu sehen, was gewesen sein könnte.

---

180 Sehr aufschlussreich die Beiträge in »Bild und Selbstbild der Strafverteidigung«, 40. Strafverteidigertag, 2017.

»Den hochgemuten, voreiligen Griff nach der Wahrheit hemmen will der Kritizismus des Verteidigers«[181]

Sue Ryder, die Britin, die sich so engagiert für die Freilassung der Inhaftierten einsetzte, sagte, sie habe unmittelbar nach Kriegsende mit Besuchen von Gefangenen begonnen, »die meistens Opfer des Krieges waren, nach Deutschland verschleppt, gegen ihren eigenen Willen und brutal in den KZ, Zwangsarbeits- und Kriegsgefangenenlagern behandelt« worden waren. Und nach »der Befreiung, in den chaotischen Nachwehen des Krieges haben sie sich krimineller Akte zuschulden kommen lassen, die sie in normalen Zeiten, in ihrer gebürtigen Umgebung, nie verübt hätten«.[182]

Aus der Perspektive des Verteidigers sehen wir sofort die fatale Wirkung eines solchen gut gemeinten Statements. Es zerstört die Zweifel. Gerade vielleicht war es noch gelungen, das Gericht daran zweifeln zu lassen, dass es scheinbar aus dem Nichts zu einem solchen bestialischen Mord gekommen war: Nur wegen etwas Nahrung, Alkohol oder vorhersehbar geringen Geldbeträgen? Gerade noch war das Argument schlagkräftig, man hätte nach Verdächtigen mit einem viel klareren, persönlichen Motiv doch zumindest suchen müssen. Plötzlich fällt es in sich zusammen, wenn wir hören, dass der Krieg aus Menschen Tiere machen konnte, die zu unerklärlichen Taten fähig sind. Das Problem daran: Erklärt die allgemeine Situation allein die ansonsten unerklärliche Tat, so bedarf es ja gar keines Motivs mehr und keiner besonderen Betrachtung der Täter. Der Verteidigung wird ein wesentliches Instrument genommen, nämlich aufzuzeigen, dass dieser spezielle Mensch diese spezielle Tat nicht begangen haben kann. Zugleich wird es dem Gericht zu einfach gemacht, Zweifel die bei Taten derartiger Intensität einfach aufkommen müssten[183], im Keim zu ersticken. Denn die Tat wird ihrer Abnormität beraubt.

So ist das mit dem Guten, das stets Böses schafft, wie es die Psychologen und Kriminologen Lorenz *Böllinger* und Rüdiger *Lautmann* – in bewusster Verkehrung der Sentenz des Mephistopheles in Goethes Faust – im Titel ihres Buches über alternative Formen der Behandlung von Straftätern ausdrückten.[184] So kann es uns nicht verwundern, dass der Verteidiger es sich nicht selten mit allen anderen Parteien, auch denen, die eigentlich nur helfen wollen, verscherzen muss.

Hören wir einige dieser Verteidiger zu ihrem Beruf, der vielen auch Berufung ist:

»Strafverteidigung ist Kampf, Kampf um die Rechte des Beschuldigten im Widerstreit mit den Organen des Staates, die dem Auftrag zur Verfolgung von Straftaten zu genügen haben«.[185]

»Der Strafverteidiger hat einen gefahrgeneigten Beruf. Wer ihn und sein Wirken im Zeitalter von Film und Fernsehgericht – und gelegentlich auch im lebendigen Gerichtssaal – nur

181 Max Alsberg, Die Philosophie der Verteidigung, 1930, S. 11.

182 Zu Sue Ryder im 2. Kapitel, S. 74.

183 Nicht umsonst wird heute in fast jedem Strafverfahren wegen vorsätzlicher Tötungsdelikte oder schwerer Gewaltverbrechen ein psychologisch-psychiatrisches Gutachten eingeholt, da man davon ausgeht, dass »normal« prädisponierte Menschen große Hemmungen überwinden müssen, die sie üblicherweise an der Begehung entsprechender Taten hindern.

184 Lorenz Böllinger und Rüdiger Lautmann, Vom Guten, das noch stets das Böse schafft, Frankfurt a.M., 1993.

185 Hans Dahs, Handbuch des Strafverteidigers, 8. Aufl. 2016, S. 1.

›von außen‹ miterlebt, kann nicht ermessen, welche Fülle von Konflikten und Versuchungen dieser so populäre Beruf in sich birgt.«[186]

»Es ist mein Credo, gewachsen aus historischen Studien und psychologischer Gewissheit, dass wir in der Form die geschworene Feindin der Willkür, die Zwillingsschwester der Freiheit haben (Jhering). – Es ist mein Credo, dass wir *Streitkultur brauchen*: Streit begrenzt die Macht, klärt die Fronten, erzwingt klare Positionen, fördert Intelligenz, Mut und Kreativität (Sofsky). Wir brauchen Scherz, Satire, Ironie und tiefere Bedeutung (Grabbe). All dies hier und heute brauchen wir. Was wir *nicht brauchen*: Political Correctness. Kurzum: Mit Vehemenz wollen wir uns erinnern an die Segnungen, an den Kultursprung, den der kontradiktorische Strafprozess gebracht hat. Es sei uns der löwenhafte Mut und die löwenhafte Gelassenheit gegeben, der Stolz, diesen Kultursprung zu verteidigen.«[187]

Also: Versetzen wir uns erneut gute siebzig Jahre zurück in das Bremen der Nachkriegszeit, allerdings nicht, wie in den beiden Teilen des Buches, in die Rolle des Berichterstatters, sondern in die eines Verteidigers eines der kurz darauf verurteilten und bald hingerichteten Angeklagten. Wir wissen nicht, ob Gespräche zwischen Angeklagten und Verteidigern stattgefunden haben, wir wissen nicht ob, sie in allen Fällen stattfinden konnten. Die Muttersprache der polnischen Angeklagten, die deutsche Sprache, das amerikanische Englisch – wer war in der Lage, mühelos (oder überhaupt) die Sprachbarrieren zu überwinden? Dass alle Prozessbeteiligten zumindest eine Sprache gemeinsam gesprochen oder auch nur verstanden hätten, ist das Einzige, was wir mit Sicherheit ausschließen können.

»Verlassen Sie sich darauf, nichts ist so unnatürlich wie das Gewöhnliche«[188]

Verteidigung kann auch den Konflikt suchen, entweder indem jede Zusammenarbeit mit dem Gericht verneint wird, aber auch indem eine gänzlich andere Geschichte erzählt wird. Sie, die Verteidigung, kann auch danach trachten – und häufig fällt das zusammen –, die Verantwortung gänzlich zu verschieben.

Das kann notwendig sein, weil die amtlichen Ermittlungen aufgrund von Vorurteilen, Wahrnehmungs- und Wertungsfehlern sich immer weiter von der Wahrheit entfernen. So geschehen im berühmt-berüchtigten Fall des »Phantoms von Heilbronn«.[189] Im Zusammenhang mit den unsäglichen Morden der Neo-Nazis des »NSU« erfolgten ein Mord und ein Mordversuch an zwei Heilbronner Polizisten. Eine scheinbar unergründliche Tat ohne jeglichen Hintergrund. Da es keinerlei Ermittlungsansätze gab, schlugen alte Vorurteile, zusammen mit von der Polizei immer noch verwendeten kriminalistischen Kategorien aus der NS-Zeit, erbarmungslos zu. Man bemerkte fahrendes Volk in der Nähe des Tatorts. Wie zu Zeiten finsterer Pogrome meinte man auf einmal wieder, dass diese Menschen, viele von ihnen deutsche Staatsbürger, doch dadurch gekennzeichnet seien, umherzuziehen und überall dort, wo sich Gelegenheit bietet, Straftaten zu begehen. Wenn das überhaupt ansatzwei-

186 Heinrich Ackermann, Die Zeit v. 16.5.1969, Porträt des Strafverteidigers.
187 Gerhard Jungfer, Berliner Anwaltsblatt 2002, S. 485.
188 Arthur Conan Doyle, Die Abenteuer des Sherlock Holmes – Eine Frage der Identität, Zürich 1994, S. 67.
189 Anna Lipphardt, Freispruch 11 (2017), S. 8 ff.

se jemals zutraf, zählten Morde niemals dazu. Dieser historische Fakt ging unter, tradierte Vorurteile verminderten die Wahrnehmungsfähigkeit, so dass schlicht nicht bemerkt wurde, dass allzu vieles offensichtlich nicht zusammenpasste. Das Ganze wurde übertüncht durch eine DNA-Spur die, mit angeblich über neunzigprozentiger Treffsicherheit geadelt, auf ein entsprechendes Täterprofil deutete.[190]

Erst viel später stellte sich heraus, dass die DNA-Spur verunreinigt war. Auch sonst stimmte nichts an dem Ermittlungsansatz. Wie falsch die Ermittler lagen, wurde offenbar, als die rechtsradikale Mörderbande NSU als Täter feststand. Ende gut, alles gut? Nein. Denn viele Vorurteile waren mittlerweile wieder in die Bevölkerung hineingetragen, man sprach wieder von kriminellen Subjekten. Übertragen auf die Blocklandmorde: Die Korrektur von Fehlern schlimmster Kaliber, eben wie die im Fall des »Phantoms von Heilbronn«, hätte viel zu lange gedauert, um die Verhängung der Todesurteile und ihre Vollstreckung zu verhindern. Bis sich die richtigen Erkenntnisse durchgesetzt hätten, wären die Leichname der unschuldig Verurteilten bereits verwest gewesen. Und man weiß, wenn Menschen als Täter verurteilt oder nicht mehr am Leben sind, erlahmt jeder Ermittlungseifer der Behörden. Die Angehörigen sind für die Wahrheitssuche auf sich gestellt.[191]

Es gibt also gute Gründe, die offizielle Geschichte in Zweifel zu ziehen. Dies gelingt umso eher, je besser die alternative Deutung ist, die von der Verteidigung präsentiert werden kann. Unter Umständen empfiehlt es sich, ein Bild zu zeichnen, in welchem Schwarz und Weiß ganz anders verteilt sind als in der Anklage.

Immer dann, wenn ein Fall zunächst völlig unbegreiflich und dann doch urplötzlich gelöst ist, lässt Arthur Conan Doyle sein Alter Ego Sherlock Holmes stets aufs Neue Watson belehren: »Wenn du das Unmögliche ausgeschlossen hast, dann ist das, was übrigbleibt, die Wahrheit, wie unwahrscheinlich sie auch ist.« Diesem Anspruch wird die Geschichte, wie sie in den ersten beiden Teilen berichtet wurde, ganz gewiss nicht gerecht.

Ein Verteidiger würde eine ganz andere Herangehensweise wählen, diese Geschichte, die zur Verurteilung aller acht Angeklagten (später auch zum neunten) und zur schnellen Hinrichtung von vier Verurteilten führte, zu erschüttern. Angesichts des 1945 nach dem Ende des Nazi-Terrors auch in Strafverfahren in Deutschland wieder geltenden Grundsatzes »In dubio pro reo«, der Unschuldsvermutung, würde es ihm ausreichen, dass die zuvor erzählte Geschichte eben nicht alles Unmögliche ausgeschlossen hat. Zweifel und erst recht einzelne Beweise dafür, dass es anders gewesen sein könnte, sollten der Verteidigung in einem Rechtsstaat für den Erfolg ausreichen. Denn das ist der Kern der Unschuldsvermutung: Der Zweifel streitet für den Angeklagten. Eine Justiz, die dies nicht respektiert, wäre eines demokratischen Rechtsstaates unwürdig. Strafverfolgungsorgane, die sich im Bemühen um den schnellen Erfolg, der leider allzu häufig in der Anklage und Verurteilung gesehen wird, ihre Schlüsse so zurecht biegen, dass der Zweifel gegen den Beschuldigten gewendet wird, unterliegen im besten Fall den oben beschriebenen kognitiven Dissonanzen, im schlechteren Fall sind sie korrupt oder kriminell. Eine Gefahr für den Rechtsstaat sind sie allemal.

Und wäre es nicht eine schöne Vorführung einer rechtsstaatlichen Justiz der amerikanischen Besatzungsbehörden gewesen, alle Zweifel zu klären, auch wenn dies Zeit benötigt hätte – oder der Unschuldsvermutung zur Geltung zu verhelfen? Aber möglicherweise glaubte man, die Bevölkerung hätte durch die Jahre des Faschismus Rechtsbewusstsein und

---

190 Carsten Momsen, DNA-Phenotyping und Racial Biases, freispruch 11 (2017) S. 20 f.
191 Innocence Project, https://www.innocenceproject.org.

ethischen Kompass verloren und sei noch nicht bereit für eine solche Entscheidung. Nicht bereit dafür, dass Wahrheit und Moral keine einfachen Lösungen bereithalten.

Wahrscheinlich aber wollte man einfach keine Unruhe riskieren und empfand die Preisgabe der Unschuldsvermutung, noch dazu, wo die allseits ungeliebten Displaced Persons betroffen waren, als kein allzu großes Opfer auf dem Altar von Ruhe und Ordnung.

Bevor wir nun einsteigen in die anderen Deutungsmöglichkeiten und den Zweifeln Raum geben, verdeutlichen wir uns ein letztes Mal die Verteidigungsperspektive, die wir nun einnehmen müssen: Den fiktiven Verteidiger und somit auch uns hat an dieser Stelle nicht zu interessieren, dass es so gewesen sein könnte, wie vorne in diesem Buch dargestellt. Allein von Bedeutung ist, ob es auch anders gewesen sein könnte.

Nur wenn es tatsächlich keine Beweise dafür gegeben hätte, dass es anders gewesen sein könnte, muss die unwahrscheinliche Geschichte Hamelmanns die Wahrheit sein. Aber auch nur dann. Machen wir uns auf die Suche nach Hinweisen, die uns zweifeln lassen.

»Machen Sie sich erst einmal unbeliebt, dann werden Sie auch ernstgenommen«[192]

Im Fall des bekannten und seinerzeit beliebten Wettermoderators Jörg K. können wir erleben, wie professionelle Verteidigung funktioniert. Jörg K. war der Vergewaltigung beschuldigt und bei der Rückkehr von einer längeren Reise am Frankfurter Flughafen festgenommen worden. Auch nach langen, vermutlich zu langen Verhören der Polizei bestritt er die Tat. Die Öffentlichkeit war überraschend schnell von der Verhaftung informiert und viele Leser und Leserinnen großer Boulevardblätter, aber auch der in diesem Fall nicht immer sachlich berichtenden sogenannten seriösen Presse hatten sich schnell ihr Urteil gebildet. In vielen Fällen wohl bevor der Artikel zu Ende gelesen war. Die Öffentlichkeit hatte ihr Urteil gesprochen, es lautete: »Schuldig!« Dann kam ein bekannter Strafverteidiger zum Fall hinzu, bekannt vor allem dafür, sich im Gerichtssaal und außerhalb keinen Deut um die Meinung anderer zu scheren und sich mit kontrollierter Vehemenz für seine Mandanten einzusetzen. Alle Register zu ziehen, die das Recht bietet – bis zur Grenze dessen, was das Recht zulässt. Professionelle Verteidigung.

Schnell wurde offenkundig, dass im Grunde nur das vermeintliche Opfer als ernsthafte Belastungszeugin in Betracht kam, wie so häufig in derartigen Fällen. Der Verteidiger war sich bewusst, dass es kaum eine Möglichkeit gab, die Geschichte seines Mandanten mit weiteren Entlastungsbeweisen zu untermauern, denn sein Mandant war der einzige Entlastungszeuge, wie so häufig in diesen Fällen. Also suchte er mit allen Möglichkeiten die Glaubwürdigkeit des vermeintlichen Opfers in Zweifel zu ziehen. Hierbei wurde auch viel Schmutz aufgewirbelt, sei es, weil dieser tatsächlich gegen die Glaubwürdigkeit sprach, sei es, weil er zumindest den Eindruck erwecken konnte und somit für Zweifel sorgte. Dabei ging der Anwalt in seinen Befragungen weder nett noch sympathisch vor. Er gab sich provokativ, polterig oder hochmütig, wie es die Situation erforderte, teils bis hin zur Beleidigung. Die Öffentlichkeit tobte, und der Verteidiger sank im Beliebtheitsgrad und in seinem mora-

192 Das Zitat wird Konrad Adenauer zugeschrieben.

lischen Ansehen bald noch tiefer als sein wegen Vergewaltigung öffentlich vorverurteilter Mandant.[193]

Doch es zeigte sich: Diese Strategie war das einzige Mittel – und sie war erfolgreich. Der Moderator war erstaunlich bald freigesprochen. Darin liegt die Funktion der Unschuldsvermutung, und die Verteidigung muss wissen, wie sie sie zu nutzen hat.[194] Der hehre Grundsatz »In dubio pro reo« konnte weder den guten Ruf des Moderators wiederherstellen, denn was wirklich war, blieb im Dunkeln. Auch schützte die Unschuldsvermutung nicht die Anzeigeerstatterin, denn der Blutdurst eines Teils der Öffentlichkeit war nicht gestillt, und nun suchte man an ihr das Mütchen zu kühlen. Der Rest hielt an seinem offenbar falschen Vorurteil fest, redete sich ein, der Angeklagte sei nur durch juristische Tricksereien freigekommen und erging sich teilweise in Phantasien von Standgerichten, welche den Fall schnell gelöst hätten.[195]

Leider versäumte auch das Gericht, auf den rechtsstaatlichen Wert der Unschuldsvermutung hinzuweisen und ließ sich in den Sog der öffentlichen Aufgebrachtheit hineinziehen, war letztlich zu feige, zu seinem Urteil zu stehen, obwohl es bei dieser Beweislage das einzig rechtlich vertretbare war. Es trat noch in der Urteilsbegründung nach: »Der heutige Freispruch beruht nicht darauf, dass die Kammer von der Unschuld von Herrn K. (...) überzeugt ist.« Die mediale Wirkung blieb nicht aus: Die »Bild« titelte am Tag danach: »Freispruch, aber, …«[196]

»Beim Menschen ist kein Ding unmöglich – im Schlimmen wie im Guten«[197]

Auch im Fall der Blocklandmorde wird es uns schon dadurch, dass die US-amerikanischen Militärjustizarchive bislang die Prozessakte nicht herausgeben oder die Dokumente tatsächlich schon seit Längerem und für immer verschwunden sind, nahezu unmöglich gemacht, Beweise für die Unschuld aller oder doch zumindest einzelner Angeklagter zu finden. Also muss der virtuelle Verteidiger, dessen Perspektive wir einnehmen, nun versuchen, die Glaubwürdigkeit des wichtigsten (und genau genommen einzigen) Belastungszeugen, dessen Darstellungen wir im Großen und Ganzen kennen, in Zweifel zu ziehen. Achtung:

---

193 Silke Weber in Die ZEIT v. 26.12.2015 »Unter Beobachtung – Teil 2: Der Strafverteidiger«, https://www.zeit.de/campus/2015/06/berufe-oeffentlichkeit-beobachtung-prominent/seite-2. Johann Schwenn, Die ZEIT v. 21.7.2014 »Eine Frage des Vertrauens«, https://www.zeit.de/2014/32/justiz-strafverteidiger-mollath-zschaepe.

194 Oliver Tolmein in FAZ v. 14.12.2010 »Im Zweifel gegen den Angeklagten?«, http://www.faz.net/aktuell/feuilleton/medien/kachelmann-verteidiger-johann-schwenn-im-zweifel-gegen-den-angeklagten-11078809.html?printPagedArticle=true#pageIndex_0.

195 Michael Hanfeld, FAZ v. 1.6.2011 »Und das wollen Journalisten sein?«, http://www.faz.net/aktuell/feuilleton/medien/kachelmann-prozess-in-den-medien-und-das-wollen-journalisten-sein-1635503.html.

196 Später erfolgte i.R. eines Schadensersatzprozesses eine teilweise Wiederherstellung der Reputation des Moderators; zum Ganzen: Fabienne Hurst, Die ZEIT v. 26.10.2017 »Unschuldig und doch verurteilt«, https://www.zeit.de/gesellschaft/zeitgeschehen/2017-10/joerg-kachelmann-unschuldig-freispruch-reputation.

197 Christian Morgenstern (1871 – 1914), deutscher Schriftsteller, Dramaturg, Journalist und Übersetzer.

Nicht nur der Verteidiger wird sich damit höchst unbeliebt machen – auch alle, die sich nicht scheuen, ihm zu folgen, hätten damit zu rechnen.

Der einzige unmittelbare Belastungszeuge ist das dreizehnte Opfer – Wilhelm Hamelmann. Alle anderen Aussagen sind unter unklaren Umständen zustande gekommen und selten konsistent. Dazu später. Wer hier aktiv verteidigen will, wird schnell merken: Man muss die Glaubwürdigkeit Hamelmanns erschüttern. Und schon wären die Sympathien verteilt, da Hamelmann ja nicht nur Opfer, sondern geradezu auch der tragische Held der Geschichte ist. Opfer anzuzweifeln ist ein ambivalentes Unterfangen, aber Helden zu demontieren ist der sicherste Weg, sich aller Sympathien zu entledigen. Eine professionelle Verteidigung wird aber genau diesen Weg gehen – weil er ja unter Umständen zielführend sein könnte. Und wir merken, dass wir auch hier wieder auf einen Berührungspunkt mit der offiziellen Version der Geschichte stoßen. Denn zu der gehört auch die Erwähnung eines Kreuzverhörs, dem sich Wilhelm Hamelmann unterziehen musste. Die Zuschauer im Schwurgerichtssaal waren ob dieser Wendung verwundert, viele wahrscheinlich auch still empört, welchen Fragen sich Hamelmann bei diesem Kreuzverhör stellen musste, wissen wir nicht. Aber wir können davon ausgehen, dass diese Episode den Prozessverlauf in keiner Weise verändert, gar zu einer Unterbrechung zwecks Sicherung neuer Beweismittel geführt hat. Der Anwalt unserer Vorstellung würde aber eine Menge bohrender Fragen zu stellen haben, die dies bezwecken. Er würde auf die Erwartungen der anderen Prozessbeteiligten und die des Publikums pfeifen. Er würde sich um das, was wir heute Political Correctness nennen, nicht scheren und versuchen, die Verteilung von Schwarz und Weiß großflächig zu verändern. Er würde versuchen, eine ganz andere Geschichte aufzubauen und letztendlich zu etablieren.

Über die Motive, die den Männern auf der Anklagebank unterstellt worden sind, könnte die Verteidigung recht bequem zu ganz anderen Interessen und Personen kommen, die eventuell bei der Tat eine Rolle gespielt haben könnten. Vergessen wir nicht, es war die direkte Nachkriegszeit, der brutale und angeblich unüberwindbare NS-Staat war zertrümmert, die neue Ordnung noch längst nicht erkennbar geschweige denn gefestigt. Und nicht nur ehemalige Zwangsarbeiter waren gezeichnete Menschen. Das, was ihnen Sue Ryder zugeschrieben hat, die kriminellen Akte, die sie unter normalen Umständen nie verübt hätten – das traf doch auch auf Deutsche zu. Und nicht nur auf die Entwurzelten, Vertriebenen und Ausgebombten, sondern auf viele Menschen, denen nur eines, aber etwas ungemein Bedeutsames abhandengekommen war: die verbrechenshindernde Wirkung von Moral und Ethik. Menschen, die urplötzlich die Kriminalität als eine Möglichkeit entdeckten, sich hemmungslos zu bereichern oder sich in ein völlig neues Leben begeben zu können.

Wer also hat welche Motive gehabt, so etwas zu tun? Wer hat von dem Überfall profitiert? Und wenn wir jetzt befürworten, dass die Verteidigung bei so einer Vorgehensweise, die nichts anderes als üblich und notwendig ist, auch Wilhelm Hamelmann ins Visier nimmt, dann sollten diejenigen, die das für unanständig halten, nicht gleich das Buch in die Ecke schleudern. Weisen wir zunächst daraufhin, dass es unwahrscheinlich anmutet, dass und wie Hamelmann dem Gemetzel als einziger ohne tödlichen Kopfschuss[198] entkommen konnte. Und da nicht jeder an das Eingreifen eines Gottes glaubt, drängt dieses Unwahrscheinliche geradezu die Frage auf, ob es wirklich unwahrscheinlich war.

198 Die Beschreibungen der Opfer finden sich in einem Schnellhefter mit der Aufschrift »Leichensachen 1945«, Signatur des Staatsarchivs 4,89 / 4-66. Dort lässt sich nachvollziehen, dass alle anderen Opfer mit einem oder zwei gezielten Kopfschüssen hingerichtet wurden.

Was war da passiert? War das Morden im Keller nicht nach Plan verlaufen, aber tatsächlich geplant gewesen? Hatte ein Auftraggeber, an den keiner dachte oder zu denken wagte, es fertiggebracht, DPs als ideales Werkzeug für ein perfides Vorhaben zu benutzten, sie mit Schnapsflaschen und Maschinenpistolen versorgt und somit eine völlig enthemmte Soldateska zu verantworten? Solche Fragen wurden übrigens auch schon von Besuchern der Ausstellung »Versöhnung im Alleingang« gestellt, die vor einigen Jahren die Blocklandmorde thematisierte. Wilhelm Hamelmann allerdings kommt angesichts seiner nur zufällig nicht tödlichen Verletzungen für ein solches Gedankenspiel realistischer Weise nicht in Betracht.

Und dann sollten wir wieder und wieder bedenken, dass es im Prozess für die polnischen Angeklagten um Leben und Tod ging. Ein professionell handelnder Verteidiger, dessen oberstes Ziel es ist, seinen Mandanten vor lebenslänglich Zuchthaus oder alsbaldiger Hinrichtung zu bewahren, muss auch Provokationen in seinem Repertoire haben. Und er sollte wissen, wann und wie er sie handhabt. Zum Beispiel dann, wenn – wie in diesem Fall – die offizielle Geschichte schon zur Prozesseröffnung quasi festgemauert im Gerichtssaal steht. Dann wird er sich gezwungen sehen, erste Risse in die glatten Mauern der Vorurteile (und der Vorverurteilung) zu stemmen, in denen sich der Zweifel wie ein Rinnsal seinen Weg suchen und am Ende eventuell die Mauern sprengen kann.

Keine Frage, wenn dieses Engagement der Verteidigung auffällt durch Fragen, die auf den Zeugen und aufs Publikum wirken wie ein Verhör, wenn es aussieht, als ob Wilhelm Hamelmann, das schwerverletzte 13. Opfer, oder ein anderer Deutscher, etwa einer der Nachbarn aus dem Blockland, in den Verdacht gerät, als Täter oder auch nur Mitwisser in das Verbrechen verstrickt zu sein – dann mag das ungeheuerlich und obszön klingen. »Unmöglich!«, das wäre sicherlich einer der häufigsten Kommentare.

Aber eine Verteidigungsstrategie, die auf Rücksichtnahme und Anpassung an das Dreitage-Konzept des Gerichts verzichtet hätte, dafür mit Mut und Hartnäckigkeit, mit Kreativität und auch Provokation vorgegangen wäre, hätte seinerzeit der Wahrheit gedient und womöglich so manches ans Licht gebracht. Mit so einer Verteidigung wäre es möglich gewesen, die Frage, ob es auch anders gewesen sein könnte, zu verneinen oder zu bejahen. So eine Verteidigung hätte den Zweifel nicht gesät, aber ihn vielleicht aufgespürt. Und dann hätte sich zeigen können, ob der Zweifel sich Bahn bricht oder als Rinnsal versandet. Allein, so war es nicht. Und deshalb können wir hier nur nachträglich und modellhaft unseren ausgedachten Verteidiger so agieren lassen.

»Glaube denen, die die Wahrheit suchen, und zweifle an denen, die sie gefunden haben«[199]

Natürlich gehört zur Qualifikation eines Strafverteidigers nicht nur der Mut, Unangenehmes und scheinbar Unwahrscheinliches zu präsentieren und zu sezieren, nicht nur der angemessene Umgang mit Provokationen. Es geht auch immer um die penible Überprüfung des vorgelegten Beweismaterials, der Aussagen von Zeugen – wobei selbstverständlich das eine ins andere greifen kann.

---

199 Andre Gide – zugeschrieben, vgl. Zitate zum Kirchenjahr, Göttingen 1996, Seite 47.

Bei den Blocklandmorden fällt allerdings sofort ins Auge: Die Ermittlungsergebnisse und Indizien, die die Erzählung der Anklage stützten, waren spärlich. Um im Besonderen die damaligen Ermittlungen der deutschen Kriminalpolizei als oberflächlich und übereilt zu charakterisieren, ist es wirklich nicht notwendig, in die Nachkriegs-Robe eines besonders cleveren Anwalts zu schlüpfen. Auch aus heutiger Sicht sehen wir eine Anhäufung von Ermittlungsfehlern, prädestiniert für Urteile, die in Wirklichkeit Fehlurteile sind.

Im ersten Teil wurde dies ausführlicher berichtet: So mangelte es bereits daran, dass die Tatwaffen aufgefunden und sichergestellt wurden. Zwar wurden Fingerabdrücke gesichert, jedoch viel zu spät, und höchstwahrscheinlich aufgrund unzureichender Technik geradezu auf amateurhafte Art. Die Ergebnisse erschienen selbst den Ermittlungsbehörden als nicht valide.

Und dann war da die Rede von einem neunten Täter, genauer gesagt dem Anführer der Tat, möglicherweise jüdischen Glaubens. Diese Figur blieb immer mysteriös und schien sich noch in den Nebeln des nächsten Morgens vollends aufgelöst zu haben. Identität unbekannt. Verbleib unbekannt. Zwar wurde nach ihm gefahndet, aber im Prozess selbst gab man sich offensichtlich damit zufrieden, dass es überhaupt einen Anführer gab und man ihm einen Namen geben konnte. Aber wer genau war er, welche Funktion hatte er, war er derjenige, der die Tat ausgeheckt hatte, war er der alleinige Todesschütze? Fragen über Fragen, die damals kaum gestellt wurden. Und wenn, hätte das Gericht mit den Achseln gezuckt. Dann, 15 Jahre später, gibt uns Wilhelm Hamelmann Auskunft: Er wisse immerhin, wo der Anführer zu finden sei, wolle sein Wissen aber nicht teilen.[200] Abgesehen von der erstaunlichen Wendung, dass ausgerechnet der einzige Überlebende des Massakers über Kenntnisse verfügte, wo der Anführer, vielleicht das Hirn des ganzen Plans, sich aufhält, müssen wir feststellen: Diesem Hinweis ist offenkundig nicht nachgegangen worden, so wie die eben formulierten Fragen im Februar 1946 keinem so richtig wichtig erschienen.

Doch hätte man es denn geschafft, das Strafgericht einer Militärregierung mit bohrenden Fragen zu beeindrucken? Betrachten wir diese Institution und die damit verbundene Problematik genauer: Es handelte sich um den General Court der US-Militärregierung, die höchste Instanz der Military Government Courts (MG-Courts), also eine Art von zivilem Strafgericht unter Regie der US Army. Vor diesen Gerichten wurde in einer Mischform aus amerikanischem Straf- und Militärgerichtsverfahren verhandelt.[201] Die MG-Courts waren nicht mit einer Trial Jury von zwölf Geschworenen besetzt, sondern mit drei Militärrichtern, jedenfalls bei schwerwiegenden Anklagen und hohen Strafdrohungen. In unserem Fall entschied der obere General MG-Court mit fünf Richtern. Sie waren zur Verhängung der Todesstrafe ohne Weiteres berechtigt.[202] Das strenge, die aktive Verteidigung begünstigende Beweisrecht indes war deutlich aufgelockert. Gerade die strikten Rules of Evidence sind ein wichtiger Schutzschild des Angeklagten im amerikanischen Strafverfahren. Doch musste man bei den MG-Courts im besetzten Deutschland Konzessionen an die Ressourcen machen. Es bestand, wie bereits Ernst Fraenkel nach den Erfahrungen des Ersten Weltkriegs

---

200 Siehe W. Hamelmann, 3. Auflage 1995, S. 33/34.

201 Sehr aufschlussreich zu den Manuals und Rules of Evidence der Military Government Courts ist: Eli E. Nobleman, Military Government Courts: Law and Justice in the American Zone of Germany, American Bar Association Journal, Vol. 33, No. 8 (August 1947), pp. 777-780, 851-852 (6 pages), Published by: American Bar Association.

202 Eli E. Nobleman, a.a.O., pp. 779-780.

beklagte, »an acute shortage of trained legal personnel«.[203] Daher war man bereit, um des höheren Ziels willen, die Ermittlung der Wahrheit, sonst gerade im amerikanischen Verfahren eine heilige Kuh, notfalls auch einmal zu schlachten. Deshalb also aufgelockerte Beweisregeln nach dem Prinzip »as best as possible« und insoweit nicht mit Rechtsmitteln überprüfbar. Auch begann man frühzeitig, sogenannte »Speed Courts«, Schnellgerichte, für kleinere Vergehen einzuführen und erwog, um schnell und drakonisch reagieren zu können, auch deren Tätigkeit bei schwereren Taten.[204] Allerdings war deren Einführung für die Besatzungsgebiete Hessen und Bremen ausdrücklich untersagt worden.[205] Trotzdem ging es schneller als vor den Zivilgerichten. Vor dem MG-Court waren beispielsweise Zeugen vom Hörensagen ein vollwertiges Beweismittel, im normalen Verfahren, wo die strikte »Hearsay-Rule« gilt, ein Unding. Generell war das Gericht gehalten, die bestmöglichen Beweismittel zu verwenden, wenn und soweit diese erreichbar waren. Schließlich durften die Richter sogar nach eigenem Ermessen Beweise ausschließen oder von deren Erhebung absehen, wenn sie es nicht für erforderlich hielten.[206] Die Unschuldsvermutung hatte keine Konjunktur.

Und last but not least hatte man den MG-Courts politische Funktionen zugewiesen: Sie sollten gemeinsam mit dem OMGUS Ruhe und Ordnung her- und sicherstellen und auch noch mithelfen, die deutsche Bevölkerung zu entnazifizieren. Andererseits dürfen wir nicht verkennen: Das Rechtsbewusstsein eines Großteils der deutschen Bevölkerung war noch bestimmt durch die diktatorischen Verhältnisse der NS-Zeit, dem Ausgrenzungs- und Ausmerzungdenken. Und so wurde gerade in dem aufsehenerregenden Prozess gegen die acht Polen erwartet, dass mit den Männern auf der Anklagebank, den »Fremdarbeitern«, wie sie immer noch hießen, den »Fremden«, kurzer Prozess gemacht werde. Das mag manchem auch als Stütze von Rechtfertigungsstrategien gedient haben – etwa für das eigene Verhalten während des Krieges, für die Befürwortung des Einsatzes von Zwangsarbeitern und deren menschenunwürdiger Behandlung. Die Militärregierung, die ihre Gerichte darauf funktional einstellte, hatte so ein zusätzliches Instrument, um dem Aufkommen von Unruhe in der mehrheitlich deutschen (und vielfach belasteten) Bevölkerung zu begegnen. Zugleich entsprach das der ohnehin nicht großen und mehr und mehr abnehmenden Sympathie für die osteuropäischen DPs, von denen man es am liebsten gesehen hätte, wenn sie stracks und geräuschlos wieder in ihre Heimatländer zurückgekehrt wären.

Alles in allem schlechte Voraussetzungen für eine rückhaltlose Aufklärung der Blocklandmorde. Oder zugespitzt ausgedrückt: Um die volle Wahrheit auszubremsen, war der General Court nicht unbedingt auf eine angepasste oder ungenügend arbeitende Verteidigung angewiesen. Es konnte durchaus reichen, wenn er seine strukturellen Möglichkeiten und die ihm zugewiesenen Funktionen schlicht und einfach ausreizte.

---

203 Ernst Fraenkel, Military Occupation and the Rule of Law, New York 1944, pp. 22, 149 , vgl. auch «Monthly Report of the Military Governor U.S. Zone, Legal and Judicial Affaires" September 20, 1946 No. 14, p. 11.

204 Eli E. Nobleman, a.a.O., p. 779.

205 Eli E. Nobleman, a.a.O., pp. 779-780.

206 Eli E. Nobleman, a.a.O., p. 851.

»Eines Tages schwimmt die Wahrheit doch nach oben. Als Wasserleiche«[207]

Tatsächlich ist die volle Wahrheit bis heute nicht aufgetaucht, und auch wir stochern nur mit einem Stock auf dem Grund des trüben Wassers und werden hier und da etwas aufwirbeln, vielleicht ein Stück der Wahrheit, auch wenn wir nicht sicher sein können, ob sie es wirklich ist.

In der großen Eile, mit der die Verurteilungen herbeigeführt wurden, blieben viele Fragen offen. Die Hypothese, dass die Täter höchstwahrscheinlich aus dem Lager am Schwarzen Weg, dem Camp Tirpitz kamen, wurde ohne die Auswertung von Sachbeweisen gebildet und kaum noch überprüft. Nicht untersucht oder noch nicht mal in Erwägung gezogen wurde, dass die Täter auch aus einem der Lager im Norden Bremens gekommen sein können. Obwohl Aussagen darauf hindeuteten, dass sie zumindest in diese Richtung geflohen sein sollen.

Trotz des Zeitdrucks mahnte die US-Military Police, die erst spät zum Tatort kam, objektive Beweismittel an. Vor allem drängten die Amerikaner auf die Sicherung von Fingerabdrücken. An diesem Punkt nun wirkten das Ressourcenproblem und die primäre Aufgabenstellung des OMGUS in denkbar fataler Weise zusammen. Fingerabdrücke konnten zunächst nicht genommen werden, weil der einzige Experte in Bremen durch seinen Dienst in der Nazi-Diktatur belastet war, er erst reaktiviert werden musste – belastet oder nicht – und nur mit erheblicher Verzögerung eingreifen konnte. Jedenfalls zeigt die unbürokratische Wiedereinstellung des Fingerabdruck-Experten: Die Entnazifizierung zählte schon zu dieser Zeit nicht mehr zu den unabdingbaren Punkten auf der Tagesordnung der Sieger. So politisch und moralisch fragwürdig die Entscheidung der Westalliierten war, sich die belasteten Funktionsträger der Nazidiktatur dienstbar zu machen, hier wirft sie doch die Frage auf: Hätte es Angeklagten vielleicht das Leben retten oder die Freiheit bringen können, wenn der Experte von Anfang an und dazu mit brauchbarem Equipment im Einsatz gewesen wäre?[208]

Tatsächlich dürfte die erste weiterführende Beweiserhebung in diesem Verfahren die Vernehmung Hamelmanns am 22. November 1945 gewesen sein. Denn er war letztlich der einzige Zeuge und zunächst einmal vermutlich sogar das einzige Beweismittel, um die Ermittlung überhaupt in eine Richtung zu lenken. Allerdings hätte es kaum ein ungeeigneteres Beweismittel geben können als dieses. Liest man in Handbüchern über die Auswahl und Vernehmung von Zeugen nach, zeigt sich schnell, dass fast sämtliche Kriterien für eine detailreiche und glaubhafte Aussage nicht vorlagen und auch gar nicht vorliegen konnten, so wie die Situation war.

Wichtig ist, dass ein Zeuge bei der Beobachtung wahrnehmungsfähig und bei der Aussage wiedergabefähig ist. Zu beiden Zeitpunkten sollte er nicht konstitutionell eingeschränkt sein. Der Zeuge sollte dem Ereignis gegenüber, das er bezeugt, neutral eingestellt sein. Die Aussage sollte im Kern stabil und detailreich sein. Zeugen sollten in guter physischer und psychischer Verfassung sein, um auch auf Einzelheiten bezogene Beobachtungen machen und darüber später berichten zu können. Vor allem aber müssen sie in der Lage sein, Wahrheit und Einbildung, Bilder und Trugbilder zu unterscheiden. Sie sollten also keinesfalls über vorgeprägte Erwartungen zum Gegenstand der Aussage verfügen, weil eben dann das Erwartete zur Wahrnehmung wird. Wilhelm Hamelman konnte am 22. November beim besten Willen praktisch keines dieser Kriterien auch nur ansatzweise erfüllen.

---

207 Wieslaw Brudzinski, Katzenjammer, Aphorismen, Frankfurt am Main 1966, Seite 9.

208 Wobei nicht gesagt ist, dass in diesem Fall der Experte nicht genauso begierig darauf gewesen wäre, die ungeliebten Zeugen des eigenen moralischen Versagens, die DPs zu verurteilen.

Seine Wahrnehmungsfähigkeit muss durch die furchtbaren und chaotischen Umstände der Mordnacht eingeschränkt gewesen sein. Und die Wiedergabefähigkeit? Die Szene ist schon ausführlich geschildert worden.[209] Am Krankenbett wird der Überlebende aufgesucht, kaum dass er sich überhaupt wieder einigermaßen orientieren kann. Am Bett ein Pastor, mehr seelischer Beistand als jemand, der helfen kann, eine differenzierte Aussage zu machen. Vielleicht ging es eigentlich mehr darum, dem Zeugen beizustehen, falls er es doch nicht schaffen sollte. Denn nicht nur Hamelmanns Lungensteckschuss war lebensgefährlich. Er hatte gerade seine gesamte Familie verloren und wusste das, sicher war er auch zutiefst in der Psyche verletzt. Er stand unter dem Einfluss von schmerzlindernden und beruhigenden Medikamenten, möglicherweise von Morphium. Dennoch sollte er der ungeduldig auf Ergebnisse wartenden Polizei an diesem Nachmittag Bericht erstatten, was schon traumatisch genug gewesen wäre.

Man brachte ihm auch noch die tags zuvor festgenommenen mutmaßlichen Mörder ans Krankenbett. Die Idee war die einer Gegenüberstellung. Geboren aus der schieren Notwendigkeit, jetzt endlich in Sachen Beweiserhebung punkten zu müssen. Das Opfer sollte die Gesichter seiner mutmaßlichen Peiniger wiedererkennen. Im Grunde sagt einem schon der gesunde Menschenverstand, was aussagepsychologisch nicht funktionieren kann: Dem Zeugen nur die Verdächtigen in genau dieser Rolle zu zeigen. Nahezu jeder Verletzte, den die Staatsanwaltschaft im Gerichtssaal fragt, ob er den dort sitzenden Angeklagten als Täter erkennt, wird mit »Ja!« antworten.

Der Fehler der hier auftritt, wird Fehlkontextualisierung genannt. Denn das reine Wiedererkennen wird überlagert von einer Fülle anderer Informationen. Die wichtigste und zugleich wirksamste davon ist der Umstand, dass die Person ja bereits auf dem Stuhl des Angeklagten sitzt. Damit ist klar, dass Staatsanwaltschaft und Gericht bereits entschieden haben, es sei höchstwahrscheinlich, dass diese Person später als Täter zu verurteilen ist. Ohne juristische Vorkenntnisse ist die Botschaft sogar noch klarer. Im ganzen Raum sitzt nur eine Person auf dem Stuhl des Angeklagten. Die Bewusstmachung, dass nicht jeder Angeklagte Täter ist, ist eine anspruchsvolle Reflektion, zu der in der scheinbar vernünftig geordneten Welt des Gerichtsaals kaum jemand fähig ist. Deshalb werden beispielsweise bei der Polizei Gegenüberstellungen mit dem Verdächtigen nur zusammen mit einer Reihe in Aussehen, Alter und Erscheinung ähnlichen Personen gemacht, häufig sind auch Polizeibeamte darunter. Und schon geht es regelmäßig steil bergab mit der Sicherheit des Wiedererkennens. Der Zeuge wird zurückgeworfen auf das, worum es einzig und allein geht – seine Erinnerung.

Was dagegen in Hamelmanns Krankenzimmer passiert, wirkt geradezu wie eine übertriebene Satire auf eine Gegenüberstellung. Die verdächtigen DPs wurden einer nach dem anderen gefesselt zu ihm ans Bett geführt. Schon allein die Fessel signalisierte überdeutlich: Täter. Dazu kommt, dass man den Vorgeführten kaum die Gelegenheit gegeben haben wird, sich zu waschen, zu rasieren, saubere Kleidung anzuziehen. Ohnehin nach Jahren der Zwangsarbeit in schlechter Verfassung, steckte ihnen dann auch noch die Nacht im Polizeigewahrsam in den Knochen. Kurz: Die gefesselten und abgerissenen Vorgeführten sahen aus und rochen wie das Zerrbild eines Verbrechers. Und das in einer Zeit, in der Sprüche aus der NS- Zeit – »Volksschädlinge erkennt man schon an ihrem Äußeren« – durchaus noch virulent waren. Da konnten doch diese Festgenommenen nur schuldig sein, fast schon egal, was ihnen vorgeworfen wurde.

Mit dieser verzerrenden Kontextualisierung sollte Hamelmann ihre Gesichter wiedererkennen. Dabei musste es nach den berichteten Umständen der Tat fast schon unmöglich

209 Kap. 1, S. 24 ff.

gewesen sein, überhaupt ein Gesicht zu erkennen. Aber nicht genug mit dieser völlig unbrauchbaren Beweiserhebung, aufgrund der heute und auch in der damaligen USA jedes Urteil eines ordentlichen Gerichts wegen schwerster formaler Fehler aufgehoben worden wäre. Man befragte den Zeugen nun auch noch über die jeweilige Tatbeteiligung. Selbst nach Pastor Penzels Erinnerungen zitterte Hamelmann erregt und aufgebracht, bei dem einen oder anderen der ihm Vorgeführten soll er auch geschrien haben, so zum Beispiel: »Das ist der Mörder meiner Frau!«[210] Auf diese Weise erhielten die Beamten genau die Aussagen, die sie haben wollten. Hamelmann identifizierte wie berichtet alle acht Männer. Zum Unterschreiben zu kraftlos, bestätigte er das angebliche Wiedererkennen mit einem kleinen Kreuz. Holzschnittartig wie das gesamte Prozedere auch die Protokolle, die ohne sprachliche Abweichungen – sozusagen im Vordruck-Stil – zu jedem der Verdächtigen festhielten, dass Hamelmann ihn sofort wiedererkannt habe. Die schriftlichen Angaben wurden ihm vorgelesen, und er bestätigte sie lediglich durch ein Handzeichen.

Wie wir bereits wissen, erkannte er angeblich in drei der gefesselten Männer die Todesschützen wieder, die demnach neben dem Anführer die Hauptschuldigen gewesen sein sollten. Zu diesem übrigens scheint man auch ihn nicht weiter gefragt zu haben. Nirgends ist dokumentiert, dass man das Selbstverständliche gemacht hätte: Den Zeugen nach den Umständen befragt, unter denen er die ihm vorgeführten Personen in der Mordnacht gesehen hatte. Auch das gehörte damals wie heute zum kleinen Einmaleins der Vernehmungstechnik.

Hamelmann selbst hat Jahre später einen der ursprünglich von ihm als Hauptschuldigen identifizierten, Czeslaw Godlewski, entlastet – auch eine dieser merkwürdigen Fortsetzungen der Ermittlung. Aber nach dem, was Hamelmann in seinem angeschlagenen und traumatisierten Zustand aussagte, waren die Urteile praktisch schon gesprochen. Die Polizei tat kaum noch etwas, um hier irgendetwas zu hinterfragen oder zu überprüfen geschweige denn andere Spuren zu verfolgen. Insbesondere schenkte man den teilweise nicht fernliegenden alternativen Geschehensverläufen keinerlei Beachtung.

Es wäre nicht ganz korrekt, wenn wir sagen würden, der Kern jeden Schuldnachweises, die Beschreibung der konkreten Tatbeteiligungen spielte nur eine untergeordnete Rolle. Nein, so etwas erfolgte ganz und gar nicht. So lesen wir in einem Abschlussvermerk den bemerkenswerten Satz: »Auf Grund der angestellten Ermittlungen kann

Wilhelm Hamelmann

210 M. Penzel, S. 54.

gesagt werden, dass fast sämtliche Beschuldigten sich *mehr oder weniger* an dem Raubmord in Niederblockland beteiligt haben.« Dieses Ergebnis, das in seiner Indifferenz geradezu eine Persiflage auf einen Abschlussvermerk ist, basierte ausschließlich auf den Aussagen von zwei Personen. Zum einen auf dem, was Wilhelm Hamelmann mittels Handzeichen und durch sein Kreuz auf dem Krankenbett mitgeteilt haben soll. Zum anderen auf den Belastungen des Nikolaj Czupowski, eines nicht unbedingt glaubwürdigen Mannes. Auf ihn werden wir noch zurückkommen.

Der amerikanische Begriff für die Beweiserhebung lautet »constructing the evidence«. Es bekommt in diesem Verfahren eine ganz eigene, unheilvolle Bedeutung. Was Wilhelm Hamelmann betrifft, hat er mit den weiteren Ermittlungen relativ wenig zu tun. Auch seine späteren Äußerungen sowie sein Verhalten gegenüber den überlebenden Verurteilten ist stets nur aus einer Perspektive beurteilt und – vermutlich zu Recht – gepriesen worden. Aber was ihm mit Godlewski passierte, könnte ihm das später auch für die anderen zu Bewusstsein gekommen sein? Wir haben ja im ersten Teil berichtet, das erst nach der Gegenüberstellung (am 25. November) ein weiterer Pole aus dem Lager Schwarzer Weg verhaftet wurde, anschließend einer wieder entlassen wurde. Und diese Freilassung – man könnte auch sagen: diesen Austausch – will ja Wilhelm Hamelmann nach eigenen Aussagen bewirkt haben.

Doch hat er je reflektiert, dass er am 22. November, als er halbtot im Krankenbett lag, eine schlimme Rolle in einem bösen Spiel zugewiesen bekam? In dem von ihm verfassten Erinnerungsbüchlein »Vergeben statt Vergelten« geht Hamelmann durchaus auf die Szenen im Krankenhaus ein und schreibt: »Ich erkannte sie alle. Und nun war mein Wort entscheidend für Tod und Leben dieser armen Menschen.«[211] Aber kein Wort darüber, wie sich dieses »Erkennen« tatsächlich abgespielt hatte. Konnte oder wollte er sich später nicht mehr daran erinnern, wie er die ihm zugewiesene Rolle ausgefüllt hatte? Nämlich als ein nahezu Ohnmächtiger, und das im doppelten Sinne. War ihm später klar geworden, dass aufgrund seiner Handzeichen und Kreuze die Basis gelegt war für die späteren Todesurteile und drakonischen Haftstrafen (auch wenn die Gegenüberstellung im Prozess dann offiziell ausgeklammert wurde)?

Wahrscheinlich ohne es zu wissen und zu wollen, hat Wilhelm Hamelmann zumindest am 22. November mitgewirkt, das was man für die Wahrheit halten wollte, mit Steinen beschwert im See zu versenken. Als wollte man sicher gehen, dass nichts jeweils wieder an die Oberfläche kommt.

»Nur die Lüge braucht die Stütze der Staatsgewalt. Die Wahrheit steht von allein aufrecht«[212]

Aber wir sehen jetzt immer klarer eine wichtige Hypothese aus dem äußerst komplexen Fall auftauchen. Sie geht dahin, dass es im gesamten Verfahren gar nicht in erster Linie darum ging, die Wahrheit zu ermitteln. Das Urteil nutzte der Militärregierung sowie den sich langsam formierenden deutschen Zivilbehörden. Es hielt die Bevölkerung ruhig, nicht zuletzt,

---

211 W. Hamelmann, 3. Auflage, 1995, S. 28.
212 Thomas Jefferson, 1787: Notes on the state of Virginia, QUERY XVII (von Thomas Jefferson), http://xroads.virginia.edu/~hyper/JEFFERSON/ch17.html.

weil sie in dem Gefühl bestärkt wurde, Schutz von der Besatzungsmacht zu benötigen, um nicht Übergriffen ehemaliger Zwangsarbeiter ausgesetzt zu sein. Es vermittelte das Gefühl von Ordnung und Sicherheit. Und – vielleicht noch wichtiger – die noch nicht ansatzweise entnazifizierten Bremer waren nun Opfer und nicht mehr Täter. Durch die Schuld, welche die nur in der Theorie befreiten Zwangsarbeiter auf sich geladen hatten, gleichsam von ihrer eigenen Schuld befreit.

Ergo: Das Urteil wurde nicht gefällt, um die die wahren Schuldigen zu bestrafen, sondern weil es den Interessen der Behörden diente, genau diese Angeklagten mit abschreckend hohen Strafen zu belegen. Diese Hypothese lässt sich wiederum aufspalten in die Analyse der Ermittlungen und diejenige des eigentlichen Prozesses vor dem MG-Court. Zur Erinnerung: Eine Verteidigung, die sich von der Unschuldsvermutung leiten lässt, muss nicht beweisen, dass es so gewesen ist. Es reicht aus, wenn ernsthafte Zweifel an der offiziellen Geschichte von der Täterschaft der Verhafteten auftreten. Doch um mit der Hypothese zu arbeiten, muss sie schon geprüft werden. Es sollte zunächst der Ablauf der weiteren Ermittlungen wie auch des Gerichtsprozesses analysiert werden.[213]

Interessant sind vor allem die Erwägungen der Polizei, welche zur Verhaftung geführt haben, sowie die unmittelbar darauf durchgeführten Verhöre dieser Beschuldigten.

Unmittelbar nach der Tat scheint es Hinweise dafür gegeben zu haben, dass die Mörder in den Norden Bremens, Richtung Blumenthal flüchteten. Ein entsprechender Hinweis findet sich bei genauer Durchsicht der Berichte über die ersten Untersuchungen am Tatort. Jedoch scheint diese Spur nicht beachtet worden zu sein. Das ist aus zwei Gründen bemerkenswert. Zum einen kam es in derselben Nacht und in genau dieser Richtung zu einem weiteren Überfall, weniger brutal, aber doch nach einem ähnlichen Beuteschema. Zum anderen gab es auch in dieser Gegend Lager für Displaced Persons, eines lag nicht weit vom zweiten Überfallort entfernt. Obwohl auch dort Verdächtige hätten vorgefunden werden können, wurde eine Razzia nur im Camp Tirpitz durchgeführt. Nur dort wurde nach Verdächtigen gesucht – und diese auch schnell und in ausreichender Anzahl festgenommen.

Die Polizei ging rigoros vor. Im Laufe der Gegenüberstellung wurde ein Beschuldigter angeschossen, es wird auch von körperlicher Gewalt berichtet, die bei dieser Aktion von Polizeibeamten ausgeübt wurde. Dass ernsthafte Widersetzung bei der Gegenüberstellung oder auch der Verhaftung vorgekommen ist, ist nicht bekannt. Wir müssen davon ausgehen, dass auch später, als die Vernehmungsbeamten mit Eile und Nachdruck um Geständnisse bemüht waren, sie vor der Anwendung körperlicher Gewalt nicht zurückschreckten.[214] Nach heutigem Verfahrensrecht in Deutschland ist das ein massiver Verfahrensverstoß, der mit hoher Wahrscheinlichkeit dazu führen würde, das ganze Verfahren zu Fall zu bringen.[215] Gleiches gilt dafür, dass die Verhöre offensichtlich ohne Anwesenheit von Verteidigern ge-

---

213 Man wird bemerken, wie ähnlich die Tätigkeit des Strafverteidigers der methodischen wissenschaftlichen Analyse ist. Hypothesen, werden gebildet, überprüft, verworfen oder weiterverfolgt. Das zugrundeliegende Denkschema kann man sehr gut nachvollziehen bei Robert M. Pirsig, Zen und die Kunst ein Motorrad zu warten – Ein Versuch über Werte, Frankfurt am Main, 1976.

214 Kap. 1, S. 24 ff.

215 § 136a StPO bezeichnet die im deutschen Recht verbotenen Vernehmungsmethoden. Im US-Strafverfahren würde physische Gewalt dazu führen, dass die Vernehmungen nicht verwertet werden könnten, wenn die belastenden Aussagen nicht mehr als freiwillig anzusehen sind, was einen relativ großen Spielraum eröffnet, dazu »Criminal Procedure: Investigation and Right to Counsel«, by Ronald Jay Allen, William J. Stuntz, Joseph L. Hoffmann, Debra A. Livingston, Andrew D. Leipold, Tracey L. Meares, 3rd Ed. 2017, pp. 863 ff.

führt wurden. Ein evidenter Verstoß gegen den Grundsatz des Fair Trial, der Verfahrensfairness. Sowohl im deutschen wie auch im amerikanischen Recht ist explizit geregelt, dass den inhaftierten Beschuldigten Verteidiger zur Seite zu stellen sind, wenn die Vorwürfe so schwer wiegen und die Strafen das Höchstmaß erreichen können. Zwar scheint bei den Vernehmungen ein Dolmetscher anwesend gewesen zu sein, zumindest in einigen Fällen, offensichtlich kam es dennoch zu Verständigungsschwierigkeiten. Wenig überraschend protokollierte die Polizei diverse Namen zunächst fehlerhaft.[216]

Insgesamt erweckt der Bericht der bremischen Polizei von diesen Verhören den Eindruck, man habe von Beginn an und an keiner Stelle Zweifel daran aufkommen lassen wollen, in wortwörtlich blinder Sicherheit die Richtigen erwischt zu haben. Nach den so zustande gekommenen ersten Ermittlungsergebnissen verzichtete die Mordkommission auf den an sich völlig üblichen Begriff »Tatverdächtige« und sprach stattdessen gleich von »Tätern«, bei denen es sich außerdem um »abgefeimte Berufskriminelle« handele: »Bei den Tätern handelt es sich um Verbrechertypen, die ein verwegenes und robustes Gebaren an den Tag legten.«[217] Hier werden ganz fatale Erinnerungen wach an die Lehre von den sogenannten »Tätertypen«, die im Nationalsozialismus Hochkonjunktur hatte. »Volksschädlinge« so der unmenschliche Alltagssprachgebrauch, könne man schon am Äußeren erkennen. Kriminalistisch eine Albernheit sondergleichen, aber ein wirksames Instrument, um zu verhaften, wen man verhaften will, auch wenn keine Beweise vorliegen.

Sehr beredt sind die Vernehmungsprotokolle auch dort, wo sie schweigen. Denn die naheliegenden Fragen zum Tatablauf wurden nicht gestellt. So etwa, wie und wo die Täter, wenn sie denn aus dem Camp Tirpitz kamen, über einen Fluss, die Kleine Wümme gelangt sein konnten. Ein Boot, welches sie benutzt haben könnten, ist nicht aufgetaucht, jedenfalls nicht in den Akten verzeichnet. Stattdessen begnügte man sich mit einer völlig unbewiesenen Vermutung.

Der schon mehrfach erwähnte Anführer war keiner näheren Untersuchung, ja kaum einer Frage wert. Ebenso unerheblich schien die genaue Anzahl der Eindringlinge zu sein, von der Anzahl der Schützen ganz zu schweigen.[218] Dass dies für die spätere Verurteilung nicht dieselbe Rolle spielte, wie wir es im deutschen Strafrecht gewohnt sind, mag daran gelegen haben, dass es das amerikanische Recht in wesentlich großzügiger Weise erlaubt, jedem Beteiligten alles, was im Zusammenhang der gesamten Tat von irgendeinem der anderen verursacht wurde, als eigenes Verbrechen zuzurechnen. Das deutsche Recht ist hier strenger, weil die individuelle Schuld festgestellt werden muss und kennt keine Figur einer solchen Verschwörung (Conspiracy), in der alle für alles haften.[219] Aber das gilt allenfalls für den Prozess vor dem MG-Court. Die Polizei war mit dem amerikanischen Strafrecht ohnehin nicht vertraut und musste doch erst einmal einen plausiblen Geschehensablauf feststellen und hierfür Beweise sammeln. Was aber nicht systematisch geschah.

Waren das die Nachwirkungen des verderblichen Einflusses der NS-Zeit auf objektive Ermittlungsarbeit? Oder eben die Befolgung der Devise, es müssen schnell Verhaftete her, damit Unruhe unter der bremischen Bevölkerung im Keime erstickt wird? Wir verbiegen uns nicht, wenn wir annehmen, hier ist das Eine zum Anderen gekommen und hat für ein höchst zweifelhaftes Resultat gesorgt.

---

216 Kap. 1, S. 24 ff.
217 Bericht Kriminalpolizei Bremen, Mordkommission, 23.11.1945, Leichensachen Jahrgang 1945
218 Kap. 1, S. 20.
219 Momsen/Washington, Conspiracy, ZIS 2019, Bd. 2 und 3.

»Wer die Wahrheit nicht weiß, ist bloß ein Dummkopf. Aber wer sie weiß und sie eine Lüge nennt, ist ein Verbrecher«[220]

Die Polizeivernehmung der Verdächtigen nimmt ebenfalls einen Verlauf, der eher an eine schlechte Inszenierung als die ernsthafte Suche nach Aufklärung der Wahrheit denken lässt. Zunächst einmal war nur der Beschuldigte Nikolaj Czupowski in Teilen geständig, ein weiterer machte später ebenfalls einige Angaben, die aber nicht von vergleichbarer Bedeutung waren. Die anderen dagegen bestritten, in irgendeiner Weise mit der Sache zu tun zu haben. Dabei blieben sie zunächst auch, obwohl Wilhelm Hamelmann sie alle am Krankenbett »eindeutig identifiziert« hatte. Warum Czupowski dazu überging, auch einige der anderen Festgenommen zu belasten, ist nicht mehr aufzuklären. Dass es etwas geändert hätte, wenn alle gleichermaßen davon abgesehen hätten, irgendetwas zur Sache zu sagen, wie es ihnen natürlich auch unter damaligem amerikanischem Recht zustand, lässt sich schwerlich vermuten. Zu groß könnte der Wille der Behörden gewesen sein, den Fall schnell und mit einem Ausrufezeichen abzuschließen. Falls dem Kronzeugen hingegen ein plea bargaining[221], also die Möglichkeit, im Austausch für eine Kooperation eine deutlich mildere Strafe zu erlangen, angeboten worden sein sollte, so hätte man ihn über den Tisch gezogen, wie sich am Ende erwies.

Erstaunlich ist, dass Czupowski vielfach nur andeutete und vermutete, wer welche Rolle gespielt haben soll. Meistens wollen Täter, die sich zur Kooperation durchgerungen haben, vor allem zeigen, dass sie nun wirklich die Seiten gewechselt haben und berichten oft mehr Details als nötig, manchmal auch mehr als es tatsächlich gab. Vor allem aber streben sie fast immer danach, den eigenen Beitrag als gering erscheinen zu lassen, im Vergleich zu dem, was andere angerichtet hätten. Relativ präzise fiel dagegen Czupowski Angabe aus, dass es einen Anführer gab und dass es sich um »den Juden Siegmund« gehandelt habe. Ob er wusste, dass dieser schon längst über alle Berge war und nicht mehr belangt werden konnte? Oder wusste er, dass es »Siegmund« gar nicht gab? Dann wäre sein Aussageverhalten so ungewöhnlich doch nicht: Die Hauptschuld ablenken ins strafrechtliche Nirwana, selbst dafür nur als Mitläufer durchkommen. Rätselhaft bliebe dann aber, warum Hamelmann dieselbe Geschichte erzählte. Auch wenn sie vielleicht später den Aussagen Czupowskis angenähert wurde, nachdem diese bekannt geworden waren, berichtete ja auch der einzig Überlebende, dass es einen zehnten Mann gegeben habe – und dass dieser eine Schlüsselrolle einnahm.

Zufällige Koinzidenz – oder ein Stück Wahrheit, das mit den Akten noch nicht wieder-aufgetaucht ist.[222]

Werfen wir nun einen Blick auf das Protokoll der Vernehmungen. Dieses ist, das fällt im wahrsten Sinne des Wortes auf einen Blick ins Auge, überraschend kurz, wenn man bedenkt, dass es um zwölf Tote und einen Schwerverletzten ging und dazu um (zu diesem Zeitpunkt) neun Täter, von denen einer flüchtig zu sein schien. In vergleichbaren Fällen heutzutage würden schon die ersten Vernehmungen ein Protokoll von kaum einmal weniger als 30 oder 40 Seiten ausmachen. Allein schon die unverzichtbaren Belehrungen, die Angaben zur Person und den Umständen der Vernehmungen würden viele Seiten füllen. Wäre es hinge-

---

220 Berthold Brecht, Aus dem Leben des Galilei, Große kommentierte Berliner und Frankfurter Ausgabe, 2000, Band 5, S. 70.

221 Eli E. Nobleman, a.a.O., p. 780.

222 Ausführliche Schilderung in Teil 1, S. 25 f.

gen nur eine belastende Aussage, so wäre diese kaum minder ausführlich. Vieles wäre immer wieder in Bezug auf jeden Beteiligten nachzufragen, um Grundmuster der Kohärenz und anderer Glaubhaftigkeitskriterien abzuprüfen. Das Protokoll vom November 1946 ist, soweit es die Identifikation der Beschuldigten durch den Kronzeugen betrifft, nur etwas mehr als eine Seite lang. Zuzüglich einer guten Seite Zusammenfassung[223]. Nicht unterschlagen werden soll, dass zuvor auch die eigentlichen Vernehmungen protokolliert wurden, die wohl in den meisten Fällen sehr knapp ausfielen, da die Beschuldigten ja nicht geständig waren. Aber auch die Aussage des zentralen Belastungs- und Kronzeugen Nikolaj Czupowski nimmt kaum mehr als eine halbe Seite ein. Weiß man, wie Ermittlungsakten aussehen, dann ist klar, dass nicht viel Zeit und Seiten mit diesen Vernehmungen verschwendet wurde, wenn auf Blatt 45 schon der diesbezügliche Abschlussvermerk angebracht wurde:

»Auf Grund der angestellten Ermittlungen kann gesagt werden, dass fast sämtliche Beschuldigten sich mehr oder weniger an dem Raubmord in Niederblockland beteiligt haben. Die Ermittlungen, die in der kurzen Zeit getätigt werden konnten, sind dahingehend getätigt worden, dass die Beschuldigten sich 1) gegenseitig beschuldigten und 2) von dem Zeugen Hamelmann einwandfrei wiedererkannt worden sind «.

Dieses Ergebnis basierte also ausschließlich auf den Aussagen von zwei Personen. Zum einen auf dem, was Wilhelm Hamelmann auf dem Krankenbett mitgeteilt hatte oder – um diese Absurdität zu wiederholen – was die Polizei meinte, von ihm erfahren zu haben und sich das mit einem Kreuz als Unterschrift hatte bestätigen lassen. Zum anderen auf den Belastungen des Nikolaj Czupowski, eines Kronzeugens, der aus verschiedenen Gründen nicht sonderlich glaubwürdig war, vor allem, weil er sich offenbar eine milde Behandlung versprach. Unfreiwillige Komik erlangt dieser Text durch die holzschnittartige Sprache, die jede Konkretheit vermeidet und dafür reichlich salvatorische Floskeln beinhaltet. Als hätte der Verfasser Sorge, wegen Beurkundung falscher Tatsachen belangt werden zu können. Aber wesentlich bemerkenswerter ist, dass diese Feststellung eigentlich jeder Grundlage entbehrt, was die Befragung der Beschuldigten betrifft.

Schaut man sich nun die sehr knappen 1,5 Seiten des Vernehmungsprotokolls vom 27. November an, welches der Beamte Tschiersky für die Fragen zur Identifikation der übrigen Tatbeteiligten aufsetzte, so sieht man, dass immerhin ein Dolmetscher namens Willi Jung zugegen war. Wer fehlte, war ein Verteidiger für Nikolaj Czupowski. Aus heutiger Perspektive kaum vorstellbar. Nach damaligem Recht der USA aber zulässig, sofern der Beschuldigte darauf verzichtet hätte. So verfährt auch die Verfahrenspraxis heutiger Tage in den Vereinigten Staaten, allerdings muss dieser Verzicht wirksam durch einen Beschuldigten erklärt werden, der auch versteht, welchen zentralen Rechts er sich begibt.[224] Ist er nicht ausreichend informiert oder in seinen mentalen und kognitiven Fähigkeiten eingeschränkt, ist solcher Verzicht grundsätzlich unwirksam. Erfolgen die Vernehmungen gleichwohl, so kommt es dazu, dass die Angaben nicht für ein Urteil herangezogen werden dürfen, das Verfahren wird zum »Mistrial« und muss beendet werden.[225] Anderenfalls hätte wohl, wenn etwa nicht immer oder überall ein Verteidiger anwesend gewesen sein sollte, ein Fall der »ineffective assistance of counsel«, der unzureichenden Verteidigung, vorgelegen.

---

223 Blatt 42 – 46 der Polizeiakte.

224 Weaver/Burkhoff/Hancock/Hoeffel/Singer/Friedland, Principles of Criminal Procedure, 5th Ed. (St. Paul MN), 2016, pp. 41-45.

225 Criminal Law, UNIVERSITY OF MINNESOTA LIBRARIES PUBLISHING EDITION, 2015, pp. 83 ff.

Aber es gibt keinerlei Hinweise darauf, dass man, wie nach unserer Strafprozessordnung zwingend, zumindest für den inhaftierten Beschuldigten, notwendig[226], einen Verteidiger informiert hätte. Sowohl fehlende wie auch unzureichende Verteidigung wären im amerikanischen Recht heute wie damals Grund für ein Rechtsmittel gegen das Urteil.[227] Das Problem in unserem Fall: Gegen das Urteil des MG-Courts gab es kein Rechtsmittel.[228]

Die Kriminalpolizei hatte die Festgenommenen durchnummeriert, so muss man es wohl nennen. Die Ziffern, die auch auf ihre Fotos gemalt waren und dann im Prozess auf der Anklagebank sichtbar zu tragen waren, tauchen in Vernehmungsprotokollen und im Schlussbericht anstelle der Namen auf. Da wir aufgrund von Vergleichen den Ziffern die Namen zuordnen können, wollen wir sie auch nennen, wenn wir aus diesen Papieren zitieren. So soll Czupowski, als ihm Bild Nr. 2 (Michael Strockyj) vorgelegt wird, bloß angegeben haben, dass die Person gern und viel Alkohol trinkt, und er nur annehmen kann, dass Strockyj am Überfall teilgenommen habe. Ähnliches, nämlich eher Entlastendes, sagte er über drei weitere Festgenommenen aus, deren Bilder ihm gezeigt wurden, darunter Clemens Matejko, dem erst nachträglich am 25. November Festgenommenen (Nr. 9).

»K.-Anwärter Tschiersky«, wie er unterzeichnet, macht daraus in seinem Schlussbericht eine Geschichte, die schlüssig wirken soll. Indem er Czupowskis Zweifel, ob der eine oder andere wirklich dabei war, einfach ignorierte oder anders interpretierte. Und indem er sich hütete, darauf hinzuweisen, dass sich in mehreren Fällen ein eindeutiger Widerspruch zu Hamelmanns Krankenbett-Aussagen auftut.

Bild Nr. 8, Czupowskis eigenes Konterfei, wurde dem Kronzeugen logischerweise nicht vorgelegt. Hier genügte Tschiersky die »Identifikation« am Krankenbett durch Wilhelm Hamelmann und das, was Czupowskis über sich selbst zu Protokoll gab: »Wir gingen dann über Wiesen und Felder. Hierbei fiel ich des öfteren auf Grund meines betrunkenen Zustandes in den Graben. Circa ½ km vor dem Gehöft wurde ich von dem Anführer, welches der Jude war, zurückgelassen mit dem Bemerken, ich solle an Ort und Stelle Wache halten. Da ich noch ziemlich angetrunken war, schlief ich auf meiner Wache ein. Ab und zu erwachte ich und meinte des öfteren Schüsse gehört zu haben. Ob es nun bestimmt Schüsse waren, kann ich nicht sagen. Nach ca. ½ Stunde kamen die Männer … zurück. Der Anführer der Bande stieß mich mit dem Fuß und sagte ›Komm, es ist alles erledigt.‹ Wir sind dann wieder über Wiesen und Felder zurück zum Lager gelaufen (...) Wenn mir vorgehalten wird, mich an dem Überfall beteiligt zu haben, so muss ich es zugeben, doch habe ich nur Wache gestanden und das Gehöft nie betreten«.[229]

Dieses »Geständnis« (so Tschiersky) ist im Grunde genommen völlig ungeeignet als Beweis für Czupowskis konkrete Tatbeteiligung, vor allem: Es ist keinesfalls als ein Geständnis zu werten, im Keller gewesen und geschossen zu haben.

Wenn es stimmt, was Nikolaj Czupowski sagte, hätte Wilhelm Hamelmann ihn zu Unrecht am Krankenbett des Mordes beschuldigt. Denn nach eigener Aussage wäre Czupowski überhaupt nicht am Tatort gewesen, also hätte Hamelmann ihn dort nicht wiedererkennen können. Wäre es andererseits so gewesen, dass man die Aussage Czupowskis als Schutzbehauptung ansah, das Wachehalten als reine Erfindung, um sich selbst aus der Schusslinie zu bringen

226 § 140 StPO – notwendige Verteidigung.
227 Weaver/Burkhoff/Hancock/Hoeffel/Singer/Friedland, Principles of Criminal Procedure, 5th Ed. (St. Paul MN), 2016, pp. 45-64, 63.
228 Eli E. Nobleman, a.a.O., pp. 851 f.
229 Blatt 42 der Ermittlungsakte.

(wie wahr diese Worte gewesen wären, zeigte sich später), dann hätte man nicht seine gesamten anderen Angaben ohne Überprüfung für wahr halten dürfen. Denn die Angaben waren nicht nur in sich inkonsistent, sondern auch im Verhältnis zu denen des einzigen anderen Hauptbelastungszeugen (die ihrerseits ebenso nicht vollständig frei von Binnenwidersprüchen waren).

Ohne weitere Beweismittel ist diese Situation ein Alptraum für die Ermittlungsbehörden. Aber schon Anwärter Tschiersky macht daraus mit wenigen Worten einen Alptraum für die Beschuldigten. Er glättet in seiner Zusammenfassung alle Widersprüche, mögen diese auch noch so gravierend sein, einfach in dem er nur übernimmt, was zusammenpasst und alles was stören könnte, einfach weglässt oder uminterpretiert. Um was also handelt es sich hier? Entweder um dreiste Falschinterpretationen, oder aber das niedergeschriebene Ergebnis stand von vornherein fest.

Aus heutiger Sicht lässt der Schlussbericht der Bremer Kriminalpolizei ein ganzes Gestrüpp von Fragezeichen entstehen: Wie war der Zustand der Beschuldigten bei ihrer Verhaftung und den anschließenden Befragungen, bei denen körperliche Gewalt nicht ausgeschlossen werden kann? Nach Aussage Czupowskis waren beim Raubzug zumindest einige volltrunken. Also wäre es zwingend notwendig gewesen, zu ermitteln, ob sie zum angeblichen Tatzeitpunkt überhaupt schuldfähig waren. Konnten die Männer in diesem Zustand im Laufe von 30 Minuten, wie es der Kronzeuge angab, vom Standort des angeblich Wache haltenden und eingeschlafenen Czupowski 500 Meter bis zum Hof Kapelle zurücklegen, dort die ihnen zugeschriebenen Taten begehen und wieder zurücklaufen? Das alles in einer halben Stunde – ein realistisches Szenario für angetrunkene, nicht mit dem schwierigen Geläuf des Blocklands vertraute Männer? Warum berichtete der Zeuge nichts von der Beute, welche die Täter nach Anwärter Tschierskys Bericht mit sich geführt haben müssten? Wo waren die Tatwaffen geblieben? Gab es im Lager keine anderen DPs, welche die Gruppe hatten losgehen oder zurückkehren sehen müssen? Wer waren die Verdächtigen für den anderen Raubüberfall in derselben Nacht in Bremen-Nord? Warum lieferte Czupowski nicht mehr Informationen über die »Bande«? Welche »Wunde« hielt ihn, wie er im Vernehmungsprotokoll vom 27. November zitiert wird, davon ab? War das die bei der Gegenüberstellung erlittene Schussverletzung – oder eine Wunde, die später im Polizeigewahrsam dazu kam? Warum ist man all diesen Fragen und Widersprüchen nicht nachgegangen?

Nichts davon war offenbar interessant genug für die Ermittlungsbeamten, um dem nachzugehen. Der vorherrschende Eindruck ist: Aus den Beschuldigten waren längst – und das nicht nur für die Mordkommission der Kripo und Anwärter Tschiersky – Schuldige geworden. Die Wahrheit hatte sich dem nun anzupassen.

Durch die Gasse der Vorurteile muss die Wahrheit ständig Spießruten laufen«[230]

Jeder dieser eklatanten Ermittlungsfehler und jedes der vorgenannten Fragezeichen wäre für unseren Verteidiger, dessen Rolle wir ja immer noch einnehmen, eine Einladung dazu gewesen, es gar nicht erst zu einem Urteil kommen zu lassen. Denn gerade im amerikanischen Verfahrensrecht hätte er vielfache Verletzungen verfassungsmäßig gesicherter Beschuldig-

230 Indira Ghandi (zugeschrieben).

tenrechte geltend machen können. Jede Grand Jury in den Vereinigten Staaten hätte die Eröffnung einer Hauptverhandlung ablehnen müssen, da weder Wilhelm Hamelmanns noch Nikolaj Czupowskis Aussage in einem Gerichtsverfahren hätten verwendet werden dürfen.[231] Allerdings hätte dafür eben auch ein Verteidiger bereits vor dem eigentlichen Prozess tätig werden müssen.

Die Hauptverhandlung fand vom 25. bis zum 27. Februar 1946 statt, fast genau ein Vierteljahr nach dem Verbrechen. Das Urteil wurde exakt drei Monate nach der Aussage Czupowskis vor Anwärter Tschiersky verkündet. Auch der Kronzeuge Nikolaj Czupowski wurde zum Tode verurteilt. Mit seiner Aussage hatte sich er sich, ohne es zu ahnen, selbst dem Erschießungskommando ausgeliefert.

Der Verlauf der dreitägigen Verhandlung ist bereits im ersten Teil geschildert worden.[232] Wir wollen die Ereignisse und den Weg dahin nun aus der Rolle des Verteidigers betrachten.

Wie auch uns heute hätte die amerikanische Militärjustiz damals einem zivilen Verteidiger wohl keinen Einblick in die Akten gewährt. Daher ist zu vermuten, dass die Verteidiger von der Militärverwaltung benannt wurden. Es wird sich um die (mehr oder weniger) ausgebildeten Juristen gehandelt haben, welche nach Noblemans Darstellung so dringend gesucht wurden.[233] Ohne Gerichtsakte stochern wir im Nebel, aber einiges lässt sich rekonstruieren.

Die Zeit von nur drei Monaten zwischen Tat und Verhandlung ist außerordentlich kurz, zumindest nach heutigen Maßstäben. Es ist nicht bekannt, dass in dieser Zeit noch große Ermittlungsarbeiten stattgefunden haben, wahrscheinlich ruhten sie völlig. Zum einen war ja der Sachverhalt aus der Sicht der Polizei offensichtlich aufgeklärt, zum anderen waren die Untersuchungsressourcen der Polizei durch den Krieg und seine Folgen massiv geschwächt. Was in der Zwischenzeit jedoch noch passierte, ist eine Art Vorverhandlung, wohl zur Vorbereitung des späteren Prozessablaufs. Lapidar ausgedrückt: Damit ein störungsfreier Verlauf der Hauptverhandlung gewährleistet ist. Ein Ereignis, das kaum dokumentiert ist und auch von der Presse als unwichtig eingeschätzt und vernachlässigt wurde. Der Ort: wiederum der Krankenhausbunker mit Wilhelm Hamelmann im Bett. Aber diesmal wurde Hamelmann, nach seinen eigenen Darstellungen, das erste Mal nach seiner Wahrnehmungsfähigkeit unter den traumatischen Umständen der Tat befragt. Hier wurde, was er mit leichter Verstimmung registriert, seine Aussage über die Erschießung im Keller angezweifelt. Konkret hielt man ihm vor, er habe »unmöglich ununterbrochen bei Verstand gewesen« sein können. Wie konnte es zu diesem Zweifel kommen? Nur deshalb, weil nun – offenbar erstmals – Hamelmann mit einem Verteidiger konfrontiert war. Wenn Hamelmann die Befragung als »Kreuzverhör« bezeichnet, so mag es sich zwar nicht um ein echtes Kreuzverhör amerikanischen Stils gehandelt haben. Aber es zeigt doch, wie ungewöhnlich es für Hamelmann war, seine Auskünfte in Zweifel gezogen zu sehen. Aber nichts änderte sich. Die kritischen Fragen des polnischen Verteidigers konnten weder die vorgefassten Gewissheiten des Gerichts noch das Selbstvertrauen des Zeugen erschütterten und verhallten ohne jede Wirkung auf den Prozess.

---

231 Subin/Mirsky/Weinstein, The Criminal Process – Prosecution and Defense Functions (St. Paul MN), 1993, pp. 111-130 ("The Initial Assessment of the Governments Proof: Preliminary Examination and Grand Jury Review").

232 1. Kapitel, S. 55 ff.

233 Eli E. Nobleman, a.a.O., pp. 779-780; Ernst Fraenkel, Military Occupation and the Rule of Law, New York 1944, pp. 22, 149 , vgl. auch "Monthly Report of the Military Governor U.S. Zone, Legal and Judicial Affaires" September 20, 1946 No. 14, p. 11.

Es spricht vieles dafür, dass bei der »Generalprobe« (schon unter amerikanischer Regie) noch neun Angeklagte zugegen waren. Wie schon bemerkt, war der neunte Mann drei Tage nach der Gegenüberstellung am Krankenbett festgenommen worden. Später dann, jedenfalls noch vor Beginn des eigentlichen Prozesses, wurde ein anderer freigelassen.

Ob vor, während oder nach der Vorverhandlung: Einige Aussagen veränderten sich, auch die Lage der Beweismittel. Exemplarisch dafür ist die Entwicklung der Vernehmung von Waclaw Dabkowski, der zunächst auch alles abgestritten hatte. Am 23. November hatte er gesagt »Ich muss noch hinzufügen, dass ich mich unschuldig in Haft befinde und bin gewillt, die Leute anzugeben, die jede Nacht in der Gegend umherstreifen und Überfälle begehen. Ich gebe jetzt einen Namen an, der des öfteren an Überfällen beteiligt gewesen ist und der auch in diesem Falle in Frage käme. Er heißt Zygmunt Bernett oder Bornett. Die Gestalt dieser Person ist groß und stämmig, trägt einen dunkel gestreiften Anzug oder einen hellen. Ich weiß, dass er Jude ist und ist auch als solcher leicht erkennbar. Diese Person befindet sich ebenfalls im Lager Schwarzer Weg.« Hierbei handelt es sich um die erste Erwähnung des »Juden«, die in den Akten verblieben ist und wie auch folgende Vernehmung gerichtsrelevant war. In dieser zweiten Aussage vom 26. November wurde protokolliert: »Auf Vorhalt erkläre ich, dass die bei mir vorgefundenen Schuhe schon seit längerer Zeit mein Eigentum sind. Sie wurden mir bei der Befreiung im Lager Bergen von den Engländern gegeben. Es ist nicht wahr, dass ich die Schuhe bei dem Überfall mitgenommen habe. Um mich zu entlasten, führe ich nochmals zwei Täter an, die an der Tat beteiligt gewesen sind: 1. Cesarczyk, Mieczylaw 2. Nikolaj (Vorname), angeschossen. Ich weiß bestimmt, dass sie an der Tat beteiligt waren, da ich sie gegen 4 1/2Uhr am Mittwoch, den 21.11.45 zurückkommen sah.«

Dann weist Dabkowski nochmals auf den »in meiner Vernehmung erwähnten Juden und Franciszek (Vorname)« hin. Diese beiden hätte er mit Pistolen gesehen. Man sieht, dass diese Aussage praktisch nichts hergibt für eine Zurechnung der Schüsse. Außerdem bestätigt er, dass »Nikolaj« (Czupowski) mit Mieczylaw Cesarcyk am frühen Morgen ins Lager zurückkam. Dies bedeutet für sich genommen gar nichts, wäre seitens der Verteidigung einzuwenden. Zudem, warum waren die anderen angeblich am Überfall Beteiligten nicht dabei? Die beiden Aussagen Czupowskis und Dabkowskis widersprechen sich nicht, beide würden dazu führen, dass man beide Verdächtige nicht wegen Mordes anklagen könnte.

Und warum wurde der Spur des Anführers Sigmund oder Zygmunt Bernett oder Bornett nicht intensiv nachgegangen? Wenn er im Lager Schwarzer Weg eine so bekannte Erscheinung gewesen war, musste es Zeugen und Spuren reichlich gegeben haben, selbst wenn er selbst nicht mehr dort gewesen sein sollte.

Immerhin jedoch konnten bis zum Prozessanfang einige Fragen zumindest teilweise aufgehellt werden: Bei drei Angeklagten hatte man ein paar der geraubten Gegenstände gefunden, und die spät abgenommenen Fingerabdrücke konnten wohl zwei der Beschuldigten zugeordnet werden. Das bedeutet wiederum, dass gegen ungefähr die Hälfte der Angeklagten nichts nach normalen Maßstäben in einem Gerichtsverfahren Verwertbares vorgelegen haben dürfte. Denn im US-amerikanischen Strafprozess gilt die »Fruit-of-the-Poisenous-Tree Doctrine«. Das Bild der »Früchte des vergifteten Baumes« ist eine Metapher des Richters Felix Frankfurter, mit der er 1939 ein richtungsweisendes Urteil des US Supreme Court begründete. Diese Entscheidung etablierte im US-amerikanischen Recht ein bis dahin unbekanntes erweitertes Verwertungsverbot für illegal gewonnene Beweise.

Wenn Strafverfolgungsorgane auf ein Beweismittel oder eine Beweisquelle wie einen Zeugen zugreifen, ohne rechtsstaatliche Kriterien zu beachten, wie etwa den Angeklagten nicht über seine Recht zu belehren oder von einer Verteidigung abzuschneiden, machen sie diese Beweise unverwertbar, sie vergiften also den Baum. Einmal gesichert, dürfen diese fehlerbehafteten Beweise nicht dazu benutzt werden, die bereits verletzten Gebote zu umgehen. Das heißt, die Zeugenaussage darf auch nicht dazu führen, weitere Beweise zu ermitteln, denn auch diese neuen Beweise sind von dem ursprünglichen Fehler infiziert und unverwertbar. Sie sind für alle Strafverfolgungsorgane wie die Früchte des vergifteten Baumes ungenießbar.[234]

Die Doktrin von den verdorbenen Früchten hängt eng mit dem Habeas Corpus-Maßstab des IV. Zusatzes zur US-Verfassung zusammen. Dieser bietet Schutz vor willkürlichen Ermittlungsmaßnahmen des Staates wie Verhaftung und Durchsuchung. Die persönliche Freiheit des Bürgers soll abgesichert werden und weitergehend jeder Beschuldigte vor unfreiwilliger Selbstbelastung geschützt.[235] Damit wurden erste Grundzüge eines Grundrechts auf ein faires Verfahren, welches in Deutschland erst durch die Anerkennung der Europäischen Menschenrechtskonvention endgültig zu beachten ist, in den USA schon sehr viel früher wirksam. Der Supreme Court hatte schon 1914 mit Blick auf den V. Zusatzartikel der Verfassung geurteilt, dass keine Beweise in einem Strafprozess verwertet werden dürfen, die von den Ermittlungsorganen durch rechtswidrige Verhaftung, Durchsuchung oder durch willensbeugende Befragungsmethoden gewonnen wurden.[236]

Diese Grundsätze wurden jedoch im Fall der Blocklandmorde nicht beachtet. Gerechtfertigt wurde dies vermutlich damit, dass die MG-Courts im Verantwortungsbereich des OMGUS zwar über die Zivilbevölkerung richteten, aber doch Militärgerichte waren, vor denen diese Rechte nur eingeschränkt galten. Sie werden den Richtern aber selbstverständlich bekannt gewesen sein und auch den Verteidigern. Denn tatsächlich wurden waren ja schließlich fünf amerikanische und ein polnischer Verteidiger bestellt. Viel ausrichten haben sie aber entweder nicht können oder nicht wollen. Sie hätten sich zunächst mit den im vorherigen Abschnitt beschriebenen Fakten und danach mit den eben skizzierten rechtlichen Fragen befassen müssen. Anlass dazu bestand genug. Denn die offizielle Geschichte, dass die deutsch-amerikanische Ermittlungs- und Justizkooperation mit ihrem schnellen harten Schlag gegen die Verdächtigen die richtigen erwischt hatte, verlangte ein Höchstmaß an Vertrauen. Ein solches Vertrauen ist jedoch ein schlechter Ratgeber für eine gute Verteidigung. Allzu leichter Glauben in den einzigen Belastungszeugen ist fast schon ein Kunstfehler. Hätte es ein Rechtsmittel gegeben, dann hätte man es mit guter Aussicht auf »ineffective assistance of counsel« stützen können.

Der Weser-Kurier bezeichnete auch die Befragung Hamelmanns in der Hauptverhandlung als ein »Kreuzverhör«. Zumindest scheint also etwas stattgefunden zu haben, was die Deutschen nach den Scharaden vor dem Volksgerichtshof und der gleichgeschalteten Justiz kaum noch gewöhnt waren: Eine zumindest oberflächliche Prüfung der vorgelegten Beweise. Gleichwohl waren die fünf Richter des hier als höchstes Gericht des bremischen Besatzungsgebiets verhandelnden General MG-Courts offenkundig nicht willens, die Rechte des IV. und V. Verfassungszusatzes den Angeklagten zu gewähren – und das, obwohl sie nicht Bürger des besetzten Deutschen Reichs waren, sondern des mit den Alliierten verbündeten polnischen Staates.

---

234 Nardone v. United States, 308 U.S. 338 (1939).

235 Mit vielen Beispielen nachzulesen in: Criminal Procedure: Investigation and Right to Counsel, 3rd Ed.Ronald Jay Allen, William J. Stuntz, Joseph L. Hoffmann, Debra A. Livingston, Andrew D. Leipold, Tracey L. Meare, 2016, pp. 726 ff.

236 Weeks v. United States, 232 U.S. 383 (1914) – Exclusionary Rule.

Blickt man auf das Pressefoto der Angeklagten, so sieht man hinter ihnen die fünf amerikanischen Offiziere, von deren juristischer Ausbildung nichts genaues bekannt ist, die aber neben einem (wohl nicht abgebildeten) polnischen Offizier die Verteidigung übernahmen. Sechs Verteidiger für acht Angeklagte, und das heißt: Fünf Verteidiger, die vermutlich die Sprache ihrer Mandanten nicht oder unvollständig beherrschten. Allein der Umstand, dass somit rechnerisch zwei Angeklagte ohne jede Verteidigung blieben, lässt sich nicht legitimierend begründen. Dass hier keine gleichen Interessen herrschen konnten, verdeutlicht bereits das Aussageverhalten Czupowskis mehr als ausreichend. Ein weiterer Verfahrensmangel, der das Urteil unter anderen Umständen auch zur damaligen Zeit hätte ohne weiteres angreifbar sein lassen.

Zwar gab es keine Schnellgerichte in Hessen und Bremen[237], aber das Gericht tagte schnell. Die Militärgerichtsbarkeit war rasches Entscheiden gewohnt, vornehmlich ausgerichtet auf die Kontrolle der Bevölkerung, die Durchsetzung alliierter Anordnungen, die Sicherung von Ruhe und Ordnung. Eine rigide Bekämpfung der Kriminalität und die harte, umstandslose Bestrafung von Tätern (gegebenenfalls auch nur von Tatverdächtigen) dürfte zudem im Sinne vieler Bremer Bürger gewesen sein.

Dementsprechend wird man im Publikum weniger Interesse an den komplizierten Pfaden der Wahrheitsfindung gehabt haben als an einer Verurteilung der DPs. Diese gehörten weder früher noch jetzt zu der Bremer Bevölkerung, waren immer »Fremde« geblieben. Und so warteten die Zuschauer vor der beeindruckenden Kulisse des Schwurgerichtssaals im Bremer Landgericht mit seinen altertümlichen Holzverzierungen vielleicht nicht auf ein Justizschauspiel, aber unbedingt auf härteste Bestrafung. Vom dem, was gesprochen wurde, dürften sie das meiste auch verstanden haben, denn obwohl das riesige Bremer Staatswappen an der Wand von den Stars and Stripes überkrönt war, verhandelte der MG-Court zumeist in deutscher Sprache. Die fünf amerikanischen Verteidiger und der polnische Rechtsanwalt und Verbindungsoffizier, Leutnant Stroinski, der seine Kollegen auch sprachlich unterstützte, werden wohl auch mehr oder weniger des Deutschen mächtig gewesen sein, da sie ansonsten für die Angeklagten fast ohne Wert gewesen wären.

Auf den unbefangenen Beobachter machen die acht jungen Polen eher einen fragenden Eindruck, verwundert, warum sie hier so durchnummeriert auf einer Anklagebank zu sitzen haben. Keiner wirkt aggressiv oder strahlt Häme aus, weil ein Racheakt an ehemaligen Unterdrückern gelungen war – wie später dem vermeintlichen Anführer unterstellt wurde. Keiner schaut das bremische Publikum auch nur provozierend an. Ob die sich darbietende Harmlosigkeit nun Fassade oder wenigstens bei dem einen oder anderen echt war – Staatsanwalt Suchoff, ein Angehöriger der US-Army mit höherem Rang, ließ sich davon nicht beeindrucken. Schon die Mordkommission hatte die Angeklagten als Unmenschen gesehen, die »ohne Regung menschlichen Gefühls ihrer Mordgier und Plünderungslust frönen wollten«. Und genau so klagte Suchoff sie an: Sie hätten, »ungesetzlich, hinterlistig, grausam, aus Habgier und niedrigen Beweggründen und um eine andere Straftat zu verdecken, zwölf Menschen durch Erschießen« ermordet.

Dazu passend der noch aus dem Dritten Reich stammende Mordtatbestand, der nicht die Tat verurteilt, sondern den »Tätertypus«. Mörder war demnach jemand quasi aus Anlage und Charakter. Ein ganz typisches Produkt der Nazi-Juristerei und eines mörderischen Rassewahns. Es erlaubte schnelle Einordnung. Hier der Charakter- und Gewohnheitsver-

---

237 Eli E. Nobleman, a.a.O., p. 780.

Die Anklagten mit den hinter ihnen sitzenden Verteidigern im Schwurgerichtssaal

brecher, der aus dem Volk auszusondern war, dort der echte Angehörige von Volk und Rasse, dem die Kriminalität nie und nimmer im Blute liegen konnte.

Erschütternd übrigens, dass noch 2017 der Versuch scheiterte, diesen Tatbestand endlich grundlegend zu reformieren. Er scheiterte überwiegend am Widerstand der Parteien, die sich christlich nennen, aber auch mangels nachhaltiger Unterstützung durch die Sozialdemokratie. Leider hat die Idee, man könne bestimmten Menschen nach ihrer Herkunft außerhalb Deutschlands bestimmte Charaktereigenschaften und auch die Neigung zu Straftaten zuordnen, wieder erhebliche Konjunktur.[238] Wir kommen darauf noch zurück. Den Antrag zur Entfernung des nationalsozialistischen Gedankenguts und seiner sprachlichen Rückstände hatte die ehemalige Justizministerin Schleswig-Holsteins eingebracht – eine Angehörige der dänischen Minderheit und Nichtjuristin.

Zusätzlich warf Staatsanwalt Suchoff den Angeklagten vor: »Gewaltsames Eindringen in ein Gebäude, um zu plündern und Beute zu machen, und unbefugter Waffenbesitz«.[239] Letzteres, der unbefugte Gebrauch einer Waffe, ist eine typische Eigenheit des amerikanischen Rechts. Zum einen, weil in den Vereinigten Staaten der Gebrauch einer Waffe damals wie heute auch durch Zivilisten vielfach befugt erfolgen kann. Zum anderen, hier von Bedeu-

---

238 Dazu: Rassismusdebatte – Lost in Translation, V. Lipphardt/A. Lipphardt,/A. M'charek/ C.Momsen/ D. Syndercombe-Court u.a., Süddeutsche Zeitung vom 15. Mai 2018, S. 13; Momsen/Weichert, Vom DNA-Tracing zum DNA-Phenotyping: Offene Rechtsfragen und Risiken im neuen bayerischen Polizeiaufgabengesetz (PAG) und in den Gesetzentwürfen zur Änderung der Polizeigesetze in Nordrhein-Westfalen und Niedersachen, freispruch 13/2018, S. 37 f.

239 Weser-Kurier, 27.02.1946.

tung, ist es sehr leicht zu beweisen, dass jemand eine Waffe bei sich trug, denn es ist eine Auffälligkeit im Alltagsleben, die viele Zeugen bemerken. Rechtlich wirkt sich dieses unbefugte Verwenden einer Waffe als Erschwerungsgrund für fast jedes Delikt aus und verhilft zu einer hohen Strafandrohung.[240] Auch das Weimarer Waffenrecht war von den Nazis in erster Linie zu einem Instrument der Diskriminierung von jüdischen Bürgern und anderen unerwünschten Bevölkerungsgruppen geworden und sah teils drakonische Strafen vor.[241] Selbst wenn der Nachweis einer Beteiligung an den Schüssen im Keller und damit am unmittelbaren Mord nicht gelang, so war doch sichergestellt, dass eine hohe Strafe verhängt werden konnte. So zeigt sich nicht nur in der Gerichtsstruktur, sondern auch in den angewendeten Vorschriften ein merkwürdiges Nebeneinander deutscher und amerikanischer Rechtsauffassungen, das sich hier sehr zum Nachteil der Angeklagten ausgewirkt haben wird.

Ob, wie in Strafprozessen in den Vereinigten Staaten und Deutschland seit jeher üblich, zunächst die persönlichen Verhältnisse der Angeklagten und damit vermutlich tragische und deprimierende Vorgeschichten intensiv erörtert wurden, lässt sich heute kaum noch nachvollziehen. Es wäre wichtig gewesen, um das Maß ihrer Schuld zu bemessen. Aus dem Weser-Kurier lässt sich nur entnehmen, dass der polnische Verteidiger, Dolmetscher und Verbindungsoffizier allgemein etwas zum schwierigen Schicksal seiner zu DPs gewordenen verschleppten Landsleute sagte. Zu wenig, nach heutigen Maßstäben.

Das Gericht musste sich im Weiteren, zur Rekonstruktion des Tathergangs, wesentlich auf die mittlerweile mehreren Aussagen Wilhelm Hamelmanns stützen. Der Aussage Czupowskis werden die Richter in Kenntnis der Motivation und Entstehungsumstände mit professionellen Zweifeln begegnet sein. Bloß müsste ihnen damit eigentlich der ursprünglich von der Polizei unterstellte Sachverhalt immer weiter entglitten sein. Denn Hamelmann, der einzige Augenzeuge und damit der wichtigste Zeuge überhaupt, war erst kurz vor Prozessbeginn aus dem Krankenhaus entlassen worden und im Zeugenstand immer noch sichtbar geschwächt und gezeichnet. Trotzdem korrigierte er die erste ihm geradezu in den Dämmerzustand hineingeschobene Aussage nicht unbeträchtlich. Er identifizierte (nur noch) fünf der anwesenden Angeklagten als Beteiligte und lediglich einen einzigen, nämlich Mieczylaw Cesarcyk, als überhaupt im Keller anwesend gewesen und damit nur ihn als möglichen Schützen (neben dem ominösen Anführer).

Die unglückselige erste Gegenüberstellung wurde nicht mehr erwähnt, vermutlich weil auch die Richter des MG-Courts die Augen nicht davor verschließen konnten, dass es sich dabei um einen rechtlich höchst bedenklichen Vorgang gehandelt haben dürfte, der besser vor Gericht nicht mehr vertieft werden sollte. Er hätte aber erwähnt werden müssen, um die Frage der Früchte des verbotenen Baumes zumindest der Sache nach anzusprechen. Das hätte sich zwangsläufig zugunsten der Angeklagten ausgewirkt. Für eine engagierte Verteidigung wäre das eine ideale Situation gewesen. Auch die erste Aussage Hamelmanns, nur Stunden nach der Tat von der Schutzpolizei des 17. Reviers aufgenommen, fiel unter den Richtertisch. Hier hatte er noch von 12 bis 13 Tätern gesprochen, was mit keiner der anderen Aussagen

---

240 So verbietet bspw. das auf Bundesebene geltende Federal Criminal Statute, §924(c) of Title 18, "us[ing] or carr[ying]" a firearm "during and in relation to any crime of violence or drug trafficking crime." – Criminal Law: Cases and Materials, John Kaplan, Robert Weisberg, Guyora Binder, (St. Paul MN) 2016, pp. 719-723.

241 »Personen die nach den Nürnberger-Gesetzen als Juden gelten, ist jeglicher Waffen-Besitz verboten. Zuwiderhandelnde werden in Konzentrationslager überführt und auf die Dauer von 20 Jahren in Schutzhaft genommen«, Anordnung des »Reichsführers SS und Chefs der Deutschen Polizei« vom 10. November (1938).

übereinstimmte – aber die frischeste Erinnerung gewesen war, wiedergegeben ohne Vermischung mit anderen Wahrnehmungen, wie den gefesselt ihm vorgeführten Beschuldigten.

Rekapitulieren wir nochmals kurz, was wir über die weiteren Beweise wissen: Bei drei Angeklagten waren kleinere geraubte Gegenstände gefunden worden, aber nur zwei konnten mit – den viel zu spät gesicherten – Fingerabdrücken in Verbindung gebracht werden. Derartige Spuren werden umso leichter kontaminiert, wenn mehrere Tage vergehen und zudem unzählige Personen den Tatort zwischenzeitlich betreten haben, von denen einige vielleicht sogar direkten Kontakt mit den betreffenden Beschuldigten hatten. Das ist kriminalistische Alltagserfahrung. Auch damals war das im Grundsatz bekannt und hätte zu einer sehr gründlichen Analyse der Spuren zwingen müssen, wenn man sie denn als Beweismittel verwerten wollte. Auch weil die dafür notwendigen Analyseinstrumente zum Großteil zerstört und noch nicht ersetzt waren, geschah es nicht.

Die größeren und an sich viel leichter aufzuspürenden geraubten Gegenstände, wie Fahrräder, wurden nie gefunden, auch nicht die Tatwaffen. Kaum zu erklären.

Die Angeklagten begriffen offenbar im Laufe des ersten oder zweiten Verhandlungstages, dass ihre Verurteilung schon lange feststand. Vielleicht von ihren amerikanischen Verteidigern gedrängt, die seit den 1920er Jahren immer mehr an freiwillige Geständnisse mit schuldmindernder Wirkung, sog. »Guilty Pleas« gewohnt waren[242], legten mehrere im Laufe der Verhandlung ein Teilgeständnis ab. Natürlich zuerst Nikolaj Czupowski, der für sich selbst eine untergeordnete Beteiligung einräumte, das Wachestehen beziehungsweise Schlafen oder Dösen in volltrunkenem Zustand und in 500 Meter Entfernung. Wie schon in den polizeilichen Vernehmungen belastete er jedoch andere mehr oder weniger stark. Die so unter Druck Gesetzten dürften begriffen haben, dass es nun wirklich um ihr Leben ging, und so gab es ähnliche Aussagen von den Angeklagten Dabkowski, Siedlecki, Matejko und Godlewski.

Somit liefen alle Interessen nicht nur aus-, sondern zunehmend gegeneinander. In dieser Situation machte sich besonders deutlich, was es bedeutete, dass nicht jedem Angeklagten ein eigener Verteidiger zur Seite gestellt worden war. Es war ein Mangel, der gegen jedes Verständnis eines fairen Prozesses verstieß. Einig waren sich die auf der Anklagebank Sitzenden nur darin, dass niemand von ihnen geschossen habe. Alle zwölf Opfer wären dann allein durch den angeblichen Bandenchef, den »Juden Sigmund«, ermordet worden. War schon dies nicht plausibel oder taktisch klug, so zeigte die Befragung Godlewskis, wie sich die Angeklagten mit wenigen Worten der Hinrichtung näher bringen konnten. Wie schon berichtet, antwortete Godlewski, der mit der deutsche Sprache sicherlich Schwierigkeiten hatte, auf die Frage, ob er im Keller war, zuerst mit *Nein*, auf Nachfrage dann mit *Ja*. Erst jetzt griff offenbar sein Verteidiger ein und erklärte ihm, dass er damit als Schütze und Mörder in Betracht käme und die Todesstrafe zu erwarten hätte. Viel zu spät versuchte Godlewski sich dann zu korrigieren: »Ich habe zuerst nicht richtig verstanden. Ich war im Keller, als ich in die Wohnung ging. Ich habe Nahrungsmittel aus dem Keller geholt.«[243] Ein klarer Fall

---

242 Nach verschiedenen Untersuchungen, wurden im Bereich der Verbrechen (Felonies) bis 1910 nur ca. 10% der Verfahren mit einem solchen Deal beendet, wohingegen die Quote gegenwärtig bei 95% der Verfahren, die vor Gericht gehen, liegt; vgl. Weaver/Burkhoff/Hancock/Hoeffel/Singer/Friedland, Principles of Criminal Procedure, 5th Ed. (St. Paul MN), 2016, pp. 387-390. Zu entsprechenden Verfahrensweisen viele Beispiele bei Subin/Mirsky/Weinstein, The Criminal Process – Prosecution and Defense Functions (St. Paul MN), 1993, pp. 131-144.

243 Weser-Kurier, 02.03.1946.

ineffektiver und amateurhafter Verteidigung. Hier fragt man sich, wie das Selbstverständnis der Militärverteidiger wohl gewesen sein mag.

Jedenfalls leistete die Verteidigung so wenig Widerstand, dass bereits am Mittwoch, 27. Februar 1946, am dritten Verhandlungstag, der Staatsanwalt sein Plädoyer halten konnte und für sechs Angeklagte die Todesstrafe beantragte, so jedenfalls berichtet der Gerichtsreporter des Weser-Kurier. Nicht allzu lange zogen sich die Richter zur Beratung zurück, und noch am selben Tag fällte der MG-Court sein Urteil. Der Vorsitzende Richter Major Stein und seine vier Kollegen blieben leicht hinter den Anträgen des Staatsanwaltes zurück: Sie verurteilten vier statt sechs Angeklagte zum Tode: Nikolay Czupowski, Michal Bronicz, Jan Siedlecki und Mieczylaw Cesarcyk. Für letzteren war dieses Urteil wenig überraschend, weil Wilhelm Hamelmann ihn vor Gericht als einzigen von denen identifiziert hatte, die im Keller waren und als Todesschützen in Betracht kamen. Ein Tatnachweis war natürlich auch das nicht, allenfalls ein Indiz. Czeslaw Godlewski, Waclaw Dabkowski und Michael Strockyj erhielten eine lebenslängliche Zuchthausstrafe, Clemens Matejko wurde für 40 Jahre ins Gefängnis geschickt.

Ganz fatal lief es für den bei der Gegenüberstellung am 22. November angeschossenen Kronzeugen Nikolaj Czupowski. Offensichtlich kam für das Gericht eine Guilty Plea nicht in Betracht. Seine Aussage, er habe beim Überfall nur als Wache mitgemacht, und selbst dabei habe er mehr geschlafen als aktive Tatbeteiligung gezeigt, scheint das Gericht als Schutzbehauptung bewertet zu haben. Andererseits kamen seine Erzählungen der Kripo wie dem Gericht extrem gelegen, quittiert wurden sie jedoch mit der Todesstrafe. Auch hier wieder eine mehr als anfechtbare Beweiswürdigung. Entweder ist ein Zeuge insgesamt glaubwürdig oder es müssen die glaubhaften und weniger glaubhaften Teile der Aussage sehr sorgsam und differenziert gewürdigt werden. Zudem wurde er ja für die anderen drei zum Tode Verurteilten DPs zum einzigen Belastungszeugen. Denn Wilhelm Hamelmann hatte sich zuvor dahin korrigiert, dass er sie nicht im Keller wahrgenommen hatte. Auch das konnte den Verurteilungswillen des Gerichts wohl nicht mehr bremsen. Hätte man Czupkowski nicht – auf welche Weise auch immer – zu seiner belastenden Aussage motiviert und in die Kronzeugenrolle bugsiert, wäre die Anklage vielleicht an diesem Punkt rettungslos in sich zusammengebrochen. Ganz egal was ihm in Aussicht gestellt worden sein mag, nach der Vollstreckung des Todesurteils konnte er jedenfalls niemand mehr dafür belasten, dass er vor der Polizei und dem Gericht eine Rolle übernahm, die ihm mehr oder weniger aufgezwängt worden war. Eine echte Verteidigung hätte von vorherein die Frage, wie die Aussage zustande kam, zu einem zentralen Element der Verteidigungsstrategie gemacht.

Um nicht unfaire Kritik zu üben, muss man allerdings berücksichtigen, dass nicht zuletzt aufgrund der verschollenen Prozessakten bis heute nicht vollständig nachvollziehbar ist, warum die Urteile so unterschiedlich ausfielen. Gab es für jeden Angeklagten eine konkrete Beweiswürdigung und Begründung, inwieweit – und ob überhaupt – jeder an dem Verbrechen beteiligt war? Das jedenfalls brachte der Prozess ebenso wenig ans Tageslicht wie die kurzen polizeilichen Ermittlungen zuvor. Wie sollte er auch? Gemessen an heutigen rechtsstaatlichen Standards, gemessen an der Schwere der Taten, den drohenden Strafen und der Komplexität des Falles waren drei Prozesstage völlig unangemessen. Genauso nach damaligen Standards, denn auch die MG-Courts waren verpflichtet, sich ein eigenes Bild unter Würdigung der bestmöglichen Beweise zu verschaffen und das so schnell wie es die Situation erlaubte.[244] Gleichwohl: Schnelligkeit stand grundsätzlich nicht über allem. Im Übrigen war ja gerade

244 Eli E. Nobleman, a.a.O., p. 851.

für die MG-Courts in den Besatzungszonen Hessen und Bremen die Einführung von Schnellgerichten nicht vorgesehen. In der US-Enklave Bremen aber wurde in drei Tagen im Februar 1946 ein Schnellverfahren sondergleichen durchzogen. Es war ein Prozess in maßlos überhöhter Geschwindigkeit, bei dem vieles auf der Strecke blieb.[245]

Warum? Die MG-Courts sollten Ruhe und Ordnung unter den besiegten Deutschen sicherstellen. Also galt es, ein Exempel zu statuieren. Harte Strafen seien unabdingbar, so der Staatsanwalt, »damit andere abgeschreckt würden, ähnliche Verbrechen zu begehen«[246]. Der Anspruch, der an die MG-Courts gestellt wurde, war auch, den vom Faschismus verblendeten Deutschen wieder ein Gefühl für Rechtsstaatlichkeit und unparteiische Gerichtsbarkeit zu geben[247]: Diesem Anspruch wurde das Bremer Urteil ganz sicher nicht gerecht. Aber man darf nicht vergessen, dass die amerikanischen Ermittlungsbehörden und Gerichte in jener Zeit keinerlei Schwierigkeiten damit hatten, vor allem African-Americans den Zugang zur Gerechtigkeit weitgehend abzuschneiden. Die Geschichte der amerikanischen Strafjustiz ist neben allen rechtsstaatlichen Errungenschaften auch eine Geschichte von Diskriminierung, Justizmord, Fehlurteilen, von Inhaftierung und Vollstreckung von Todesurteilen auch gegen Unschuldige, die weit überproportional Angehörige von Minderheiten, vor allem »Peoples of Colour« waren.[248] Passte es vielleicht allzu gut in dieses Schema, dass die Beschuldigten »nur« ehemalige polnische Zwangsarbeiter waren und der verschwundene Anführer »ein Jude« gewesen sein sollte? Menschen, die in einer Phase der noch nachwirkenden Nazi-Diktatur in noch größerem Maße ihrer Rechte beraubt waren als die African Americans zur gleichen Zeit in den Vereinigten Staaten? Wer, der hier nach der Wahrheit zu suchen und die Gerechtigkeit zu finden hatte, mag in erforderlichem Maße Sensibilität, Reflektiertheit und Verantwortungsbewusstsein besessen haben? Jeden-

> **The successful operation of MG Courts in the future will depend largely upon the availability of qualified American lawyers for planning, supervising and staffing them. It is difficult to estimate how long the lawyers who are presently staffing these Courts will be willing to remain. Their work is tedious and difficult and their life there is for the most part artificial and far from agreeable. Responsibility for the continued operation of MG Courts rests upon the members of the American Bar. It is to American lawyers and to them alone that our Government can turn for assistance in carrying to a successful completion the tremendous responsibility which it had to undertake in restoring law and demonstrating competent and impartial justice to the people of the Continent.**

Appell von Eli E. Nobleman in seinem Bericht über die Militärgerichtsbarkeit in der amerikanischen Besatzungszone. "Law and Justice in the American Zone of Germany" (1947/48, S. 852.)

245 Eli E. Nobleman, a.a.O., pp. 779-780.

246 Weser-Kurier, 02.03.1946

247 Eli E. Nobleman, a.a.O., p. 852.

248 Dazu gibt es viele erschütternde Berichte und Dokumentationen, bspw. Michelle Alexander, The New Jim Crow, New York (2012); Bryan Stevenson, Just Mercy: a Story of Justice and Redemption, New York (2015); Gilbert King, Devil in the Grove: Thurgood Marshall, the Groveland Boys, and the Dawn of a New America (published: March, 2012); ders. The Execution of Willie Francis: Race, Murder, and the Search for Justice in the American South; 2009.

falls von der bremischen Bevölkerung dürfte zu jener Zeit keine Kritik am Verfahren zu erwarten gewesen sein. Gemessen an den überkommenen Überzeugungen, die doch bei vielen so kurz nach dem traumatisierenden Kriegsende noch recht lebendig gewesen sein dürften, war die Verhandlung ein Fortschritt. Verglichen mit der Unrechtsjustiz des deutschen Faschismus, mit der Entwürdigung der Angeklagten etwa in Schauprozessen des Volksgerichtshofs, mit den verbrecherischen Urteilen zwischen 1933 und 1945, war der Prozess im Schwurgerichtssaal Ende Februar 1946 zumindest von der Idee her dem Rechtsstaat verschrieben. Auch können wir heute nicht ausschließen, dass die richtigen Angeklagten auf der Anklagebank saßen. Trotzdem hätte dieses Urteil so nie zustande kommen dürfen. Respektiert der Staat im Strafverfahren nicht die grundlegenden Rechte der Beschuldigten, so verwirkt er in einem Rechtsstaat jedes Recht zu strafen.

»Auch der Delinquent steht unter dem Kreuz«[249]

Wann ist eine Strafe gerecht? Diese Frage durchzieht die Rechtsphilosophie über Fichte und Hegel zu Kant, Locke und Rawls. Zentrale Gedanken finden sich in einem recht schmalen Buch des Strafrechtlers Eberhardt Schmidhäuser. Verbrechen, Schuld und Strafe – die Grundbegriffe der Strafrechtswissenschaft – dürfen, so Schmidhäuser, unsere ursprüngliche Gemeinsamkeit, gerade auch mit dem Verbrecher, nicht auflösen. Doch das verhindert die so oft zu findende Selbstgerechtigkeit gegenüber dem Täter. Der Sinn einer Strafe ist also keine logische Zwangsläufigkeit, auch keine reine instrumentale Zweckmäßigkeit, sondern eine aufs Ganze des Lebens des Täters und der Gesellschaft bezogene normativ-ideale Forderung nach Vernünftigkeit. Man muss immer versuchen, den im Verbrechen sich mitunter offenbarenden entsetzlichsten Schattenseiten der Existenz gerecht werden, das heißt, nach ihren Ursachen zu fragen. Anderenfalls bleibt Strafe die selbstgerechte Reduktion auf eben bloße Zweckmäßigkeit. Dadurch, so nimmt Michael Köhler den Gedanken auf, läuft die »Verbrechensbekämpfung«, zumal in der inneren und äußeren Krise, permanent Gefahr, sich immer mehr einem Ausrottungskrieg gegen als Fremde ausgegrenzte Verbrecher anzunähern. Möglicherweise noch heilloser als das berüchtigte »mittelalterliche Strafrecht«, das wenigstens auf der alt-metaphysischen Erlösungshoffnung beruhte: »Auch der Delinquent steht unter dem Kreuz«[250]. Wilhelm Hamelmann hätte diesen Gedankengang vielleicht überzeugend gefunden. Aber unabhängig davon, dass christliche Erlösung zu ermöglichen niemals Aufgabe eines weltlichen Gerichts sein kann, kommt es auch Hamelmann zumindest später darauf an, wer die Täter waren, welche Motive sie hatten, aber auch auf das, welche Reaktionen auf ihre Taten bestimmend waren. In seinen Erinnerungen schreibt er: »Bedenkt man, dass es nicht nur Kriegs-, sondern auch Zivilgefangene waren, denen man ihre Freiheit genommen hatte, so kann man den Vergeltungsdrang sehr wohl verstehen.« Allerdings bleibt er doch Kind seiner Zeit und Gefangener der hier verwurzelten Vorurteile, wenn er weiter glaubt: »Diese Menschen waren leider oft ganz haltlos, und weil sie nicht Herr ihrer Rache-

249 Eberhardt Schmidhäuser, Vom Sinn der Strafe, neu hrsg. v. Eric Hilgendorf, Berlin 2004.

250 Michael Köhler, Über Schuld und Strafe, aus: Zum Gedenken an Eberhard Schmidhäuser: Reden, gehalten auf der akademischen Gedenkfeier der Universität Hamburg am 6. Februar 2003, herausgegeben vom Institut für Kriminalwissenschaften (Hamburger Universitätsreden Neue Folge 6. Herausgeber: Der Präsident der Universität Hamburg), S. 61-73.

gelüste sein konnten, mussten sie ihnen nachgeben. Einen Gnadenbund mit Gott kannten sie nicht und deshalb war es ihnen auch nicht möglich, ihre Triebe zu bezwingen.«[251]

Aber der Gedanke der Kontextualisierung von Tat und Strafe beschäftigte auch andere. Wie gesehen erschien am 26. November 1945 der Verbindungsoffizier Captain Bard im Bremer Rathaus. Laut Sitzungsprotokoll führte Bard aus, dass dieser Vorfall einer von denen sei, »die man noch als Nachwirkung des Zusammenbruches des Nazi-Regimes betrachten müsse«. Und weiter: »Man dürfe nicht vergessen, dass die ursprüngliche Verantwortung für diese Vorkommnisse bei den Nazis liege, denn sie hätten die Polen mit Gewalt nach Deutschland geholt und sie als Sklaven für sich arbeiten lassen; sie hätten ihre Heimat verloren.«[252] Allerdings folgte daraus kein Aufruf zur Milde, denn wären die Männer schuldig, hätten sie »die Todesstrafe zu erwarten«[253].

Soll Strafe kein reines Abschreckungsprogramm sein, so verliert die Todesstrafe jede Rechtfertigung. Abgesehen davon gibt es keinerlei Belege dafür, dass die Todesstrafe überhaupt irgendeine abschreckende Wirkung auf die Täter derjenigen Delikte, für die sie verhängt wird, ausübt. Wenn gleichwohl in den Vereinigten Staaten aber auch in Deutschland viele meinen, ohne Todesstrafe sei das Verbrechen nicht in den Griff zu bekommen, so unterliegen sie einer Selbsttäuschung. Nicht rationale Gründe sind es, die sie leiten, sondern schlicht ein Vergeltungsdrang, der an geeigneten Objekten ausgelebt werden soll. Dabei lässt sich auch nach der amerikanischen, an Kosten und Nutzen der Strafe orientierten Theorie eine staatliche Tötung nicht als angemessenes Mittel zum Zweck begründen.[254] Ihr grundlegender Fehler liegt neben der Aufhebung der Menschenwürde darin, dass die ultimative Aussonderung des Täters aus der Gesellschaft der einzige Zweck ist. Damit aber verliert die Strafe jeden integrativen Anspruch. Übrigens zeigt gerade der Prozess um die Blocklandmorde, dass die Todesstrafe völlig sinnlos ist. Denn, nicht zuletzt dank Hamelmanns Bemühungen, konnten die verbliebenen Inhaftierten wieder in die Gesellschaft integriert werden, soweit ihr Gesundheitszustand dies noch zuließ. Eine Gefahr ging von ihnen nicht mehr aus, sie hätten auch schon wesentlich früher entlassen werden können – wenn sie überhaupt hätten verurteilt werden dürfen.

Abgesehen von Verfahrensfehlern und Todesstrafe war die Bestrafung jedoch schon deshalb nicht gerecht, weil sie primär gar nicht an die Verurteilten, sondern an die bremische Bevölkerung adressiert war. Auch deshalb war es vielleicht letztlich nicht entscheidend, die Wahrheit in allen Einzelheiten zu ermitteln. Mag der MG-Court sich auch in aller Eile darum bemüht haben. Auch auf individualgerechte Strafen kam es vom Zweck ausgehend, den die Gerichtsbarkeit des OMGUS zu erfüllen hatte, nicht an. Offensichtlich war ein schnelles und hartes Urteil die erste Priorität. Warum hätten Staatsanwälte oder Mordkommission die Belastung der DPs kritisch hinterfragen sollen? Und das Gericht? Ein klares Zeichen musste es ebenfalls setzen, dieses schnelle Urteil. Eine schnelle und harte Reaktion auf die Taten der »Fremden«. Also doch Strafe als bloße selbstgerechte Reduktion auf reine Zweckmäßigkeit? Verbrechensbekämpfung in der inneren und äußeren Krise der unmittelbaren Nachkriegszeit als Ausrottungskrieg gegen als »Verbrecher aufgrund Veranlagung« ausgegrenzte DPs?

---

251 W. Hamelmann, 3. Auflage 1995, S. 11

252 Näher im 1. Kapitel, S. 53.

253 Auszug aus der Besprechung mit Capt. Bard am 26.11.1945, STAB, FB 3487 3-P.1.a. Nr. 1312.

254 Proportionality of Punishment in Common Law Jurisdictions and in Germany, by Richard S. Frase, Carsten Momsen, Tom O'Malley, Sarah Lisa Washington, in: Ambos et. al. (Ed.) Core Concepts in Criminal Law and Justice, Vol. I, Cambridge, 2019.

Auch wenn es zu leicht ist, diese Fragen mit über 70 Jahren Distanz mit einem *Ja* zu beantworten, wird man doch sagen können, dass die Militärregierung besser ein anderes Zeichen an die bremische Bevölkerung gesandt hätte.

»We do not accept Turks, Mongrels, Tartars, Orientals nor Negroes because we are here to protect Anglo-Saxon Democracy, and the American way!«[255]

Tatsächlich hatten die Bremer zum Jahreswechsel 1945/46 dringend ein Zeichen nötig, allerdings nicht das, welches ihnen Major Stein und seine vier Kollegen zukommen ließen. Niemand musste darin bestärkt werden, dass »die Fremden« für Kriminalität und Ordnungsbruch verantwortlich waren. Diese für viele sichere Gewissheit hatte sich aus den vorhergehenden Jahren offensichtlich unbeschädigt in die Zwischenepoche zum demokratischen Neuanfang hinübergerettet. Die Männer der Mordkommission sahen sich getrieben, so schnell wie möglich Täter zu präsentieren. Eben um diese auf Indoktrination beruhende Scheingewissheit zu bestätigen und zu multiplizieren. Selbst noch nicht davon befreit, die »deutsche Rasse« für die überlegenere zu halten, erlagen sie ganz offensichtlich stereotypisierenden Fehlschlüssen und sahen als Täter diejenigen, die man ihnen jahrelang als Typus des Verbrechers in der Propaganda vorgehalten hatte. Eine Polenbande mit jüdischem Anführer, was konnte noch mehr den vertrauten Stereotypen und Vorurteilen entsprechen? Warum also sollten sie sich jetzt noch mit Hintergründen und Vorgeschichte der Tat befassen? Warum auf etwas zurückkommen, von dem viele nichts mehr wissen wollten? Würde es die Bevölkerung nicht irritieren, von Nachforschungen zu hören, ob es sich bei einigen der Beschuldigten um KZ-Häftlinge aus Bergen-Belsen oder anderen Lagern handelte? Und wenn dem doch nachzugehen war und es derartige Ergebnisse erbrachte? Welche Schlüsse waren daraus zu ziehen? Doch wohl eher eine Bestätigung, dass man seinerzeit die richtigen gefoltert und systematisch ermordet hatte. Psychologisch sind alle diese Selbstentlastungs- und Entschuldigungsmechanismen mittlerweile aufgeklärt. Umso irritierender, wie lange sich die fremdenfeindlichen Vorurteile halten konnten. Die noch 1972 völlig verunglückte Analyse des ansonsten geschätzten Lokalhistorikers Schwarzwälder haben wir bereits kennengelernt[256], dabei vor allem auch den Umstand, dass sie sozusagen offiziell von der zuständigen Bremer Senatsverwaltung weitergegeben wurde und zur damaligen Zeit nirgendwo auf Kritik stieß.

Jedenfalls waren nach dem Krieg im Verhältnis zu den eigenen Taten »kompensatorische« Ausbrüche von Xenophobie im alten rassistischen Stil gerade in der Polizei nicht fremd. Der bereits erwähnte Obermeister der Bremer Schutzpolizei, Albert Romker, fand nichts dabei, Diebstähle, die DPs angelastet wurden, in reinstem Nazi-Jargon als »Untermenschentum« zu bezeichnen.[257] So etwas war seinerzeit in der Öffentlichkeit nicht mal ein Stein des Anstoßes, auch nicht für die gerade zugelassenen Zeitungen, vom Weser-Kurier, dem am 24. November 1945 »kein Zweifel darüber möglich zu sein (schien), dass solche Ver-

255 Aus »Mississippi Burning«, 1988.
256 1. Kap., S. 28 f.
257 1. Kap, S. 31 f.

brechen vorwiegend von Polen begangen werden«, bis hin zu der Geschmacklosigkeit einer anderen Zeitung, die das Kürzel »DP« mit »Deutschlands Parasiten«[258] übersetze. Der Bremer Senat setzte den »Polenterror in Bremen« auf seine Tagesordnung[259], Polizeipräsident Helmut Yström, die Bremer Kompetenz für die Kriminalität der frühen Nachkriegsjahre, verwendete in offiziellen Schreiben den Begriff »Polenplage«.

Da die Realität anders aussah, musste ihr nachgeholfen werden. Auch damals schon mit dem Mittel eigenwillig zusammengesuchter Zahlen: So legte Polizeipräsident Yström Ende 1945 eine Statistik vor, die lediglich die Straftaten von polnischen DPs auflistete, also praktischerweise keinen Vergleich zuließ. Rund 2.000 kriminelle Vorkommen – tatsächliche oder angebliche – in der Stadt Bremen und ihren Landgemeinden in der Zeit vom 1. Mai bis Mitte November 1945. Darunter waren zwar »9 Fälle von Mord oder Totschlag«, teilweise auch untereinander in der Enge der Lager geschehen, vor allem aber 557 Fahrraddiebstähle und der Diebstahl von 112 Kaninchen. »In allen diesen Fällen wurden einwandfrei Polen als Täter festgestellt«, ist als Fazit im Senatsprotokoll festgehalten.[260] Da der Polizeichef ansonsten gern klagte, dass die Razzien der amerikanischen Militärpolizei in den Polenlager wenig an Ergebnisse erbringen würden und die Bremer Polizei – leider, leider – diese Lager gar nicht allein betreten dürfe, blieb es sein Geheimnis, wie man dennoch in so außerordentlich vielen Fällen »einwandfrei Polen als Täter« ermittelt hatte.[261]

Die »Statistik« findet sich auch im Weser-Kurier vom 28. November 1945 (siehe S. 137).

Wie bereits erwähnt, lautet die Erkenntnis aus heutiger Sicht: »Die Displaced Persons standen unter dem Generalverdacht, kriminell zu sein«. Zwar bildeten sich unter ihnen tatsächlich »organisiert arbeitende Banden«, aber im Gegensatz zum subjektiven Empfinden vieler Bürger »war die Kriminalitätsrate der DPs nicht höher als bei den Einheimischen«.[262] An diesem Punkt müssten im Deutschland der 2010er Jahre Jahre alle Warnlampen aufleuchten. Denn nicht nur von Seiten der rechtspopulistischen Parteien, sondern weit verbreitet im allgemeinen Sprachgebrauch haben sich längst zum Verwechseln ähnliche Formulierungen eingeschlichen, wenn über Geflüchtete, die DPs unserer Tage, geredet und geschrieben wird.

Die rechtspopulistische Alternative für Deutschland (AfD) konnte Anfang 2018 einen Gesetzentwurf mit dem unfassbaren Titel »Entwurf eines Gesetzes zum Schutz der Bevölkerung vor ausländischen Gefährdern« in den deutschen Bundestag einbringen und diesen unter anderem wie folgt begründen: »Die derzeit geltenden Regelungen im Aufenthaltsgesetz und im Asylgesetz sind unzureichend, um die Bevölkerung vor gewalttätig und insbesondere bereits straffällig gewordenen Ausländern, aber auch vor Ausländern, durch dessen Aufenthalt die freiheitliche demokratische Grundordnung der Bundesrepublik Deutschland gefährdet wird, zu schützen. Insbesondere gibt es derzeit keine gesetzliche Möglichkeit, Ausländer, von denen Gefahren ausgehen und bei denen die Erteilung einer Wohnsitzauflage und das Verbot sozialer Kontakte und die Nutzung bestimmter Kommu-

---

258 »DPs – Deutschlands Parasiten?« Titelüberschrift in: Die Straße, 19.09.1948, zitiert nach W. Jacobmeyer, Die ›Displaced Persons‹ in Deutschland 1945 – 1952, S. 99.

259 »Auszug aus der Niederschrift über die Senats-Sitzung vom 23.11.1945«, STAB, FB 3487 3-P.1.a. Nr. 1312.

260 »Auszug aus der Niederschrift über die Senats-Sitzung vom 23.11.1945«.

261 H. Yström, Schreiben an die US-Militärregierung (09.11.1945) und den Präsidenten des Bremer Senats (22.11.1945), STAB, FB 3487 3-P.1.a. Nr. 1312.

262 Geschichte der Freien Hansestadt Bremen von 1945 bis 2005, Band 1: 1945 – 1969, Hg. K. M. Barfuß, H. Müller, D. Tilgner, Bremen 2008, S. 145/146.

nikationsmittel oder -dienste nach § 56 AufenthG eben nicht ausreichen, um diese Gefahren zu beseitigen, in Haft zu nehmen.«[263]

Wortwahl und Zielrichtung unterscheiden sich in fast nichts von dem Vorurteilsschema, in welchem die deutsche Bevölkerung mehrheitlich unmittelbar nach den Jahren der Nazi-Diktatur noch verfangen war. Die Statistiken wurden damals wie heute nach Wunsch interpretiert. Was nichts daran ändert: Bei objektiver Analyse waren und sind die Deutschen absolut in der Lage, ihre Verbrechen allein zu begehen. Dazu braucht es nicht einmal mehr das Elend der Nachkriegszeit.[264] Im Prinzip ähnelt das heutige Auseinanderfallen von Vorurteil und Realität ausweislich der Analysen des Bundeskriminalamts der damaligen Situation. »Die Entwicklung der vergangenen drei Jahre (insgesamt rund 1,36 Millionen Asylsuchende) wirkte sich auch im Jahr 2017 auf die Kriminalitätslage, sowohl im Bereich der Allgemeinkriminalität als auch im Bereich der politisch motivierten Kriminalität, aus. Weiterhin gilt jedoch, dass der überwiegende Teil der nach Deutschland gekommenen Asylsuchenden keine Straftaten begeht. Die absolute Zahl der Straftaten mit mindestens einem tatverdächtigen Zuwanderer war im Jahr 2017 im Vergleich zum Vorjahr leicht rückläufig. Ebenso leicht rückläufig war die Zahl der im Jahr 2017 registrierten tatverdächtigen Zuwanderer«.[265]

Zu berücksichtigen sind bei den heutigen Geflüchteten genau wie bei den DPs der Nachkriegszeit traumatisierende Vorerfahrungen, Unterbringungssituation und Zusammensetzung der Gruppe (überwiegend jung und männlich). Eine Gruppe, die auch bei »den Deutschen« das höchste Belastungsniveau aufweist. Dagegen lassen sich andere von ihren Vorurteilen sehr wohl zu Straftaten motivieren: »Die Zuwanderungssituation bot im Bereich der PMK [politisch motivierten Kriminalität] weiterhin Anknüpfungspunkte für Agitationen und Straftaten. Inhaltlich ist die Flüchtlingsthematik geeignet, im ansonsten sehr heterogenen rechtsextremistischen Spektrum einen ideologischen Konsens zu generieren«.[266]

Und die ebenfalls ausgewiesene rückläufige Zahl von Gewaltdelikten gegen Flüchtlingsunterkünfte? Ist in erster Linie lediglich darauf zurückzuführen, dass die Geflüchteten zunehmend auf andere Unterkünfte verteilt wurden und dementsprechend etliche Sammellager vorläufig geschlossen wurden.

Von derartigen Stimmungen in der Bevölkerung dürfen die Strafverfolgungsbehörden sich nicht beeinflussen lassen und tun es doch.[267] Ganz ähnlich wie bei den vielen von den Innocence-Projects in den USA aufgedeckten Fällen sind Vorurteile und Rassismus ein idealer Nährboden für stereotypisierende Wahrnehmungsfehler. Man ermittelt im Zweifel zuerst gegen die, die man typusbedingt für verbrechensgeneigte »Gefährder« hält. Decken sich spätere Ermittlungsergebnisse nicht mit diesen Vorannahmen, so ist die Gefahr groß, die aufgefundenen Beweise im Sinne der eigenen Weltanschauung zu interpretieren und die Wi-

263 Bundestags-Drucksache 19/931 vom 26.2.2018.

264 Landeskriminalamt Bremen, Polizeiliche Kriminalstatistik 1950, Tabelle »Straftaten auf 100.000 Einwohner«, S. 3, STAB, 4,124/1-171.

265 Bundeskriminalamt (Hrsg.), Bundeslagebild Kriminalität im Kontext von Zuwanderung 2017, Wiesbaden 2018.

266 Bundeskriminalamt (Hrsg.), Kriminalität im Kontext von Zuwanderung, Kernaussagen, Betrachtungszeitraum: 01.01. – 31.03.2018, Wiesbaden 2018.

267 Momsen, DNA-Phenotyping und Racial Biases, freispruch 11/2017, S. 20 f.

Eine Verbrechensstatistik

Alle Delikte vom Mord bis zum Schwarzhandel.

Die Schutzpolizei Bremen hat sorgfältig gesammeltes Material über Ausschreitungen, Verbrechen, Vergehen usw. durch **Polen** zu einer Aufstellung von sehr eindringlicher Sprache zusammengefaßt. Danach fallen in der Zeit vom 1. Mai bis 15. November ds. Js. folgende ungesetzliche Handlungen im Bereiche der Schutzpolizei Bremen polnischen Tätern zur Last:

Mord und Totschlag	9	Fälle
Raubüberfall und Plünderung mit Personenschäden	45	„
ohne Personenschäden	223	„
Straßenraub	109	„
Einbruchsdiebstahl	319	„
Diebstahl div. Sachwerte	196	„
Diebstahl Fahrräder	557	„
Viehdiebstähle: Pferde	9	Stück
Rinder u. Kälber	188	„
Schweine	71	„
Schafe und Ziegen	28	„
Kaninchen	112	„
Geflügel	175	„
Körperverletzungen	40	Fälle
Bedrohung und Erpressung mit Personenschaden	1	Fall
Bedrohung und Erpressung mit Sachschaden	8	Fälle
Waffenbesitz (ermittelt und verhaftet)	4	Fälle
Schwarzhandel	29	Fälle

In dieser Aufstellung sind die Raubmorde in Niederblockland und Grambke mit 13 Todesopfern also noch nicht enthalten.

Das Polizeipräsidium tut zum Schutze der Bevölkerung alles, was bei vermindertem Per-

Zweifelhafte Kriminalstatistik der Bremer Polizei, Weser-Kurier, 28.11.1945

dersprüche zur Realität zu glätten.[268] Daher rührt die Leichtigkeit der Entstehung und die Schwierigkeit der Beseitigung des Fehlurteils.[269]

Damit tritt ein letztes Mal unser Verteidiger auf den Plan. Er ist das Korrektiv im Strafverfahren, um derartige Fehlinterpretationen von Beweismitteln und Wahrnehmungsverzerrungen bei der Beweiswürdigung aufzudecken. Er muss die Persönlichkeit der Mandanten erforschen und sich über sie einen Zugang zur Wahrheit verschaffen. Max Alsberg, einer der herausragenden Verteidiger der Weimarer Republik, hat den dialektischen Mechanismus beschrieben, der zwischen Verteidigung und Gericht ablaufen muss, um Wahrheit und Gerechtigkeit so nahe zu kommen, wie es ein von fehlbaren Menschen durchgeführter Strafprozess kann:

»Polar spaltet sich hier das weltanschauliche Denken des Richters und das des Verteidigers. Nicht etwa in dem Sinne, dass ihre Auffassung von der Idee der Gerechtigkeit eine andere wäre. Wohl aber steuern sie von verschiedenen Seiten diesem Ziel zu. Das besondere individuelle Sein ist es, dessen Pulsschlag der Verteidiger fühlt. In dem isolierten Einzelschicksal erlebt er die Verwirklichung der auf Totalität gerichteten Rechtsidee, in diesem Sinn in der Besonderheit das allgemeine. Der metaphysische Individualismus des Rechts lebt so in ihm. Den Richter dagegen beseelt die Form des Allgemeinen; sie ist sein Ausgangspunkt. Auf die Totalität des Rechts ist sein primäres Denken gerichtet.«[270]

Im Prozess um die Bremer Blocklandmorde haben wohl beide Seiten letztendlich versagt.

---

268 Richardson/Goff, Self-Defense and the Suspicion Heuristic, Iowa Law Review 98 (2012), 293 ff.; Kahneman, Thinking, Fast and Slow, 2012 (für ökonomische und juristische Entscheidungssituationen); Momsen / Washington, Wahrnehmungsverzerrungen im Strafprozess, in Goeckenjan u.a.(Hrsg.), Festschrift für Günther Eisenberg, März 2019.

269 Max Alsberg, Justizirrtum und Wiederaufnahme, 1913, S. XIV.

270 Max Alsberg, Schriften zur Psychologie der Strafverteidigung, Heft 2, Die Philosophie der Strafverteidigung, 1930, S. 32.

Nachwort

von Carsten Momsen

»Mir war schon seine Art aufgefallen, »sie« und »die anderen« zu sagen«[271]

Die Geschichte der Blocklandmorde und ihrer justiziellen Aufarbeitung ist in diesen Tagen aktueller denn je. Sie zeigt, wohin es führt, die Gesellschaft in ein »Wir« und in »die anderen« zu trennen. Eingeübte und hingenommene Ausgrenzung derjenigen, die Leid erlitten haben, vor allem durch diejenigen, die es ihnen zuvor um des eigenen Profits Willen zugefügt haben, macht blind für Gerechtigkeit. Auch die Angst vor »den anderen«, verbunden mit der Angst davor, etwas abgeben zu müssen, zerstört nicht nur die Mitmenschlichkeit, sondern auch die Moral des eigenen Handelns. So war es Camus' Mersault ohne Weiteres möglich, vor der Polizei falsch auszusagen und sich doch als moralischer Mensch zu fühlen, denn er hatte ja »nur einen Araber« getötet. Weil ihnen moralische Bedenken wohl kaum im Wege standen, konnten die deutschen Ermittler sich sofort auf die polnischen Displaced Persons als die Täter festlegen. Also auf Menschen, die von ihnen, den Deutschen, zuvor gnadenlos ausgebeutet worden waren und – ein wenig verschleiernd – als »Fremdarbeiter«, aber nicht als Zwangsarbeiter bezeichnet wurden. Eine Rechtsideologie, die Menschen nach Herkunft und »Typus« als gefährlich und verbrechensgeneigt vorverurteilt, tat das übrige. Die an der Strafverfolgung beteiligten Amerikaner waren es von zu Hause aus gewohnt, dass die African Americans im Alltag und im Recht diskriminiert wurden. Es war für viele von ihnen alltägliche Erfahrung, dass man es diesen gegenüber mit der Beweisaufnahme nicht so genau nahm. Denn man meinte ja von vornherein zu wissen, wer Verbrechen an den Weißen schon von Natur aus verübte. Erwischte man doch einmal den Falschen, so hatte man im Zweifel eine potenzielle Gefahr beseitigt und einen »der anderen« ausgeschaltet, der es seiner Natur und Hautfarbe nach nicht besser verdiente.

Rassismus und Rassedenken als Feindseligkeit gegenüber Fremden und als anders Empfundenen waren 1945/46 vielen der Beteiligten aus Polizeiapparat und Justiz vermutlich tief ins Unterbewusstsein eingepflanzt, einige waren vielleicht auch Rassisten aus Überzeugung. Jedenfalls wird das alles dazu beigetragen haben, dass die Urteile, mit dem vier der jungen Polen zum Tode verurteilt und die anderen für den größten Teil ihres restlichen Lebens ins Zuchthaus verbannt wurden, als richtig empfunden wurde, obwohl sie auf so vielen schweren und offensichtlichen Rechtsbrüchen beruhten.

Der Einzige, dem dies später wohl zu Bewusstsein gekommen ist, dürfte Wilhelm Hamelmann gewesen sein. Er hat es auf seine eigene und unvollkommene Weise versucht, wie-

271 Albert Camus, Der Fremde, Hamburg, 1994, S. 14.

dergutzumachen, soweit er es konnte. Vielleicht spricht gerade seine (zeitweilige) Idee, zwei der ehemaligen DPs in seinem Haus aufzunehmen, dafür, dass er mit großem zeitlichem Abstand nicht mehr an deren Schuld glaubte. Hätte er wirklich mit zwei Menschen, die er selbst des Massenmordes für schuldig hielt, unter einem Dach leben, ihnen Arbeit und Brot geben wollen? Einsicht, Vergebung oder ein ganz moderner Glaube in die Möglichkeiten der Resozialisierung – aber ganz allein konnte er das Geschehene nicht wieder geraderücken. Denn der Staat hatte den Angeklagten systematisch alle Rechte vorenthalten und ihm, dem kaum bei Bewusstsein befindlichen Zeugen, eine physisch unmögliche Wiedererkennung, die der lange geschehenen Vorverurteilung der acht Polen entsprach, in den Mund gelegt. Die Folgen dieser Fehler konnte der Privatmann Wilhelm Hamelmann allein nicht heilen, schon gar nicht an den schon lange hingerichteten vier DPs und auch nicht an den drei verbliebenen, um die er sich nach seinem wohl besten Gewissen zu kümmern versuchte. Dazu hätte es eines andersartigen Zeichens bedurft als dem der eigenen Menschlichkeit. So wichtig dies war, das Zeichen hätte sich gegen den damals verurteilenden Staat richten müssen, schon wegen der Zweifel, die sich in seiner gerichtlichen Aussage ausdrückten.

Daher sollte er als Beispiel für die heutige Zeit dienen. Die Neigung zur Ausgrenzung und Xenophobie bis hin zum offenen Rassismus ist in sowohl in den USA als auch in Deutschland wieder neu und offen entfacht worden. Sie droht zu einer der zu akzeptierenden Meinungen zu werden. Weder ist es ein Verbrechen, in den Vereinigten Staaten mit offen rassistischen Parolen um Gouverneursposten zu kandidieren, noch Präsident zu werden und zu bleiben, ohne sich im Geringsten davon zu distanzieren. Der Supreme Court, der seinerzeit die wegweisenden Urteile zur Sicherung der Beschuldigtenrechte fällte, fand es damals selbstverständlich, dass sie in erster Linie für weiße Beschuldigte gelten sollten. Die Strafverfolgungspraxis in den Vereinigten Staaten ist bis heute durch alltägliche Diskriminierung, rassistische Exzesse der Polizei und Fehlurteile geprägt. Die gegenwärtige Besetzung des Supreme Court kann nicht mit Zuversicht erfüllen, dies zu ändern.

In Deutschland werden Geflüchtete und Menschen mit Migrationshintergrund auch ohne konkreten Verdacht zu Kriminellen abgestempelt. Und die offizielle Kriminalpolitik nimmt diese Tendenzen nur allzu gern auf, um das Gefühl von Sicherheit und Ordnung allein durch hartes Durchgreifen zu stärken. In Gesetzen werden Menschen nur aufgrund ihrer Statuszugehörigkeit zu »Gefährdern« erklärt, die auch ohne Gerichtsverhandlung nahezu beliebig lange in Haft gehalten werden können. Dazu glaubt man, in der Analyse der genetisch-biografischen Herkunft der Menschen ein nahezu unfehlbares Ermittlungsinstrument zu besitzen. Vergessen wird dabei, dass eingeübte Vorurteile alle diese Entwicklungen dahin bringen können, Recht und Gerechtigkeit vollständig voneinander zu trennen.

Die Geschichte der Blocklandmorde und die Bemühungen Wilhelm Hamelmanns sollten uns eine Mahnung sein, die eigenen Fehler zu erkennen und auch öffentlich darauf hinzuweisen, wenn der Gerechtigkeit nicht Genüge getan wurde oder jedenfalls erheblicher Grund besteht, daran zu zweifeln. Egal wer vor Gericht steht, es gilt für alle gleichermaßen der Grundsatz: »Im Zweifel für die Angeklagten«.

Literatur

Ackermann, Heinrich: Porträt des Strafverteidigers, Die ZEIT 16.05.1969.

Adamietz, Horst: Freiheit und Bindung. Adolf Ehlers, Bremen1978.

Aleff, Eberhard (Hg.): Das Dritte Reich, Hannover 1970.

Alexander, Michelle: The New Jim Crow, New York 2012.

Allen, Ronald Jay / Stuntz, William J. / Hoffmann, Joseph L. / Livingston, Debra A. / Leipold, Andrew D. / Meares, Tracey L.: Criminal Procedure, 3rd Ed., New York 2017.

Alsberg, Max: Die Philosophie der Verteidigung, Mannheim 1930.

Alsberg, Max: Justizirrtum und Wiederaufnahme, Berlin 1913.

Alsberg, Max: Schriften zur Psychologie der Strafverteidigung, Heft 2, Die Philosophie der Strafverteidigung, Mannheim 1930.

Arendt, Hannah: Über das Böse. Eine Vorlesung zu Fragen der Ethik, München und Zürich 2006.

Artinger, Kai: Novembermorde, Delmenhorst / Berlin 2005.

Barfuß, Karl Marten / Müller, Hartmut / Tilgner, Daniel (Hg.): Geschichte der Freien Hansestadt Bremen von 1945 bis 2005, Band 1: 1945 – 1969, Bremen 2008.

Böllinger, Lorenz / Lautmann, Rüdiger: Vom Guten, das noch stets das Böse schafft, Frankfurt a. M. 1993.

Brecht, Berthold: Aus dem Leben des Galilei, Große kommentierte Berliner und Frankfurter Ausgabe, Band 5, Frankfurt a. M. 2000.

Bresler, Siegfried und andere: Der Barkenhoff. Kinderheim der Roten Hilfe 1923 – 1932, Worpswede 1991.

Brudzinski, Wieslaw: Katzenjammer, Aphorismen, Frankfurt a. M. 1966.

Camus, Albert: Der Fremde, Hamburg 1994.

Dahs, Hans: Handbuch des Strafverteidigers, 8. Auflage, München 2016.

Doyle, Sir Arthur Conan: Das Tal der Angst, Zürich 1986.

Doyle, Sir Arthur Conan: Die Abenteuer des Sherlock Holmes – Eine Frage der Identität, Zürich 1994.

Fraenkel, Ernst: Military Occupation and the Rule of Law, New York / Oxford 1944.

Frase, Richard S. / Momsen, Carsten / O'Malley, Tom / Washington, Sarah Lisa: Proportionality of Punishment in Common Law Jurisdictions and in Germany, in Ambos et. al. (Ed.) Core Concepts in Criminal Law and Justice, Vol. I, Cambridge 2019.

Garbade, Georg: Heimatgeschichte des Blocklandes, Bremen 1995.

Grygiel, Henryk: »P«-Arbeiter Nr. 26964. Als Zwangsarbeiter bei Focke-Wulf in Bremen 1942 – 1945. In Beiträge zur Sozialgeschichte Bremens, Heft 5, Arbeit Teil 1, Bremen 1982.

Hamelmann, Wilhelm: Vergeben statt Vergelten, 1. Auflage Altdorf bei Nürnberg 1961, 3. Auflage Niedenstein 1995.

Hanfeld, Michael: »Und das wollen Journalisten sein?«, FAZ 01.06.2011.
Höfele, Karl Heinrich: Geist und Gesellschaft der Bismarckzeit, Göttingen 1967.
Hofschen, Heinz-Gerd: »Zum ersten Male nach zwölf Jahren der Knechtung können wir wieder frei atmen«, Bremer Antifaschisten und der Neuaufbau 1945. In Kriegsende in Bremen. Erinnerungen, Berichte, Dokumente, Bremen 1995.
Hoops, Heinrich: Geschichte des Bremer Blocklandes, Bremen 1927.
Hurst, Fabienne: »Unschuldig und doch verurteilt«, Die ZEIT 26.10.2017.
Jacobmeyer, Wolfgang: Die ›Displaced Persons‹ in Deutschland 1945 – 1952, Bremisches Jahrbuch, Band 59, Bremen 1981.
Jacobmeyer, Wolfgang: Vom Zwangsarbeiter zum Heimatlosen Ausländer, Die Displaced Persons in Westdeutschland 1945 – 1951, Göttingen 1985.
Jefferson, Thomas: Notes on the state of Virginia, Query XVII (von Thomas Jefferson, 1787), http://xroads.virginia.edu/~hyper/JEFFERSON/ch17.html.
Jungfer, Gerhard: Strafverteidigung – Annäherung an einen Beruf, Berliner Anwaltsblatt 2002.
Kahneman, Daniel: Schnelles und langsames Denken, München 2012.
Kaisen, Wilhelm: Meine Arbeit, mein Leben, München 1967.
Kant, Immanuel: Die Religion innerhalb der Grenzen der bloßen Vernunft. Die Metaphysik der Sitten. Akademie Ausgabe Band VI, Photomech. Abdruck des Textes der von der Preußischen Akademie der Wissenschaften 1902 begonnenen Ausgabe von Kants gesammelten Schriften, Berlin 1968.
Kaplan, John / Weisberg, Robert / Binder, Guyora: Criminal Law: Cases and Materials, St. Paul MN, West, 2016.
King, Gilbert: Devil in the Grove: Thurgood Marshall, the Groveland Boys and the Dawn of a New America, New York 2012.
King, Gilbert: The Execution of Willie Francis: Race, Murder, and the Search for Justice in the American South, New York 2009.
Koestler, Arthur: Diebe in der Nacht. Frankfurt a. M. / Berlin / Wien 1983.
Köhler, Michael: Über Schuld und Strafe. Aus: Zum Gedenken an Eberhard Schmidhäuser: Reden, gehalten auf der akademischen Gedenkfeier der Universität Hamburg am 6. Februar 2003, herausgegeben vom Institut für Kriminalwissenschaften (Hamburger Universitätsreden Neue Folge 6. Herausgeber: Der Präsident der Universität Hamburg).
König, Johann-Günther / de Vegt, Fred: Das Bremer Blockland, Bremen 1980.
Krämer, Carl und andere: Mehr als sieben Stunden, Ein Beitrag zur Geschichte der Kriminalpolizei in Bremen, Kriminalistische Studien Sonderband III, Bremen 1989.
Kruse, Hans-Joachim: Zur Geschichte des Bremer Gefängniswesens, Band IV A, Bremen, ohne Jahreszahl.
Lethen, Helmut: Die Staatsräte, Elite im Dritten Reich: Gründgens, Furtwängler, Sauerbruch, Schmitt, Berlin 2018.
Lipphardt, Anna: Das Phantom von Heilbronn, Freispruch 11 2017.
Lipphardt, Veronika / Lipphardt, Anna / M'charek, Amade / Momsen, Carsten / Syndercombe-Court, Denise: Lost in Translation, Süddeutsche Zeitung 15.05.2018.
Meyer-Zollitsch, Almuth: Die Bremische Evangelische Kirche 1918 – 1953. In Bremische Kirchengeschichte im 19. und 20. Jahrhundert, hg. von A. Röpke, Bremen 1994.
Momsen, Carsten / Washington, Sarah Lisa: Conspiracy als Beteiligungsmodell, Zeitschrift für Internationale Strafrechtsdogmatik (ZIS) 2019.
Momsen, Carsten / Washington, Sarah Lisa: Wahrnehmungsverzerrungen im Strafprozess, in Goeckenjan, Ingke und andere (Hg.), Festschrift für Ulrich Eisenberg, Berlin 2019.

Momsen, Carsten / Weichert, Thilo: Vom DNA-Tracing zum DNA-Phenotyping: Offene Rechtsfragen und Risiken im neuen bayerischen Polizeiaufgabengesetz (PAG) und in den Gesetzentwürfen zur Änderung der Polizeigesetze in Nordrhein- Westfalen und Niedersachen, Freispruch 13 2018.

Momsen, Carsten: DNA-Phenotyping und Racial Biases, Freispruch 11 2017.

Müller, Hartmut / Rohdenburg, Günther (Hg.): Kriegsende in Bremen. Erinnerungen, Berichte, Dokumente, Bremen 1995.

Müller-Fahrenholz, Geiko: Versöhnung statt Vergeltung. Wege aus dem Teufelskreis der Gewalt, Neukirchen-Vluyn 2003.

Nobleman, Eli E.: Military Government Courts: Law and Justice in the American Zone of Germany, American Bar Association Journal, Vol. 33, No. 8 1947.

Oelkers, Werner: Morde in Bremen und andere Kriminalfälle der Nachkriegszeit, Berichte und Geschichten aus der Polizeiarbeit, Delmenhorst / Berlin 2005.

Pedron, Anna-Maria: Amerikaner vor Ort, Besatzer und Besetzte in der Enklave Bremen nach dem Zweiten Weltkrieg, Bremen 2010.

Penzel, Max: Wanderweg durch 70 Jahre, persönliche und zum Teil unveröffentlichte Aufzeichnungen, ohne Ort 1967.

Puzo, Mario: Die dunkle Arena, Wien 1976.

Reich-Ranicki, Marcel: Mein Leben, München 1999.

Richardson, Ian / Goff, Philip Atiba: Self-Defense and the Suspicion Heuristic, Iowa Law Review 98 2012.

Schmidhäuser, Eberhardt: Vom Sinn der Strafe, neu hg. v. Eric Hilgendorf, Berlin 2004.

Schminck-Gustavus, Christoph (Hg.): Hungern für Hitler, Erinnerungen polnischer Zwangsarbeiter im Deutschen Reich 1940 – 1945, Reinbek bei Hamburg 1984.

Schwarzwälder, Herbert: Bremen und Nordwestdeutschland am Kriegsende 1945 I, Die Vorbereitung auf den »Endkampf«, Bremen 1972.

Schwenn, Johann: »Eine Frage des Vertrauens«, Die ZEIT 21.07.2014.

Stevenson, Bryan: Just Mercy: A Story of Justice and Redemption, New York 2015.

Strafverteidigervereinigungen, Organisationsbüro (Hg.): Bild und Selbstbild der Strafverteidigung, Texte und Ergebnisse des 40. Strafverteidigertages, Frankfurt a. M., Berlin 2016.

Subin, Harry I. / Mirsky, Chester L. / Weinstein, Ian S.: The Criminal Process – Prosecution and Defense Functions, American Casebooks, St. Paul MN, West 1993.

Tilgner, Daniel (Hg.): Jede Stunde dem Schicksal abgestohlen. Das Brieftagebuch der Magdalene Krippner vom Kriegsende in Bremen 1945, Bremen 2005.

Tolmein, Oliver: »Im Zweifel gegen den Angeklagten?«, FAZ 14.12.2010.

University of Minnesota (Hg.): Criminal Law, University of Minnesota Library Publishing Edition, Minneapolis 2015.

von Eckardt, Felix: Ein unordentliches Leben, Düsseldorf und Wien 1967.

Weaver, Russell L. / Burkhoff, John M. / Hancock, Catherine / Hoeffel, Janet C. / Singer, Stephen Irwin / Friedland, Steve I.: Principles of Criminal Procedure, 5th Ed., Hornbook, St. Paul MN, West 2016.

Weber, Silke: »Unter Beobachtung – Teil 2: Der Strafverteidiger«, Die ZEIT 26.12.2015.

Zimmermann, Peter F.: Keine Versöhnung am offenen Grab. In Dachale, Helmut, Versöhnung im Alleingang. Die Blocklandmorde im November 1945, ihre Vorgeschichte und die Folgen, Bremen 2013.

Die Autoren

© Antje Diewerge

Helmut Dachale ist Journalist, seine Vorliebe sind historische Themen. Er hat unter anderem die Ausstellung »Versöhnung im Alleingang« initiiert, mit der das Handeln von Wilhelm Hamelmann gewürdigt worden ist.

Carsten Momsen ist Prof. für Strafrecht, Strafverfahrensrecht, Wirtschafts- und Umweltstrafrecht an der Freien Universität Berlin. Im Nebenberuf ist er Strafverteidiger, insbesondere in Wirtschaftsstrafverfahren und Verfahren mit US-amerikanischen Bezügen.

Bernhard Docke ist Strafverteidiger in Bremen. Er ist durch eine Vielzahl von Verfahren, unter anderem die erfolgreiche Vertretung des in Guantanamo Bay inhaftierten Murat Kurnaz, bundesweit bekannt geworden.